LATINOS PROTESTANTES

HISTORIA, PRESENTE Y FUTURO EN ESTADOS UNIDOS

JUAN F. MARTINEZ

LATINOS PROTESTANTES

HISTORIA, PRESENTE Y FUTURO EN ESTADOS UNIDOS

JUAN F. MARTINEZ

© 2017 Juan F. Martínez
© 2017 Publicaciones Kerigma

Protestantes Latinos: Historia, Presente y Futuro en Estados Unidos.

Publicado originalmente en ingles bajo el título: The Story of Latino Protestants in the United States
Wm. B. Eerdmans Publishing Co. 2140 Oak Industrial Drive N.E., Grand Rapids, Michigan 49505
www.eerdmans.com

Traducción al español: Jorge Ostos
Revisión en Español: Jesús Escudero Nava

© 2017 Publicaciones Kerigma
  Salem Oregón, Estados Unidos
  http://www.publicacioneskerigma.org

Todos los derechos son reservados. Por consiguiente: Se prohíbe la reproducción total o parcial de esta obra por cualquier medio de comunicación sea este digital, audio, video escrito, salvo para citaciones en trabajos de carácter académico según los márgenes de la ley o bajo el permiso escrito de Publicaciones Kerigma.

Diseño de Portada: Publicaciones Kerigma

2017 Publicaciones Kerigma
Salem Oregón
All rights reserved

Pedidos: 971 304-1735

www.publicacioneskerigma.org

ISBN: 978-1-948578-00-4

Impreso en Estados Unidos
Printed in United States

Este libro no pudo registrar los testimonios de todos aquellos que han sido parte de la historia Latina protestante. Así que lo dedico a las generaciones de hombres y mujeres protestantes latinos que fiel y anónimamente vivieron su compromiso cristiano. Gracias por sus vidas, por su testimonio y por la oportunidad de contar una parte de nuestra común historia.

Contenido

Prólogo por Justo L. Gonzalez..9

Prefacio..15

Abreviaciones...23

I. **Protestantismo Latino Hoy**..25

II. **Enmarcando la Historia de los Protestante Latinos**....................35

III. **Conquista, Americanización y Evangelización (1848 – 1900)**.........53

IV. **Ministerio entre los "Mexicanos del Norte" (1901 – 1940)**............69

V. **Trabajadores Inmigrantes, Ciudadanos y Exiliados (1941 – 1964)**....95

VI. **Rostros Nuevos entre los Protestantes Latinos (1965 – 1986)**........123

VII. **Los Protestantes Latinos son al fin "Descubiertos" (1986 – 2000)**...149

VIII. **Encontrando un Lugar a la Mesa (2001 – Presente)**.................173

IX. **El Futuro del Protestantismo Latino**.....................................203

Pensamientos Concluyentes sobre una Historia Viva.....................221

Obras Citadas..225

Prólogo

Ya lo he dicho en repetidas ocasiones, y cada vez me convenzo más, que la historia es siempre escrita no tanto desde el pasado del cual se habla como del presente que experimenta el historiador y del futuro que el historiador espera o teme. También he dicho que con frecuencia la historia no es solo sobre el pasado sino también sobre reclamar el pasado para un presente en particular. Es en estas dos formas que la buena historia es creativa. Mientras leo este libro, veo reafirmadas ambas dimensiones de la historia creativa.

Es claro para mí que este libro está escrito desde la perspectiva de principios del siglo XXI y con miras a las esperanzas y desafíos de las próximas décadas. Si bien es cierto que el libro está sostenido por datos bien investigados del pasado, dichos datos se organizan y analizan de manera que reflejan claramente el presente con sus desafíos, esperanzas y temores. Hay numerosos indicios de esto.

En primer lugar, este libro está escrito desde una perspectiva pan-latina que hubiera sido difícil hace algunas décadas. Las historias anteriores del protestantismo latino tienden a ser regionales, tratando, por ejemplo, con el protestantismo mexicano-americano o puertorriqueño. Incluso en los casos en que el alcance es más amplio, varias poblaciones latinas generalmente se discuten en capítulos o secciones separadas, relativamente independientes entre sí. Sin embargo, esto refleja una situación que fue típica del siglo XX, pero que está cambiando rápidamente en el siglo XXI. En el siglo XX, era bastante fácil distinguir subgrupos latinos sobre la base de su país de origen o sus conexiones ancestrales. (¡Edité uno de esos libros sobre el metodismo hispano!) Estas distinciones se vieron reforzadas por la posibilidad de describir cada subgrupo dentro del contexto de un área geográfica: mexicano-americanos en el sudoeste, puertorriqueños en el noreste, cubanoamericanos en Florida. Esto ya no es posible. Ya a fines del siglo XX había signos de que tales distinciones se volvían mucho más complejas. Los censos de fines del siglo XX mostraron cada vez más que cuando los cubanoamericanos se mudaban de Florida tendían a asentarse en lugares con otras poblaciones latinas significativas. Lo mismo ocurrió con los puertorriqueños que se mudaron del noreste y de todos los demás subgrupos. Hoy en día, los puertorriqueños se pueden encontrar en grandes cantidades no solo en el noreste sino también en el medio oeste, en California y en Florida. Los cubanos son numerosos en el noreste, el medio oeste y en otros lugares. Hay miles de guatemaltecos en Alaska y un gran número de centroamericanos en California, Texas, Florida y en otros lugares.

Esto significa que una nueva realidad latina está emergiendo en los Estados Unidos, que en este momento es uno de los países hispanohablantes más grandes del hemisferio occidental. Los mexicano-americanos se encuentran con más puertorriqueños, cubanos y colombianos en los Estados Unidos que los mexicanos que se encuentran en su tierra natal. Los colombianos en Florida se mezclan con nicaragüenses y cubanos de maneras que todavía son impensables en Bogotá o en Managua. Los alimentos tradicionales son compartidos. Los coloquialismos regionales se generalizan. Los sentimientos de miedo e ira derivados de la evidente xenofobia en el discurso político contemporáneo son compartidos por la mayoría. Los matrimonios mixtos a través de las líneas que forman los diversos subgrupos son comunes. Incluso los problemas de identidad — que tienen que ver con el grado en el que uno todavía pertenece a otro país y cultura y el grado en el que uno es o desea ser asimilado en la cultura dominante de los EE. UU. — mientras que son diferentes de un subgrupo a otro y de región a otra, siguen siendo paralelos en todos los ámbitos. En resumen, lo que está sucediendo en la comunidad latina en los Estados Unidos a principios del siglo XXI es que está naciendo un nuevo pueblo.

Como siempre ocurre, el nacimiento de esta nueva gente es tanto estimulante como doloroso. Los latinos en los Estados Unidos son y seguirán siendo tan variados como cualquier otra persona o nacionalidad. Hay diferencias de perspectiva y opinión. Hay desacuerdos en todo el espectro político. Como muestra ampliamente este libro, los compromisos religiosos y confesionales varían tanto en contenido como en intensidad. Pero aun así, incluso en medio de esas muchas diferencias, y de alguna manera también por ellas, está naciendo un nuevo pueblo. Incluso la cuestión de si llamarnos latinos y latinas, hispanos o algún otro nombre es una señal de que está surgiendo algo nuevo que aún busca una manera de entenderse y nombrarse a sí mismo. (Cada nombre que podamos darnos es el resultado de la conquista, el colonialismo o el racismo. Y luego está el tema del género y la inclusión, para lo cual debemos encontrar nuestras propias soluciones, ya que las que se emplean habitualmente en inglés no funcionan del todo en español, pero eso es un asunto para otro ensayo).

El libro que tenemos ante nosotros es una clara señal de esta realidad. No es una historia del protestantismo mexicano-americano, ni del protestantismo entre los dominicanos, sino más bien del protestantismo dentro de este pueblo emergente que todavía está buscando un nombre. No es ni siquiera una colección o una yuxtaposición de estas diversas historias, sino más bien la narración única de una realidad compleja y multiforme. Esta es una de las razones por las que es un libro que no podría haber sido escrito hace algunas décadas y eso también es una señal, no solo del pasado que nos respalda, sino del futuro que tenemos por delante.

En segundo lugar, la afirmación de que la historia está escrita no solo del pasado, sino también del presente, queda confirmada por la manera en que este libro trata las diferencias denominacionales. Ciertamente están allí, y hay momentos en los que uno debe hablar del metodismo latino, el presbiterianismo o el pentecostalismo. De hecho, muchas de las fuentes que este libro emplea son historias anteriores escritas desde un punto de vista claramente denominacional. Pero el hecho es que tales historias no reflejan la realidad presente —ni siquiera la pasada— de la experiencia de los protestantes latinos. Para la mayoría de los protestantes latinos, la afiliación denominacional siempre ha sido una cuestión secundaria. Esto viene en parte de la

10

experiencia de América Latina, donde la antigua presión e incluso la persecución de los católicos romanos llevaron a los protestantes a pensar en sí mismos como uno solo, a pesar de pertenecer a diferentes denominaciones. Frente a los católicos romanos, los protestantes de varias denominaciones se autodenominan "evangélicos". Esto se ha visto también reforzado por la experiencia en los Estados Unidos, donde en la mayoría de las denominaciones, los latinos y las latinas son marginados. Esto es claramente cierto incluso en aquellas denominaciones históricas que han desarrollado fuertes programas de ministerios latinos, y más aún en aquellas otras denominaciones que solo rinden homenaje a la nueva configuración demográfica del país. Las personas en las congregaciones latinas rara vez se sienten conectadas con las estructuras denominacionales a las que pertenecen sus congregaciones, y a menudo encuentran más en común e incluso más apoyo entre las congregaciones latinas de una denominación diferente. Esto significa que, de manera similar a la forma en que deben manejar el tema de la identidad cultural, muchos latinos y latinas tienen que manejar una tensión entre su propia cultura —como quiera que se defina— y la denominación a la que pertenecen. Esto se ilustra en el presente por los muchos ejemplos de movimientos, organizaciones y programas ecuménicos e interconfesionales latinos. Usualmente creados sin la participación oficial —y a veces sin el conocimiento— de las estructuras confesionales, estos movimientos, organizaciones y programas brindan oportunidades a muchos latinos y latinas para la acción y la reflexión participativa y colaborativa que sus propias denominaciones no brindan. Pero también está ilustrado en el pasado por sueños y metas interconfesionales, como el intento hace mucho tiempo de crear una única denominación protestante latina en Texas.

A este respecto, también, este libro refleja claramente la situación que surgió en las primeras décadas del siglo XXI. Habría sido bastante simple emplear las diversas historias denominacionales que ya existen, de manera tal que produzcan varias narraciones paralelas. Para muchos de nosotros tal procedimiento podría incluso parecer más completo; mientras buscamos las referencias a nuestra propia historia denominacional, podremos pensar en otras organizaciones, personas y eventos que podrían mencionarse en este libro. Pero tal integridad habría sido solo superficial e incluso ficticia, ya que la experiencia completa de latinos y latinas protestantes en los siglos pasados habría sido truncada o torcida para así adaptarla a los paradigmas denominacionales.

En tercer lugar, este libro es un ejemplo de historia que toma el presente en serio como una lente hacia el pasado. Por lo tanto, claramente toma en cuenta la tensión que las latinas y los latinos experimentan hoy entre una nación acogedora que reconoce el trabajo y las contribuciones de los inmigrantes y una donde el odio hacia cualquiera que sea diferente se ha convertido en un bien común aceptable e incluso en una ventaja política. A menudo se encuentra en la comunidad latina una ambivalencia dolorosa hacia los EE. UU. que es paralela a la ambivalencia con la que muchos en la comunidad estadounidense los ven. Cuando miramos el estado de ánimo de la nación de hoy, vemos a las personas divididas entre su odio hacia los latinos y otros

11

inmigrantes, por un lado, y el grado en que la economía y la estructura social de la nación necesitan esos mismos inmigrantes, por el otro. Del mismo modo, con frecuencia hoy en la comunidad latina se encuentra una tensión dolorosa entre la gratitud por esta nación y todo lo bueno que ha hecho y simbolizado, y la ira por la forma en que los principios mismos que hicieron al país admirable son pisoteados por la xenofobia y la conveniencia política.

En este punto, también, este libro usa el presente como una lente a través de la cual mirar el pasado y ver en él elementos que de otro modo permanecerían ocultos. La historia que surge cuando se mira el pasado a través de esta lente es una en la que las tensiones que recientemente han salido a la superficie siempre estuvieron presentes. Estas tensiones existieron no solo en la sociedad en general, sino también dentro de las iglesias. Por un lado, hubo un compromiso admirable por parte de muchas iglesias y denominaciones para dar la bienvenida a la población latina, evangelizarla y plantar iglesias en medio de ella. Por otro lado, siempre existía el temor —a menudo no expresado— de que una presencia latina excesiva cambiaría el ethos, el culto y la política de las iglesias y congregaciones existentes. Por lo tanto, los latinos y las latinas fueron bienvenidos, pero solo hasta cierto punto. Esta es una realidad que, por su propia naturaleza, las historias denominacionales tienden a omitir, pero de las que se escuchan ecos a lo largo de este libro.

En el primer párrafo de este prólogo dije que la historia creativa no solo mira el pasado a través de la lente del presente y del futuro, sino que también reclama ese pasado para un presente particular. Por lo tanto, es posible leer las epístolas de Pablo, al menos en parte, como argumentando que las Escrituras y la historia hebreas pertenecen a aquellos que han experimentado a Jesús como el Mesías. Más tarde, Agustín y Pelagio discutieron sobre quién tenía el derecho de reclamar a Pablo; protestantes y católicos romanos compitieron por la posesión de Agustín; los calvinistas y los arminianos discutieron por la posesión de Calvino; y así.

En este punto también encuentro que los temas planteados en este libro son particularmente emocionantes. A medida que uno lee esta historia, uno ve repetidamente que los protestantes latinos y latinas de hoy pueden pretender ser herederos genuinos de gran parte de lo mejor de la nación y de las iglesias dentro de ella. El propio autor es un protestante de quinta generación en los Estados Unidos, que es mucho más de lo que muchos nativistas pueden reclamar hoy. Y la historia misma, generalmente vista como una serie de acciones de varias iglesias y agencias misioneras para el beneficio de la comunidad latina, ahora parece ser mucho más una historia de autosuficiencia y autopropagación. La evangelización no fue solo obra de misioneros de otra cultura, sino también el trabajo de muchas abuelas y bisabuelas, de pastores mal pagados y a menudo sin apoyo, y de congregaciones cuyas propias denominaciones no consideraban "viables". Por eso, así como Pablo afirmó la tradición hebrea para este grupo de aparentes recién llegados que luego se llamarían "cristianos", ahora afirmamos para nosotros mismos no solo una pequeña pieza o un rincón de la historia conjunta de la iglesia, sino todo, porque en esta nueva gente con una nueva ciudadanía que se alcanza por el poder del Espíritu y las aguas del bautismo, todos somos recién llegados, y ninguno de nosotros es un ciudadano nacido naturalmente.

Justo L. González

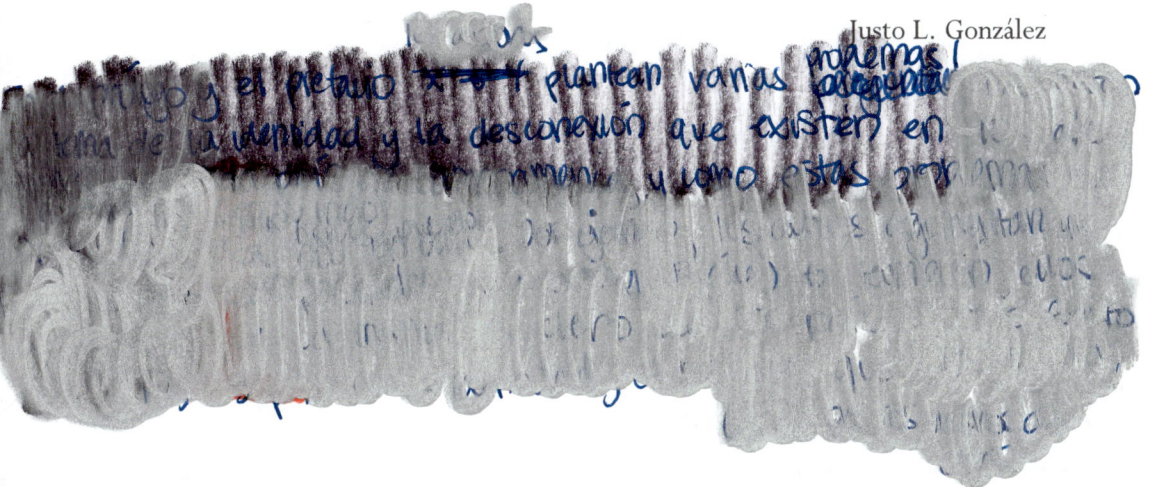

Prefacio

Cuando mi tatarabuela Rafaela García se convirtió en protestante en el sur de Texas alrededor de 1900, se hizo parte del pequeño grupo de protestantes latinas en los Estados Unidos. Este grupo de personas fue doblemente marginado en el país. Eran "mexicanos", por lo que fueron marginados en la sociedad estadounidense, pero también eran protestantes, por lo que fueron marginados en las comunidades católicas predominantemente latinas en las que vivían también. Aunque los primeros protestantes latinos se convirtieron en la década de 1850 y hubo congregaciones protestantes latinas en el sudoeste de esa época, este grupo de creyentes sería en gran parte invisible hasta bien entrado el siglo XX. La prensa popular estadounidense no los "descubriría" hasta la última parte de ese siglo cuando una de varias oleadas de nuevos inmigrantes latinoamericanos trajo un crecimiento creciente a las iglesias protestantes latinas. Este crecimiento fue tan significativo que las agencias gubernamentales, los principales partidos políticos, los intereses económicos y los medios de comunicación, comenzaron a reconocer que este grupo de personas podría tener una influencia importante en el panorama nacional.

La historia del protestantismo latino no se puede contar sin entender la conexión única entre los Estados Unidos y América Latina. Varios autores han demostrado la relación casi directa entre las intervenciones estadounidenses en América Latina y la migración hacia el norte. Pero los patrones migratorios comenzaron cuando los Estados Unidos conquistaron el sudoeste de México (1848) y más tarde quitaron Puerto Rico de las manos de España (1898). Desde esos eventos iniciales, uno puede trazar una línea bastante recta entre las intervenciones de los Estados Unidos en América Latina, el cambio de las leyes de inmigración en los Estados Unidos y el flujo y reflujo de migrantes de América Latina. Los primeros latinos se convirtieron en ciudadanos estadounidenses cuando Estados Unidos "migró" la frontera al sur, y los latinos han estado migrando al norte cada vez que Estados Unidos se involucra en América Latina.[1]

También existe un vínculo claro entre el expansionismo estadounidense y el trabajo misionero protestante en América Latina y entre los mexicanos del sudoeste. Los misioneros protestantes ingresaron por primera vez en lo que ahora es el sudoeste de

---

[1] Ver por ejemplo, Juan Gonzalez, *Harvest of Empire: A History of Latinos in America* (New York: Viking Penguin, 2000); Felipe Fernández-Amesto, *Our America: A Hispanic History of the United States* (New York: Norton, 2014); David G. Gutiérrez, ed., *The Columbia History of Latinos in the United States since 1960* (New York: Columbia University Press, 2004).

los EE. UU. mientras los estadounidenses comenzaban a emigrar hacia el oeste en la región durante el período mexicano. La obra misionera se expandiría una vez que los Estados Unidos tomaran el sudoeste de México. En cierto sentido, si no fuera por el expansionismo de EE. UU., tal vez no haya una historia de protestantismo latino que contar.

Las protestantes latinas han sido una parte muy pequeña del protestantismo estadounidense hasta hace poco. Pero el ministerio protestante latino siempre ha estado en segundo plano, una pequeña parte de los esfuerzos misioneros de muchas denominaciones. La mayoría de las denominaciones históricas de los Estados Unidos habían comenzado a trabajar entre los "mexicanos del sudoeste" en la primera parte del siglo XX. Durante los primeros años, ese trabajo a menudo estaba relacionado con el trabajo misionero en México (o América Latina en general) porque todos los "mexicanos" eran percibidos como extranjeros, incluyendo los nacidos en los Estados Unidos. Los grupos que habían trabajado en el norte de Nuevo México, como los presbiterianos del norte y los metodistas del norte, podían distinguir entre los "mexicanos" y los "hispanoamericanos", cuyas raíces en el sudoeste databan de fines del siglo XVI, pero la mayoría de las denominaciones simplemente se refieren a todas las personas hispanohablantes del sudoeste como "mexicanos". Durante los primeros años del trabajo misionero protestante, los "mexicanos" en los Estados Unidos a menudo servían de puente para trabajar en México, y los conversos de México también se convirtieron en misioneros a los latinos de EE. UU.

Los vínculos religiosos entre los Estados Unidos y América Latina se volvieron más complejos a medida que el protestantismo se desarrollaba en esa región, particularmente en la segunda mitad del siglo XX. A medida que las iglesias pentecostales y, más adelante, las iglesias neopentecostales comenzaron a crecer en la región, más inmigrantes latinoamericanos ya eran protestantes cuando se mudaron a los Estados Unidos, y con frecuencia llevaban consigo sus iglesias. Aunque la mayoría de esas iglesias comenzaron como congregaciones de base étnica, algunas de ellas lentamente comenzaron a tener un impacto en los Estados Unidos en general. Los inmigrantes que se unieron a iglesias existentes a menudo trajeron su fervor espiritual a sus nuevas iglesias.

Hoy, el panorama continúa desarrollándose y expandiéndose. Debido al creciente crecimiento de la población latina, es probable que el protestantismo latino sea una parte cada vez más importante del cuadro protestante en los Estados Unidos. Algunas de estas poblaciones protestantes latinas serán de nuevos inmigrantes, pero muchas serán conformadas por personas latinas nacidas en los Estados Unidos. Entonces la historia del protestantismo latino está vinculada a la historia del expansionismo estadounidense, es la historia del trabajo misionero protestante entre los latinos estadounidenses, y también está estrechamente vinculada a la historia de cómo el protestantismo desarrolló su propio sabor pentecostal en América Latina y luego emigró hacia el norte.

Este libro considerará el protestantismo latino como un grupo claramente identificable, lo que significa que estudiará iglesias, denominaciones y organizaciones protestantes latinas. Mencionará, aunque no graficará, la presencia latina en las iglesias protestantes no latinas, aunque este es un fenómeno con una larga historia y creciente importancia entre las comunidades protestantes latinas. La presencia latina seguirá aumentando en las iglesias protestantes "no latinas", pero su impacto está más allá del alcance de este libro.

Además, aunque la toma de Puerto Rico en 1898 es un marcador importante en la historia de los protestantes latinos en los EE. UU., la isla tiene una relación única con este país, conectada a ella, pero no totalmente integrada. Debido a esa relación compleja, para los propósitos de este libro, Puerto Rico será tratado como separado de los cincuenta estados, aunque algunas denominaciones incluyen a la isla como parte de sus estructuras en los Estados Unidos. Esto significa que el trabajo y el desarrollo de la misión protestante en la isla no están incluidos en este libro, a menos que ese trabajo tenga un impacto en el protestantismo latino estadounidense, principalmente a través de la inmigración y los vínculos denominacionales.

Los medios populares y la mayoría de los protestantes estadounidenses "descubrieron" a los protestantes latinos durante la última parte del siglo XX y primera parte del siglo XXI. El Capítulo 1 describe a los protestantes latinos hoy con énfasis en la diversidad de la comunidad latina, centrándose en los antecedentes nacionales, la adaptación cultural y la asimilación estructural, los problemas lingüísticos y la conservación de la identidad étnica. Describe las conexiones del protestantismo latino con el protestantismo latinoamericano. También describe brevemente la creciente influencia del protestantismo latino en los Estados Unidos y en otros lugares.

El segundo capítulo proporciona un contexto histórico más amplio para el protestantismo latino e incluye una sección sobre una historiografía protestante latina. Proporciona el marco teórico para los capítulos 3-8 y explica la estructura básica de estos capítulos. Algunos pueden encontrarlo un poco técnico y pueden tener la tentación de omitirlo. No obstante, explica las suposiciones detrás del libro y por qué la historia se cuenta de esta manera.

El Capítulo 3 describe los esfuerzos misioneros protestantes entre los latinos en el sudoeste del siglo XIX, de 1848 a 1900, a la luz del expansionismo de los Estados Unidos en la región y el Caribe. El capítulo se centra en el sudoeste, donde casi todo el trabajo misionero protestante entre los latinos se realizó durante este período. Pero también menciona brevemente a Puerto Rico y la costa este, particularmente a medida que el siglo XIX llega a su fin.

La primera parte del siglo XX vio la primera expansión significativa de iglesias protestantes latinas. Los eventos que tuvieron el mayor impacto en la comunidad latina y en el protestantismo latino durante este período (1901-1940) fueron el Avivamiento de la Calle Azusa, la Revolución Mexicana, la Primera Guerra Mundial y la Gran Depresión. El Capítulo 4 describe cómo la mayoría de las denominaciones protestantes iniciaron ministerios latinos en todo Estados Unidos. También describe el inicio de las primeras denominaciones comenzadas por latinos y cómo el racismo, las deportaciones y las tensiones entre los protestantes latinos y anglosajones jugaron un papel en el desarrollo del protestantismo latino.

El Capítulo 5 comienza cuando las políticas de inmigración de EE. UU. cambiaron, una vez más, con el comienzo de la Segunda Guerra Mundial. Durante la guerra, el Programa Bracero trajo a miles de trabajadores mexicanos al país. El final de la guerra trajo la gran primera ola de inmigrantes puertorriqueños al noreste. El Programa Bracero terminaría con la ley de inmigración de 1965. Al mismo tiempo, la revolución cubana (1959) y la invasión estadounidense de Santo Domingo (1963) trajeron un nuevo flujo de inmigrantes, muchos de los cuales provenían de una clase social diferente a la mayoría de las comunidades latinas existentes. Las iglesias protestantes respondieron a cada uno de estos flujos migratorios con nuevos tipos de alcance ministerial. Los protestantes latinos también comenzaron nuevas iglesias y movimientos. Durante este período, las iglesias evangélicas y pentecostales comenzaron a superar las denominaciones históricas que habían dominado los ministerios latinos hasta este momento. El movimiento por los derechos civiles influenció a algunas denominaciones históricas para cambiar el enfoque de su ministerio de comenzar iglesias latinas a abordar las preocupaciones sociales de la comunidad. Las relaciones ecuménicas y la comprensión cambiante de la misión entre muchas denominaciones históricas también cambiaron la forma en que se relacionaban con la mayoría de las iglesias católicas latinas.

La ley de inmigración de 1965 y las tensiones Este-Oeste crearon nuevos flujos migratorios desde América Latina (1965-1985). El Capítulo 6 describe cómo las leyes cambiantes, un orden mundial cambiante y las intervenciones de EE. UU. en América Central crearon nuevos patrones migratorios, nuevas diversidades en la comunidad latina y nuevos desafíos ministeriales entre los latinos estadounidenses. Aunque la mayoría de las latinas siempre han nacido en los Estados Unidos, estos nuevos inmigrantes motivaron un renovado interés ministerial en las iglesias protestantes. Mientras que las denominaciones históricas se ocupaban de cuestiones como el Movimiento Santuario y la protección de los refugiados, los evangélicos y pentecostales latinos formaron nuevas iglesias entre los diversos grupos de inmigrantes. Además, el crecimiento del protestantismo, particularmente el pentecostalismo, en América Latina significó que muchos de los nuevos inmigrantes ya eran protestantes. Algunos de ellos trajeron sus propias iglesias y movimientos con ellos, y otros llegaron a los Estados Unidos y comenzaron nuevos movimientos. Pero la mayoría vino al país y se unió a las iglesias latinas existentes. Debido a las diferencias entre el protestantismo en los Estados Unidos y en América Latina, a medida que el protestantismo latino creció en los Estados Unidos, comenzó a verse muy diferente de la población protestante estadounidense en general.

La ley de amnistía de 1986 legalizó a varios millones de personas, incluidos muchos protestantes latinos. Su presencia legalizada proporcionó estabilidad para un número creciente de iglesias protestantes latinas. También dio a los que calificaron la oportunidad de solicitar que sus familias vengan a los Estados Unidos. Pero la creciente militarización de la frontera entre Estados Unidos y México por la administración Clinton en la década de 1990 cambió los patrones de migración temporal y comenzó a crear una nueva generación de personas indocumentadas de América Latina.

El Capítulo 7 describe el período (1986-2000) en el que las comunidades protestantes latinas finalmente fueron "descubiertas" dentro de la imaginación popular de los Estados Unidos. La comunidad continuó creciendo rápidamente y expandiéndose a nuevas partes de los Estados Unidos. Las iglesias y los movimientos crecientes dieron a los protestantes latinos una nueva prominencia, pero también más diversidad debido a las diferentes corrientes de crecimiento de los protestantes latinos. Los patrones de aculturación crearon una nueva generación de protestantes latinos que no formaban parte de las iglesias latinas. Aun cuando la gran mayoría de los protestantes latinos hablaban de la importancia de pertenecer a ministerios que adoraban en español, un número creciente asistía a iglesias que adoraban en inglés. Muchas de estas últimas iglesias eran teológicamente y litúrgicamente similares a las iglesias protestantes latinas en español.

El protestantismo latino experimentó un gran crecimiento durante este período. El Capítulo 7 describe las fuentes de ese crecimiento, que incluye experiencias de conversión, inmigración protestante de América Latina y protestantes latinos en iglesias no latinas. Este capítulo también incluye una breve lista de las principales denominaciones, movimientos y organizaciones desarrolladas por las comunidades protestantes latinas durante este período.

El Capítulo 8 describe cómo el protestantismo ha desarrollado una identidad única en América Latina y entre los protestantes latinos de EE. UU. y cómo llegamos a donde estamos hoy (2001-presente). El tamaño cada vez mayor de la comunidad latina ha generado una serie de importantes estudios de la realidad latina y, específicamente, de los cambios religiosos que ocurren entre los latinos. El capítulo aborda por qué las categorías comunes de protestantes en los Estados Unidos (iglesias históricas, evangélica, pentecostal) a menudo son inadecuadas para describir a los protestantes latinos. Describe algunas de las formas en que los protestantes latinos han intentado describirse a sí mismos. También describe el papel de las principales denominaciones protestantes latinas en el crecimiento de la comunidad.

El último capítulo describe los principales desafíos que enfrentan los protestantes latinos en los Estados Unidos. Analiza las presiones de adaptación y asimilación cultural, las relaciones de los protestantes latinos con los protestantes latinoamericanos, su lugar en el protestantismo estadounidense y los escenarios de lo que los protestantes latinos podrían ser en el futuro. El Capítulo 9 también describe cómo se preparan los latinos para el ministerio y presenta las características importantes que necesitan los futuros líderes protestantes latinos.

Debido al tamaño creciente de la comunidad protestante latina a lo largo de los años, los capítulos anteriores incluirán información más específica sobre lo que hizo cada denominación, mientras que la mayoría de los capítulos incluirán solo ejemplos representativos de lo que sucedió durante el período discutido en el capítulo. Clifton Holland ha identificado más de 150 denominaciones en los Estados Unidos con algún tipo de ministerio centrado en los latinos.[2] Esto no incluye la gran cantidad de iglesias y movimientos independientes. Cualquier intento de describir específicamente el trabajo de todas estas organizaciones cambiaría la naturaleza de este libro de una historia a un compendio de historias denominacionales. Por lo tanto, el libro hará referencia principalmente a las denominaciones más grandes (a lo menos doscientas iglesias) y las más antiguas que tienen ministerio en la comunidad latina. También mencionará las denominaciones que cambiaron el enfoque del ministerio protestante latino de una manera significativa. Cada capítulo también incluirá breves biografías de líderes de comunidades latinas que encarnaron los principales problemas que enfrentaron los protestantes latinos durante el período que se aborda en el capítulo.

Este libro completa el ciclo de libros, capítulos en libros y artículos de revistas que escribí a lo largo de los años sobre el protestantismo latino. Comenzó con *Sea La Luz*, sobre los orígenes del protestantismo latino estadounidense, y continuó con *Caminando entre el pueblo*, sobre el ministerio en la comunidad latina, y *Los Protestantes*, una amplia reseña del protestantismo latino. También incluyó dos colecciones editadas, *Iglesias peregrinas en busca de identidad* y *Vivir y servir en el exilio*,[3] y numerosos capítulos en libros y artículos de revistas.

Escribir un libro sobre los latinos plantea la pregunta de por qué uso el término "latino" en lugar de "hispano". La mayoría de los escritores los consideran términos sinónimos, al igual que yo. Y ambos términos tienen problemas importantes. Ambos provienen de los esfuerzos de proyectos imperialistas, ya sean hispanos (España) o latinos (Francia). Y el término "hispano", tal como se usa en los Estados Unidos, es claramente una construcción social que no necesariamente es aceptada por los latinos estadounidenses.[4] Pero como es útil para este libro tener un término abreviado para esta población, elegí el término "latino/a", reconociendo que otros elegirán "hispano" o incluso rechazarán ambos términos.

---

[2] Clifton L. Holland, "Appendix II: A Statistical Overview of the Hispanic Protestant Church in the USA, 1921–2013," en *The Hispanic Evangelical Church in the United States: History, Ministry, and Challenges*, ed. Samuel Pagan (Sacramento: NHCLC, 2016), 495–517.

[3] Juan Francisco Martínez, *Sea La Luz: The Making of Mexican Protestantism in the American Southwest, 1829–1900* (Denton: University of North Texas, 2006); Juan Francisco Martínez, *Caminando entre el pueblo: Ministerio latino en los Estados Unidos* (Nashville: Abingdon, 2008); Juan Francisco Martínez, *Los Protestantes: An Introduction to Latino Protestantism in the United States* (Santa Barbara, CA: ABC-CLIO, 2011); Juan F. Martínez Guerra y Luis Scott, eds., *Iglesias peregrinas en busca de identidad: Cuadros del protestantismo latino en los Estados Unidos* (Buenos Aires: Kairos Ediciones, 2004); Jorge E. Maldonado y Juan F. Martínez, eds., *Vivir y servir en el exilio: Lecturas teológicas de la experiencia latina en los Estados Unidos* (Buenos Aires: Kairos Ediciones, 2008).

[4] Véase Paul Taylor et al., "When Labels Don't Fit: Hispanics and Their Views of Identity," Pew Research Center, 4 de Abril, 2012, http://www.pewhispanic.org/2012/04/04/when-labels-dont-fit-hispanics-and-their-views-of-identity/.

Usar el término "latino" también plantea la cuestión del género, ya que el español es un lenguaje claramente diferenciado. Estoy comprometido con el lenguaje inclusivo, algo que se ve diferente en inglés que en español. "Latino" es masculino en español, mientras que "latina" es femenino. Debido a que casi cada vez que uso el término "latino" o "latina" me refiero a toda la comunidad, y no soy específico para el género, he decidido utilizar los dos términos de manera intercambiable en todo el libro. Entonces los lectores deben reconocer que utilizo tanto "latina" como "latino" para referirme a todos los miembros de la comunidad, a menos que especifique lo contrario.

Este libro nació en mi propia historia. Por parte de mi madre, soy un protestante latino de quinta generación, un raro espécimen en realidad. Agradezco a mis antepasados Rafaela (tatarabuela), Anita (bisabuela), Juanita (abuela) y Bertha (madre) por la rica herencia de fe que me dieron. En muchos sentidos, este libro es una oportunidad para contar su historia y la historia de la comunidad de la que formaron, o forman, parte.

El texto en sí proviene de años de investigación y escritura, comenzando con mis estudios de doctorado. También refleja mi vida, ministerio y trabajo académico. Una parte clave del ministerio, la escritura y la investigación de mi vida ha sido el protestantismo latino. Esto significa que muchas personas han sido parte de este proyecto. Mis antepasados, particularmente mis abuelas y mis padres, fueron mis predecesores en la fe cuya historia estoy contando. Pero también tengo que agradecer a los Drs. Paul Pierson, James Bradley, Dan Shaw y Charles Van Engen del Seminario Teológico Fuller por su apoyo. También estoy claramente en deuda con el Dr. Justo González, quien fue mi mentor incluso antes de conocerme o haber leído algo de mi trabajo. Este libro también se hizo realidad gracias al apoyo de Eerdmans, de Michael Thomson, y las muchas conversaciones que tuve con él.

Este libro y toda la investigación y escritos sobre el protestantismo latino fueron fuertemente apoyados por Olga, mi esposa por más de treinta años. Ella era una gran animadora y me alentó a lo largo de mi vida profesional. Y aunque falleció de cáncer antes de firmar el contrato para este libro, debo reconocer que su energía y compromiso también fueron una parte clave de este proyecto. Desde que firmé el contrato del libro, comencé un nuevo capítulo en mi vida, por lo que también agradezco a Ruth, mi nueva esposa, por su apoyo y aliento.

Así que estoy agradecido con Dios, con la familia, con los mentores y con las comunidades protestantes latinas que han nutrido mi fe, me han brindado oportunidades de servir y de crecer, y han confiado en mí para ser parte de la preparación ministerial para sus pastores y para contar su historia.

Juan Francisco Martínez

Abreviaciones

AD	Asambleas de Dios
AETH	Asociación para la Educación Teológica Hispana
AHET	Asociación Hispana para la Educación Teológica
AIC	Asamblea de Iglesias Cristianas
AMEN	Alianza Ministerial Evangélica Nacional
APHILA	Academia para la Historia de la Iglesia Latinoamericana
ARIS	American Religious Identification Survey
ATH	Asociación Teológica Hispana
ATS	Association of Theological Schools
BGCT	Baptist General Convention of Texas
CARA	Center for Applied Research in the Apostolate
CBS	Convención Bautista del Sur
CEHILA	Comisión para el Estudio de La Historia de las Iglesias en América Latina y el Caribe
CIA	Central Intelligence Agency
CLADIC	Concilio Latinoamericano de Iglesias Cristianas
CLANY	Concilio Latinoamericano de la Iglesia de Dios Pentecostal de Nueva York
CLUE	Clergy and Laity United for Economic Justice
COGIC	Church of God in Christ
CSO	Community Service Organization
GSS	General Social Surveys
HABBM	Hispanic Association for Bilingual-Bicultural Ministries
HBCT	Hispanic Baptist Convention of Texas
HCAPL	Hispanic Churches in American Public Life
HM	Hermanos Menonitas
HMC	Home Missions Council
HSP	Hispanic Summer Program
HTI(C)	Hispanic Theological Initiative (Consortium)
IASD	Iglesia Adventista del Séptimo Día
IMU	Iglesia Metodista Unida
IPU	Iglesia Pentecostal Unida
IPUS	Iglesia Presbiteriana, US
IPUSA	Iglesia Presbiteriana (USA)
LABI	Latin American Bible Institute
LCMS	Lutheran Church–Missouri Synod
LPAC	Latino Pastoral Action Center

MAP	Mexican American Program
MARCHA	Metodistas Representando la Causa de los Hispanos Americanos
MEC	Methodist Episcopal Church
MECS	Methodist Episcopal Church, South
MI	Iglesia de Dios Pentecostal, Movimiento Internacional
NAE	National Association of Evangelicals
NaLEC	National Latino Evangelical Coalition
NCC	National Council of Churches
NHCLC	National Hispanic Christian Leadership Conference
PARAL	Program for the Analysis of Religion among Latinos
PROLADES	Programa Latinoamericano de Estudios Sociorreligiosos
TLCAN	Tratado de Libre Comercio de América del Norte
UFW	United Farm Workers

CAPÍTULO 1
Protestantismo Latino Hoy

Una de las señales de que los protestantes latinos habían "llegado" fue la portada de la revista *Time* del 15 de abril de 2013. La cuestión de la "Reforma Latina" destacó el trabajo de la National Hispanic Christian Leadership Conference (NHCLC) [Conferencia Nacional de Liderazgo Cristiano Hispano], la más conocida de las organizaciones protestantes, y su líder, Sammy Rodríguez. También se enfocó en la iglesia protestante latina más grande en los Estados Unidos, la iglesia New Life Covenant en Chicago, y su pastor, Wilfredo de Jesús. *Time* había descrito anteriormente a Luis Cortés, de Esperanza USA, como uno de los líderes evangélicos más influyentes.[1] Las voces que no se habían contabilizado en los medios nacionales estaban llegando a la conciencia nacional.

El artículo de 2013 menciona que los Bautistas del Sur esperan tener siete mil iglesias latinas en los Estados Unidos para 2020. En él, Richard Land, ex presidente de la denominación, les dice a los pastores bautistas que ignoran la reforma latina bajo su propio riesgo: "Porque si te fueras [de Washington, DC] y condujeras todo el camino hasta Los Angeles, no habría una ciudad por la que pasarías que no tenga una iglesia bautista con una *Iglesia Bautista* unida a ella. Vinieron aquí a trabajar, somos evangelistas, compartimos el Evangelio con ellos, se hicieron bautistas".[2]

Curiosamente, este aumento en el reconocimiento del crecimiento del protestantismo latino también resalta las complejidades de la comunidad protestante latina. En primer lugar, la misma existencia de un protestantismo latino deja en claro que no todos los hispanos son católicos, que todavía es la suposición predeterminada para muchos, y también señala el hecho de que un número creciente de comunidades latinas se está convirtiendo al protestantismo. Pero al destacar a Sammy Rodríguez, Wilfredo de Jesús y Luis Cortés, *Time* muestra otra complejidad de la comunidad. Los tres líderes son de origen puertorriqueño, cuando los puertorriqueños representan menos del 10 por ciento de la comunidad latina. Aunque casi dos tercios de todas las comunidades latinas estadounidenses son descendientes de mexicanos, hoy los líderes protestantes nacionales más conocidos no provienen de esa comunidad. Esto apunta indirectamente a una tercera complejidad, el estatus de los puertorriqueños. Son ciudadanos estadounidenses por nacimiento, pero generalmente son vistos como inmigrantes cuando emigran a la parte continental. Esto (indirectamente) pone el foco en el hecho

---

[1] David Van Biema et al., "The 25 Most Influential Evangelicals in America," *Time*, 7 de Febrero, 2005.
[2] Elizabeth Dias, "¡Evangélicos!," *Time*, 15 de Abril, 2013.

(cuarta complejidad) de que, aunque las comunidades latinas son vistas como inmigrantes, la mayoría de ellas nacen en los Estados Unidos.

Comunidades Latinas en los Estados Unidos Hoy en Día

Incluso un rápido vistazo bajo el paraguas del término "latino" o "hispano" plantea la pregunta de si realmente existe tal cosa, o si esto es meramente una construcción social que tiene sentido para la Oficina del Censo de EE. UU. pero no define o describe de manera adecuada la diversidad de aquellos bajo la categoría de hispanos en el Censo de EE. UU. Al momento de escribir este informe, la Oficina del Censo de EE. UU. está tratando de encontrar una forma nueva y más efectiva de contar a los identificados como hispanos para el censo de 2020.

Para entender a los llamados protestantes latinos, uno necesita saber quiénes son los latinos. Las comunidades latinas provienen de diferentes orígenes nacionales, se han convertido en parte de los Estados Unidos de diferentes maneras, tienen diferentes niveles de habilidad en el idioma español, se relacionan con la cultura dominante de diferentes maneras y mantienen una identidad étnica distinta en diferentes niveles. Los latinos constituyen el 17% de la población de EE. UU. Con alrededor de 55 millones de personas. De todas las comunidades latinas, el 55% vive en California, Texas y Florida.[3] Casi dos tercios (63%) tienen vínculos ancestrales con México. Al menos 1 millón de personas son de Puerto Rico (9.2%), Cuba (3.5%), El Salvador (3.3%), República Dominicana (2.8%), Guatemala (2.1%) y Colombia (1.8%). El resto reclama como su país de origen a otra nación del mundo de habla hispana, incluida España. La categoría "otros" reclama el 6.8% y, a menudo, incluye a quienes rastrean su linaje antes de la adquisición del sudoeste de los Estados Unidos pero no encuentran una categoría apropiada en el formulario del censo para identificarse específicamente, por lo que a menudo eligen "otro".[4]

La narrativa común en los Estados Unidos es que todas las personas latinas son inmigrantes o descendientes de inmigrantes en este país. Pero muchos de los "otros" hispanos rastrean su linaje en el sudoeste hasta los siglos XVI, XVII o XVIII. Sus antepasados se establecieron en la región, y las generaciones posteriores se convirtieron en ciudadanos estadounidenses cuando el Tratado de Guadalupe Hidalgo (1848), que puso fin a la guerra entre México y Estados Unidos, les otorgó la ciudadanía estadounidense. Los puertorriqueños se encuentran en una situación similar, ya que se convirtieron en parte de los Estados Unidos cuando la isla se convirtió en colonia estadounidense después del final de la Guerra Hispanoamericana (1898). Entonces,

---

[3] Jens Manuel Krogstad y Mark Hugo Lopez, "Hispanic Population Reaches Record 55 Million, but Growth Has Cooled," Pew Research Center, 25 de Junio, 2015, http://www.pewresearch.org/fact-tank/2015/06/25/u-s-hispanic-population-growth-surge-cools/.

[4] Sharon R. Ennis, Merarys Rios-Vargas, y Nora G. Albert, "The Hispanic Population: 2010," 2010 Census Brief, United States Census Bureau, Mayo 2011, http://www.census.gov/prod/cen2010/briefs/c2010br-04.pdf.

cuando los puertorriqueños se mudan de la isla a tierra firme, no están "inmigrando" si eso significa cruzar una frontera nacional, ya que simplemente se mueven de un territorio de los EE. UU. a otro. Pero se les conoce como inmigrantes, porque están llegando a tierra firme, a pesar de que eran ciudadanos estadounidenses antes de su llegada. También a menudo se pasa por alto que la mayoría de las personas latinas han nacido en los Estados Unidos, incluso durante los períodos de migración significativa desde América Latina.

La mayoría del resto de la población latina tiene raíces de inmigrantes, aunque sus historias a menudo se ven muy diferentes entre sí. Los cubanos fueron aceptados como exiliados después de la revolución cubana (1959), y hasta el día de hoy a cualquier cubano que llega a territorio estadounidense se le otorga automáticamente un estatus legal, incluso si ingresa ilegalmente al país. Los dominicanos también llegaron por primera vez a los Estados Unidos en cantidades significativas después de la ocupación estadounidense de Santo Domingo (1963) y la decisión de los Estados Unidos de hacer frente a la crisis política resultante a través de la inmigración. Debido a este vínculo único, la mayoría de los dominicanos ingresa legalmente a los Estados Unidos a través de la reunificación familiar.[5]

Las regiones fronterizas entre los Estados Unidos y México también representan situaciones únicas, particularmente en Texas. Muchos de los antepasados de la gente de esa región vivían en ambos lados del río antes de la toma de control de los EE. UU. (y lo hacen hasta el día de hoy), por lo que el traslado de la frontera separó a las familias que seguían conectándose al otro lado de la frontera. Muchas personas de la frontera se movieron de un lado a otro de la frontera durante los siglos XIX y XX, hasta que las cambiantes leyes en la frontera dificultaron ese movimiento.

Las otras poblaciones latinas significativas provienen de América Central y están directamente relacionadas con la violencia de las guerras civiles de los años 70 y 80, en las que los países de esta región se convirtieron en representantes del conflicto Este-Oeste. Los asesinatos masivos de civiles (más de 250,000 en Guatemala, 200,000 en El Salvador y muchos otros en otras partes de la región) hicieron que muchos buscaran refugio en los Estados Unidos.

A pesar de la migración significativa, casi el 65% de los latinos han nacido en los Estados Unidos.[6] Este porcentaje seguirá creciendo a medida que el número de niños latinos nacidos en los Estados Unidos continúe superando el número de nuevos inmigrantes. La nueva migración continuará alimentando a la comunidad latina y manteniéndola ligada a América Latina. Pero la mayor parte del crecimiento continuo en la comunidad vendrá de niños nacidos en los EE. UU.

---

[5] Chiamaka Nwosu y Jeanne Batalova, "Immigrants from the Dominican Republic in the United States," Migration Policy Institute, 18 de Julio, 2014, http://www.migrationpolicy.org/article/foreign-born-dominican-republic-united-states.

[6] Jens Manuel Krogstad y Mark Hugo Lopez, "Hispanic Nativity Shift," Pew Research Center, 29 de Abril, 2014, http://www.pewhispanic.org/2014/04/29/hispanic-nativity-shift/.

Los antecedentes nacionales y las historias de migración cuentan una parte de la historia. Pero el uso del idioma español, la adaptación cultural y la conservación de la identidad étnica apuntan a otros factores importantes para comprender a los protestantes latinos y a la población latina en general. Esto nos ayuda a entender quiénes son los latinos en la actualidad y cómo participan en la sociedad dominante y en las instituciones protestantes.

La mayoría de las latinas tienen un fuerte apego emocional al idioma español, pero esto no se traduce necesariamente en su uso en la vida cotidiana. Cuando se preguntó, el 95% de las personas latinas declararon que es importante que las futuras generaciones de latinas aprendan a hablar español.[7] Pero el uso y la fluidez en el idioma español caen por generación. En las personas latinas de segunda generación, el 82% dice que puede conversar en español (el 71% dice que puede leerlo). Para en la tercera generación, el 47% dice que puede hablar español con fluidez y el 41% dice que puede leerlo;[8] en general, el 90% de las personas latinas puede hablar inglés hasta cierto punto, y el 78% puede hablar español con fluidez.[9] También hay más de dos millones de personas no hispanas que hablan español en casa.[10] Esto significa que la cantidad de hispanohablantes en los Estados Unidos continúa creciendo, aunque no al mismo ritmo que la población latina. El tamaño de la población de habla hispana hace que Estados Unidos sea uno de los países de habla hispana más grandes del mundo.[11]

El uso del español también tiende a estar relacionado con la conservación de la identidad étnica.[12] Quienes usan el español regularmente tienden a tener un sentido más fuerte de identidad latina, aunque no es una garantía de esa identidad. Perder el español es un marcador potencial de asimilación a la cultura mayoritaria, aunque hay muchas personas latinas con dominio del inglés que tienen un fuerte sentido de identidad étnica latina.

En términos prácticos, la mayoría de las comunidades latinas son bilingües, y esto afecta la forma en que las personas viven sus vidas. Crea tensiones en el mercado, ya que los

---

[7] Mark Hugo Lopez y Ana Gonzalez-Barrera, "What Is the Future of Spanish in the United States?," Pew Research Center, 5 de Septiembre, 2013, http://www.pewresearch.org/fact-tank/2013/09/05/what-is-the-future-of-spanish-in-the-united-states/.

[8] "Between Two Worlds: How Young Latinos Come of Age in America," Pew Research Center, 11 de Diciembre, 2009, actualizado el 1 de Julio, 2013, http://www.pewhispanic.org/2009/12/11/between-two-worlds-how-young-latinos-come-of-age-in-america/

[9] "Hispanic and Latino Americans," Wikipedia, última modificación el 25 de Marzo, 2017, https://en.wikipedia.org/wiki/Hispanic_and_Latino_Americans.

[10] Camille Ryan, "Language Use in the United States: 2011," United States Census Bureau, American Community Survey Reports, Agosto 2013, http://www.census.gov/prod/2013pubs/acs-22.pdf

[11] Según un estudio del Instituto Cervantes, es el segundo país más grande de habla hispana en el mundo, solo detrás de México. "El español: Una lengua viva: Informe 2016," Instituto Cervantes, 2016, http://cvc.cervantes.es/lengua/espanol_lengua_viva/pdf/espanol_lengua_viva_2016.pdf

[12] Véase mi descripción de la conservación de la identidad étnica entre las comunidades latinas en *Los Protestantes*: An Introduction to Latino Protestantism in the United States (Santa Barbara, CA: ABC-CLIO, 2011), 20–24.

medios de comunicación: ingleses y españoles, compiten para demostrar cuál puede "llegar" mejor a la comunidad latina. También afecta los compromisos religiosos. Para algunas personas latinas, la adoración debe ser en el lenguaje del "corazón", por lo que tienden a adorar en español, incluso si su inglés es más fuerte. Para otros, el culto y el ministerio deben ser pulidos y bien organizados, lo que tiende a atraerlos hacia algunas iglesias de habla inglesa, particularmente aquellas con un enfoque multicultural. Otros optan por varios tipos de modelos bilingües que buscan incluir a varias generaciones adorando juntos.

Relacionado con el tema del lenguaje, se encuentra la autoidentidad étnica de una persona. A pesar de que "hispano" ha sido utilizado como una definición legal de la comunidad durante más de cuarenta años, la mayoría de los latinos continúan utilizando sus antecedentes nacionales como su principal marcador de identidad étnica. La mayoría de los latinos (51%) usa el país de origen de su familia como su identificador principal, y solo el 24% prefiere una etiqueta panétnica, como hispano o latino, como su identificador principal. El sesenta y nueve por ciento se ve a sí mismo como parte de diferentes culturas, y solo el 29% afirma que los latinos tienen una cultura común.

Este sentido de identidad también afecta la forma en que los latinos se ven a sí mismos dentro de una sociedad estadounidense más grande. Los latinos están divididos por igual en cuanto a si se ven a sí mismos como "típicos" estadounidenses. La gran mayoría está contento de estar en los Estados Unidos, y la mayoría de los inmigrantes volvería a emigrar si se les diese la oportunidad. Pero una pluralidad (39%) siente que la fuerza de los lazos familiares es mejor en su país de origen que en los Estados Unidos.[13]

Los problemas de la identidad latina y la asimilación cultural son importantes cuando se piensa en el protestantismo latino por varias razones. Por un lado, una suposición común históricamente ha sido que los latinos se convirtieron en protestantes en los Estados Unidos como un medio de adaptación cultural. En este entendimiento, visto directa o indirectamente en muchos estudios de la identidad religiosa latina, convertirse en protestante es un signo de asimilación a la cultura dominante.[14] Pero si este fuera el caso, los protestantes latinas demostrarían más signos de asimilación cultural que sus homólogos católicos romanos, tales como una identificación primaria como estadounidenses, la pérdida del español y el matrimonio con personas no latinas. Varios estudios han demostrado lo contrario, particularmente entre los pentecostales latinos, el grupo más grande de protestantes latinas. Según estos estudios, el pentecostalismo popular proporciona apoyo para la conservación de la identidad

---

[13] Paul Taylor et al., "When Labels Don't Fit: Hispanics and Their Views of Identity," Pew Research Center, 4 de Abril, 2012, http://www.pewhispanic.org/2012/04/04/when-labels-dont-fit -hispanics-and-their-views-of-identity/.

[14] Véase Larry L. Hunt, "The Spirit of Hispanic Protestantism in the United States: National Survey Comparisons of Catholics and Non-Catholics," *Social Science Quarterly* 79, no. 4 (December 1998): 828–45.

étnica y no necesariamente atrae a los conversos hacia la asimilación en la cultura dominante.[15]

Según el estudio Pew de 2014, el 22% de la población latina es protestante. Aproximadamente dos tercios de esta población se identificarían como pentecostales o carismáticos. (Alrededor del 52% de los católicos latinos también se autoidentifican como pentecostales o carismáticos).[16] El porcentaje de la población latina que es protestante continúa creciendo, aunque no tan rápido como en muchos lugares en América Latina. Por ejemplo, Guatemala, Puerto Rico, El Salvador, Costa Rica, Honduras, la República Dominicana y Brasil tienen una población protestante más alta que los Estados Unidos. Esto significa que los inmigrantes de estos lugares tienen una mayor probabilidad de ser protestantes antes de venir a los Estados Unidos, por lo que la migración es una de las fuentes de crecimiento entre los protestantes latinas. México, por otro lado, es uno de los países más católicos del mundo, y ciertamente el país más católico de América; solo el 9% de la población se identifica como protestante, y la mayoría de las migraciones desde México provienen de las secciones más católicas del país.[17]

Si uno supone que estas cifras tienden a trasladarse a las diversas comunidades de trasfondo nacional entre los latinos en los Estados Unidos, entonces los puertorriqueños y los centroamericanos estarán sobrerrepresentados entre los protestantes latinos, como un porcentaje del total de la población latina. Esto puede ayudar a explicar, en parte, por qué los puertorriqueños están "sobrerrepresentados" en el liderazgo protestante latina, a pesar de que representan solo el 9 por ciento de la población latina.

Si uno asume una población latina de 55 millones, entonces cerca de 12 millones de latinos se identifican como protestantes.[18] La mayoría de ellos están conectados a denominaciones protestantes estadounidenses, aunque muchos son parte de denominaciones y movimientos basados en latinas y latinoamericanos. Debido a que muchos latinos viven una existencia y fe transnacional, están claramente relacionados con el protestantismo estadounidense, pero también con el protestantismo en América Latina. Muchas iglesias latinas en los Estados Unidos tienen fuertes vínculos con las congregaciones hermanas en América Latina. A menudo, estos enlaces no son confesionales, sino que tienen bases "relacionales" y de redes. Las personas y las iglesias se conectan con las iglesias "de su tierra", tengan o no una tradición teológica similar.

---

[15] Véase los estudios en Martínez, *Los Protestantes*, 59ff.; Hunt, "The Spirit of Hispanic Protestantism in the United States."

[16] "The Shifting Religious Identity of Latinos in the United States," Pew Research Center, May 7, 2014, http://www.pewforum.org/2014/05/07/the-shifting-religious-identity-of-latinos -in-the-united-states/.

[17] Agustina Ordoqui, "América Latina, cada vez menos católica y más protestante," *Infobae*, 23 de Noviembre, 2014, http://www.infobae.com/2014/11/23/1610174-america-latina-cada -vez-menos-catolica-y-mas-protestante/.

[18] Un capítulo posterior abordará las complejidades del uso de una fórmula tan simplista para contar a los protestantes latinos. Pero para los propósitos actuales, este número es suficiente.

Estos enlaces se mantienen a través de visitas e intercambios regulares, apoyo financiero y nuevos migrantes.

Digresión: La Cuestión de los Latinos sin Afiliación Religiosa

El estudio Pew mencionado anteriormente indica que los latinos se están alejando de la Iglesia Católica Romana en una de dos direcciones, ya sea hacia el protestantismo evangélico o lejos de la identificación con una tradición de fe específica. La suposición implícita es que todos los latinos sin afiliación eclesial son similares a sus contrapartes en la cultura dominante. Aunque hay verdad en esa evaluación, tampoco cuenta toda la historia. Los latinos sin afiliación eclesial representan varias realidades que no son necesariamente lo mismo que la experiencia de cultura dominante. Por ejemplo, el movimiento del catolicismo al protestantismo no siempre es un proceso limpio o unidireccional. Muchos latinos están en un estado intermedio. Puede que no tengan una identidad de iglesia claramente identificable, pero de hecho pueden moverse entre los dos grupos. Además, la falta de identidad eclesial no significa necesariamente falta de compromiso con la iglesia con la que no se identifican formalmente (por ejemplo, algunas expresiones del catolicismo popular). Como resultado, uno ve una mayor participación de la iglesia, una vida de oración más regular y un sentido más positivo del rol de la religión entre los latinos que se identifican como no afiliados que la que se ve entre las personas no afiliadas dentro de la sociedad en general.[19]

Protestantismo Latinoamericano y su Impacto sobre los Protestantes Latinas de los EE. UU.

Al contar la historia de los protestantes latinos en los Estados Unidos, la tendencia es centrarse en el trabajo misionero protestante en los EE. UU. Es imposible contar la historia, particularmente de los primeros años, sin mirar a la evangelización y los conversos de esos esfuerzos misioneros. Pero la historia sería muy incompleta si no se incluyera el impacto del crecimiento del protestantismo latinoamericano, independientemente de los esfuerzos misioneros protestantes de EE. UU., en las comunidades protestantes latinas de los Estados Unidos.
La historia del protestantismo latinoamericano está más allá del alcance de este libro. Pero los dinámicos vínculos norte-sur, sur-norte han creado una identidad protestante transnacional que está vinculada con el protestantismo estadounidense y que mira más allá de él como parte de su crecimiento e inspiración.
En los primeros años, la mayoría de los conversos protestantes latinos fueron el resultado directo de los esfuerzos misioneros protestantes de los EE. UU. Y la mayoría de las iglesias latinas estaban directamente relacionadas con las denominaciones protestantes de los EE. UU. La gran mayoría de los inmigrantes de América Latina eran

---

[19] "The Shifting Religious Identity of Latinos in the United States."

católicos, y los pocos inmigrantes protestantes tendían a unirse a las iglesias existentes en los Estados Unidos. Había algunas iglesias y denominaciones comenzados por latinas, pero fueron tratadas como una excepción al describir el protestantismo latina. Estos grupos generalmente estaban al margen de la sociedad y, a menudo, ni siquiera se contaban en las discusiones sobre los protestantes latinos.

Esto comenzó a cambiar con el crecimiento de las iglesias pentecostales, particularmente en la segunda mitad del siglo XX. Pero el crecimiento explosivo se produjo debido a las iglesias pentecostales y neopentecostales, particularmente en Puerto Rico y América Central, que comenzaron en los años setenta. Este crecimiento produjo grandes iglesias y nuevas megaiglesias. A medida que las personas que se convirtieron en estos movimientos emigraban a los Estados Unidos, algunos de ellos llevaron consigo sus iglesias y líderes. Además, las denominaciones estadounidenses comenzaron a importar un número cada vez mayor de pastores de América Latina, ya que la cantidad de nuevos inmigrantes en nuevas partes de los Estados Unidos parecía abrumar a muchas iglesias y denominaciones. Muchas iglesias latinas, incluidas las de las denominaciones de los EE. UU., tienen vínculos de red con América Latina, y muchas están haciendo trabajo de misión allí. Parte del trabajo misionero está más vinculado a las relaciones personales que a los compromisos denominacionales. Los ministerios que forman parte de las redes personales a menudo reciben un apoyo más entusiasta de las iglesias protestantes latinas.

Las ideas y los modelos de ministerio también se intercambian regularmente en las Américas. Desde América Latina, los líderes predican y enseñan regularmente en los Estados Unidos, creando un intercambio constante tanto al norte como al sur. De los Estados Unidos, un número creciente de latinas están desarrollando ministerios en el sur. Muchas iglesias protestantes latinas tienen personas transnacionales que viven parte de sus vidas "aquí" y parte "allá", lo que se suma a este intercambio. Se convierten en un enlace importante en las redes de comunicaciones globales que mantienen a los protestantes latinos conectados a América Latina.

Las iglesias protestantes latinas crecen de tres maneras: a través de conversos, a través de inmigrantes latinoamericanos y mediante el crecimiento biológico. Estos tres representan experiencias y enmarcados muy diferentes del protestantismo, como se verá a lo largo de este libro. La conexión latinoamericana se mantiene a través del movimiento constante de los pueblos, cuyo papel a menudo no se ve en las descripciones del desarrollo del protestantismo latino.

Protestantes Latinas en el Mundo Protestante Más Grande de los EE. UU.

Los mexicanos que vivían en lo que hoy es el sudoeste se convirtieron en el centro de atención de algunos misioneros protestantes en la década de 1830, mientras que el sudoeste todavía era parte de México. Y los primeros conversos se convirtieron en partes de iglesias que estaban vinculadas a las denominaciones protestantes estadounidenses existentes. Esa ha sido la norma a lo largo de la historia del protestantismo latino, aunque, como se dijo anteriormente, un número creciente de protestantes latinas forman parte de iglesias y denominaciones de origen latino o latinoamericano.

Los protestantes estadounidenses han tenido una relación conflictiva con los protestantes latinos desde los días de los primeros conversos. Durante la mayor parte de los siglos XIX y XX, los protestantes latinos tendieron a ser invisibles, incluso en las denominaciones de las que formaban parte. En el mejor de los casos, tenían un papel marginal en las estructuras y, a menudo, no tenían posiciones de liderazgo incluso en las secciones "latinas" de sus denominaciones.

Una de las razones es que las iglesias protestantes latinas a menudo han sido vistas como estructuras de transición. Ya a fines de la década de 1890, surgió la pregunta de si la "segunda" generación permanecería en las iglesias latinas o si se uniría a las congregaciones anglo. Este problema ha seguido jugando un papel en las conversaciones sobre el ministerio protestante latino. ¿Las iglesias latinas son estructuras con futuro a largo plazo o "tanques de retención" para los latinos mientras se adaptan a la cultura dominante y "se preparan" para formar parte de las congregaciones existentes en inglés? Esto ha creado tensiones dentro de las denominaciones protestantes y entre la cultura dominante y los líderes latinos. Los pastores latinos quieren conservar a sus jóvenes, y algunos líderes protestantes estadounidenses suponen que la "segunda" generación se irá a la cultura dominante o a las iglesias intencionalmente interculturales. Uno ve ambas tendencias, pero también uno se da cuenta de que debido a la nueva migración y el matrimonio mixto de vuelta a la generación de inmigrantes, existe una eterna "segunda" generación. Así que la cuestión del lugar de los protestantes latinos en el mundo protestante más grande de los Estados Unidos continúa. ¿Participan los líderes latinos representando congregaciones latinas claramente identificables, o como parte del mundo protestante más grande (o ambos)? ¿Se considerará que un modelo es normativo, o habrá múltiples formas de ser un protestante latino dentro de las estructuras confesionales existentes? ¿Qué tipo de líder latino quieren las denominaciones mientras miran hacia el futuro?

De modo que la participación de los latinos en las denominaciones protestantes se queda atrás del tamaño de la población, como lo hace en los ámbitos político, socioeconómico y de otras realidades de EE. UU. Algunas denominaciones apenas están "descubriendo" a las comunidades latinas, mientras que otras están luchando con los desafíos de incorporar líderes latinos a sus estructuras nacionales. Mientras tanto, un número creciente de latinas se están uniendo a iglesias no latinas, particularmente congregaciones intencionalmente interculturales. En algunas de esas iglesias los latinos se vuelven "invisibles" porque nadie las ve como una comunidad que necesita ser representada en las estructuras de liderazgo. Por lo tanto, incluso cuando las denominaciones protestantes reconocen que los latinos serán una parte cada vez más importante de su futuro, todavía están luchando por comprender cómo será ese futuro.

Protestantes Latinos como Misioneros para el Mundo

Históricamente, los nativos de América Latina y los latinos en los Estados Unidos han sido objeto de esfuerzos misioneros protestantes. Pero a medida que estas comunidades se desarrollan, también se convierten en congregaciones emisoras de misiones. El primer enfoque del trabajo misionero protestante latina es América Latina. Un número creciente de iglesias con enlaces norte-sur están brindando apoyo financiero a los ministerios en América Latina. Estos enlaces suelen ser mutuos, con dinero que fluye hacia el sur y recursos del ministerio que fluyen hacia el norte.

Los protestantes latinoamericanos han comenzado a enviar misioneros por todo el mundo, particularmente a áreas donde los misioneros "tradicionales" del primer mundo no son bienvenidos. Algunos de estos esfuerzos están vinculados a las iglesias latinas en los Estados Unidos. Un número creciente de iglesias protestantes latinas encuentran más fácil vincularse con los esfuerzos misioneros en América Latina que con los esfuerzos de sus propias denominaciones en los Estados Unidos. Otros están trabajando a través de agencias de misiones de los EE. UU., deseando incorporar a su concepto de misión modelos de trabajo que tengan más sentido para los latinos.

Entonces, aunque es difícil definir a un latino, y muchos latinos no están seguros de que la categoría de "latino" se ajuste claramente a ellos, también es una tarea complicada definir claramente a un protestante latino. Hay lugares donde las fronteras y los límites parecen claros. Pero en un número creciente de espacios no se está claro quién encaja, quién no encaja, o incluso si esta es la pregunta correcta. ¿Quién quiere encajar debajo de la categoría, y qué tan claras deben ser las líneas para contar la historia de la comunidad?

Parecería haber una respuesta clara. La historia trata de las personas que se encuentran en la intersección de protestantes y latinos. Sin embargo, por todas las razones ya expuestas, no siempre está claro quién pertenece a la narrativa, particularmente a medida que uno se aleja de esa intersección. Entonces esta historia de protestantes latinas comienza en la intersección "clara" y gradualmente se mueve hacia los bordes "confusos".

CAPÍTULO 2
Enmarcando la Historia de los Latinos Protestantes

Una de las muchas tareas de un historiador es elegir los marcos dentro de los cuales contar la historia para que mantenga una narrativa cohesiva y convincente. Los marcos que parecen más útiles para comprender el protestantismo latino en la actualidad son (1) la relación histórica y a menudo conflictiva entre los Estados Unidos y América Latina; (2) los patrones migratorios que se han desarrollado debido a esa relación, como se ve a través de la teoría de la migración; (3) el contexto religioso cambiante, tanto en los Estados Unidos como en América Latina, utilizando herramientas de la sociología de la religión para comprender su impacto; y (4) análisis sociocultural de la experiencia latina en los Estados Unidos. Como cristiano, también coloco esos marcos dentro de un entendimiento teológico de que Dios ha estado trabajando en medio de esta historia.

A lo largo de los años ha habido varios estudios del protestantismo latino. La mayoría de ellos fueron estudios confesionales específicos o descripciones generales de la comunidad con el propósito de alentar a las denominaciones y las iglesias a hacer trabajo de misión entre ellos. Libros como *Our Mexicans* [Nuestros Mexicanos] (1904) de Robert Craig[1] y *The Northern Mexican* [El Mexicano del Norte] (1930) de Robert McLean[2] representan los primeros esfuerzos por describir la situación desde una perspectiva protestante y, en general, mencionar toda la misión protestante conocida entre los "mexicanos" en ese momento, aunque estos tipos de estudios solían nacer dentro de una familia denominacional y, a menudo, dejaban de lado las denominaciones que estaban fuera de su rango "normal" de experiencia misionera. (Curiosamente, *The Northern Mexican* incluye a todas las comunidades latinas bajo la categoría de mexicanos del norte, un problema que reconoce pero no corrige). En el siglo XX se publicaron varios estudios denominacionalmente específicos, la mayoría después de 1960. Los presbiterianos publicaron la mayor cantidad de material, aunque también hubo varios proyectos metodistas y algunos de otras denominaciones. La mayoría de los trabajos fueron narraciones cronológicas, a menudo escritas para promover o celebrar los esfuerzos misioneros. Algunos, como *The Northern Mexican*, incluyeron algunos análisis. Pero solo en la última parte del siglo XX se publicaron historias formales.

---

[1] Robert M. Craig, *Our Mexicans* (New York: Board of Home Missions of the Presbyterian Church, USA, 1904).
[2] Robert N. McLean, *The Northern Mexican* (New York: Home Missions Council, 1930).

Las décadas de 1980 y 1990 vieron un aumento en las publicaciones confesionales, así como los primeros esfuerzos hacia una historia que incluiría a todas las comunidades latinas protestantes. *Republican Protestantism in Aztlán* [Protestantismo Republicano en Aztlán]³ fue escrito por un latino no protestante y estudia el choque entre católicos mexicanos y protestantes estadounidenses, cristianos de dos sistemas religiosos y de valores muy diferentes. *Hidden Stories Unveiling the History of the Latino Church* [Historias Ocultas que Revelan la Historia de la Iglesia Latina]⁴ representó un esfuerzo para desarrollar una Asociación de Profesores de Historia de la Iglesia en Latinoamérica (APHILA), aunque este esfuerzo fue efímero. Una década más tarde, el capítulo estadounidense de CEHILA (Comisión para el Estudio de la Historia de las Iglesias en América Latina y el Caribe)⁵ publicó *Iglesias peregrinas en busca de identidad: Cuadros del protestantismo latino en los Estados Unidos*.⁶ Este fue el par protestante del volumen católico romano anterior sobre católicos latinos en los Estados Unidos, *Fronteras: A History of the Latin American Church in the USA Since 1513*.⁷ El número de estudios denominacionales o regionales ha aumentado a medida que el protestantismo latino ha seguido creciendo. Algunos de estos estudios han analizado las tendencias religiosas latinas de manera más amplia, mientras que un volumen reciente ha reunido artículos sobre la historia, el ministerio y los desafíos del protestantismo hispano bajo el título *La Iglesia Evangélica Hispana en los Estados Unidos*.⁸ Esta colección incluye algunos de los últimos datos sobre protestantes latinas recogidos por Clifton Holland.

Los Estados Unidos y América Latina: una Breve Reseña Histórica

Los vínculos entre Estados Unidos y América Latina comienzan durante el período de expansión colonial europea cuando Inglaterra y España (y otras potencias europeas) exploraban y reclamaban territorio en las Américas, desplazando, destruyendo o conquistando poblaciones nativas.⁹ Ambas establecieron comunidades permanente en

---

³ E. C. Orozco, *Republican Protestantism in Aztlán: The Encounter between Mexicanism and Anglo-Saxon Secular Humanism in the United States Southwest* (Glendale, CA: Petereins Press, 1980).
⁴ Daniel R. Rodríguez-Díaz y David Cortés-Fuentes, *Hidden Stories: Unveiling the History of the Latino Church* (Decatur, GA: AETH, 1994).
⁵ CEHILA es una red de investigadores que ha trabajado desde la década de 1970 para estudiar el cristianismo de América Latina y el Caribe de abajo hacia arriba. Su publicación más conocida es el multivolumen *Historia general de la iglesia en América latina* de Enrique Dussel y Comisión de Estudios de Historia de la Iglesia en Latinoamérica (Salamanca, Spain: Sígueme, 1983).
⁶ Juan F. Martínez Guerra y Luis Scott, eds., *Iglesias peregrinas en busca de identidad: Cuadros del protestantismo latino en los Estados Unidos* (Buenos Aires: Kairos Ediciones, 2004).
⁷ Moisés Sandoval, ed., *Fronteras: A History of the Latin American Church in the USA Since 1513* (San Antonio: Mexican American Cultural Center, 1983).
⁸ Samuel Pagán y la National Hispanic Christian Leadership Conference, *The Hispanic Evangelical Church in the United States: History, Ministry, and Challenges* (Elk Grove, CA: NHCLC, 2016).
⁹ La lectura de la relación entre los Estados Unidos y América Latina dada en esta sección sigue la perspectiva presentada por autores como Juan Gonzalez, *Harvest of Empire: A History of Latinos in America*

América del Norte, con España estableciendo Saint Augustine (Florida) y Santa Fe (Nuevo México) antes de la primera colonia inglesa permanente de Jamestown. Las tensiones y la competencia continuaron durante todo el período colonial. Cada nación europea usó su poder para interrumpir el control del otro y proteger sus reclamos de otras potencias europeas. Las tensiones entre Inglaterra y España son particularmente importantes ya que proporcionan el telón de fondo para posteriores tensiones entre las naciones nacidas de sus proyectos coloniales en las Américas.

La fe cristiana era una parte importante del proceso colonial tanto para los colonos españoles como para los ingleses. Ambos contaron la historia de su expansión a las Américas en términos religiosos. Vieron la expansión colonial como parte de la voluntad de Dios para ellos y entendieron las tierras que estaban conquistando como regalos de Dios. Hasta cierto punto, las personas de ambos países también vieron a los que estaban conquistando como personas a las que deberían evangelizar.

Pero también había un claro sentido de competencia religiosa entre la Inglaterra protestante y la España católica. Sus diversas guerras, batallas y disputas a menudo tenían un trasfondo religioso. Muchos en cada país vieron su encuentro con el otro como una oportunidad para demostrar que su expresión de fe era más correcta. Sus expansiones a menudo se interpretaban como prueba de la superioridad de su particular expresión religiosa. Esta tendencia continuaría más allá del período colonial. Por ejemplo, en el siglo XIX, muchos protestantes en los Estados Unidos describirían la toma del Sudoeste de México como una victoria más del protestantismo inglés sobre el catolicismo español.[10]

Los Estados Unidos de América recién establecidos se veían a sí mismos como un país orientado a la expansión, con muchos cristianos dando una explicación teológica a la expansión (es decir, Norteamérica era Canaán que sería asumida por el nuevo Israel). "Las naciones han sido expulsadas ante nuestra presencia, más poderosas que nosotros, para que podamos entrar y tomar la tierra por herencia, como sucede hoy".[11] Poco después de independizarse de Inglaterra, Estados Unidos comenzó su política territorial de expansión. Las potencias europeas que habían dominado la región, incluidas Gran Bretaña, Francia y España, cedieron sus derechos a tierras que luego fueron gradualmente incorporadas en lo que ahora es Estados Unidos. La gente de la costa este comenzó a emigrar hacia el oeste, desplazando a los pueblos nativos de sus tierras históricas.

Mientras el joven país se expandía al tomar el control de más territorio, también expandía su control político y económico. La Doctrina Monroe (1823) le dijo a las

---

(New York: Viking Penguin, 2000), y Felipe Fernández-Amesto, *Our America: A Hispanic History of the United States* (New York: Norton, 2014).

[10] Véase, por ejemplo Hollis Read, *The Hand of God in History; or, Divine Providence Historically Illustrated in the Extension and Establishment of Christianity*, 2 vols. (Hartford: H. E. Robins, 1858).

[11] Richard S. Storrs, *Discourse in Behalf of the American Home Missionary Society* (New York: American Home Missionary Society, 1855), 12.

potencias europeas que se quedaran fuera de las Américas. Pero en la práctica dio una justificación política para la hegemonía de los Estados Unidos en todas las Américas.

A los pocos años de la independencia de Estados Unidos de Gran Bretaña, los países de América Latina comenzaron a ganar su independencia de España y Portugal. Debido a que el México recientemente independiente temía que los Estados Unidos trataran de expandirse en su territorio, intentó colonizar sus regiones del norte con católicos de varios países europeos, ya que no tenía suficientes personas para enviar a esas áreas. Este plan no tuvo éxito y en realidad sirvió para acelerar el proyecto expansionista de EE. UU. Muchos de los colonos invitados a México estarían a la cabeza de la rebelión que estableció la República de Texas en 1836, con el apoyo de los Estados Unidos. Esta república sería aceptada como un estado en la Unión en 1845, contra las objeciones explícitas de México, estableciendo el enfrentamiento que resultó en la Guerra de Estados Unidos-México (1846-1848). El Tratado de Guadalupe Hidalgo (1848) que puso fin a esa guerra cedió la mitad del territorio de México, lo que ahora se conoce como el sudoeste, a los Estados Unidos. La toma del Sudoeste marcó el comienzo de un vínculo permanente entre los Estados Unidos y México.

La siguiente expansión territorial directa en América Latina por los Estados Unidos vino con la Guerra Hispanoamericana (1898). La derrota de una España debilitada convirtió a los Estados Unidos en una potencia colonial. Se hizo cargo de Filipinas, Guam y Puerto Rico. El cuarto territorio, Cuba, se convirtió en un país independiente, como resultado de la guerra, aunque bajo la tutela directa de los Estados Unidos.

Estas expansiones territoriales crearon vínculos permanentes entre los Estados Unidos y América Latina que se convertirían en los puntos de conexión para las posteriores olas de migración hacia el norte. El grupo más grande de comunidades latinas en los Estados Unidos hoy en día, los de origen mexicano, comenzó a ingresar después de 1848 en varias oleadas que incluyeron factores de empuje y atracción a menudo vinculados entre sí, como el "empuje" de la Revolución Mexicana y la "atracción" de la participación de los Estados Unidos en la Primera Guerra Mundial. Cada ola estuvo acompañada por una reacción antiinmigrante, como las deportaciones masivas que ocurrieron cuando comenzó la Gran Depresión en 1929. Las versiones de este patrón se repitieron varias veces a lo largo del siglo XX. Aunque hubo deportaciones masivas luego de varias oleadas de inmigrantes, el resultado final de cada ciclo fue que un mayor número de migrantes mexicanos terminaron asentándose en los Estados Unidos.

El expansionismo estadounidense también creó un segundo puente migratorio, éste entre Puerto Rico y el continente. Particularmente después de la Segunda Guerra Mundial, muchos puertorriqueños que habían servido en el ejército de los EE. UU., tuvieron la oportunidad de ver el continente mientras se encontraban en las bases militares de los EE. UU. y se sintieron atraídos por sus posibilidades. También se abrieron nuevas oportunidades de empleo en el noreste, creando el factor crucial de "atracción". Desde las primeras olas en el noreste en la década de 1940 hasta las olas más recientes en Florida, el continente se ha convertido en una tierra de oportunidades y una válvula de escape cuando la situación económica en la isla se ha vuelto difícil.

Las intervenciones de los Estados Unidos en América Latina también han creado importantes flujos migratorios. Los Estados Unidos establecieron una influencia muy directa sobre Cuba desde la época de la Guerra Hispanoamericana. Esa influencia se incorporó a la constitución cubana por medio de la Enmienda Platt y mediante intervenciones militares directas. Apoyó directamente a los diversos líderes y dictadores que gobernaron la isla durante la primera mitad del siglo XX. La Revolución Cubana (1959) derrocó esa imposición y puso a los amigos y aliados de los EE. UU. en la isla en peligro directo. En respuesta, Estados Unidos permitió que los refugiados cubanos ingresaran al país en grandes cantidades. Esos exiliados políticos crearon una fuerte base política que ha influido mucho en la política de los Estados Unidos hacia Cuba. El resultado es que incluso hoy casi cualquier cubano que pueda llegar a territorio estadounidense recibe el estatus de refugiado.

La intervención militar directa en Santo Domingo (1963) creó un puente para que los ciudadanos de la República Dominicana vinieran a los Estados Unidos. Y desde la década de 1950 hasta la década de 1980, en el apogeo de la Guerra Fría, Estados Unidos intervino, directa e indirectamente, en las guerras civiles de varios países centroamericanos. Las personas que huían de la violencia masiva de estas guerras a menudo terminaban en los Estados Unidos. Aunque las guerras civiles han terminado, este puente migratorio sigue siendo una válvula de escape importante, ya que las personas, especialmente los niños, huyen de la violencia creada por pandilleros deportados por los Estados Unidos de vuelta a estos mismos países centroamericanos.

Se han establecido puentes migratorios más pequeños debido a las políticas de los Estados Unidos en Colombia y Venezuela. Como argumenta Juan González en *Harvest of Empire*, existe una relación directa entre las intervenciones de los Estados Unidos en América Latina y los patrones migratorios de América Latina hacia los Estados Unidos.

Migración de América Latina a través del Lente de la Teoría de la Migración

Los Estados Unidos cuentan su mito nacional como uno de migración voluntaria, con un enfoque en la migración europea hacia este país. Ese mito está ejemplificado por el poema "The New Colossus" en la Estatua de la Libertad. De acuerdo con este entendimiento, la gente deja lo viejo para embarcarse en la aventura de nuevas oportunidades. El viaje, en esta narración, siempre es unidireccional y permanente. La gente viene a la tierra de las oportunidades y nunca mira hacia atrás.

La mayoría de los estudios sobre migrantes en este país se centran solo en cómo el inmigrante se está adaptando a la vida en los Estados Unidos. En otras palabras, la única pregunta importante para muchos académicos es qué tan bien el inmigrante se está aculturando y asimilando. Si las personas no siguen ese patrón, entonces la preocupación es entender por qué las cosas no están sucediendo como "se supone que deben suceder" y cuáles podrían ser las consecuencias.

Sin embargo, la historia de la migración desde América Latina siempre ha sido más compleja y multidireccional. Existen diferencias significativas entre los patrones de migración de los países de América Latina, y las razones para migrar a menudo también son muy diferentes. Además, la mayoría de los migrantes de América Latina inicialmente vieron su movimiento como temporal. Los que vinieron como refugiados políticos soñaban con regresar. Y muchos de los que vinieron por razones económicas esperaban que la decisión los ayudara a resolver problemas en su país de origen y a ayudar a sus familias extendidas.

México, el país que ha enviado la mayor cantidad de migrantes, tiene un patrón extenso e histórico de migración de ida y vuelta. Aunque muchas personas se han quedado en los Estados Unidos y se han convertido en parte del tejido del país durante varias generaciones, también ha habido un flujo constante de migrantes temporales que trabajan en los Estados Unidos durante varios períodos de tiempo pero que eventualmente regresan a México de manera permanente. Al momento de escribir este libro, se estimaba que más mexicanos salían de los Estados Unidos para regresar a México que nuevos migrantes de México.

Este patrón tiene una tendencia cíclica que sigue los cambiantes problemas económicos y políticos en ambos lados de la frontera. El primer movimiento importante hacia el norte incluyó el empuje de la Revolución Mexicana y la atracción de la Primera Guerra Mundial. La Gran Depresión creó el primer gran retorno, ya sea voluntario o por deportación. La segunda oleada significativa vino con la Segunda Guerra Mundial. Los acuerdos de Bracero trajeron muchos trabajadores temporales. Después de la guerra, la Operación Wetback en la década de 1950 deportó a cientos de miles de mexicanos y también vio a muchos continuar viniendo y regresando regularmente. (Esto estaba sucediendo mientras el Programa Bracero se estaba expandiendo). Para la década de 1960, las comunidades en partes del norte y centro de México enviaban trabajadores migrantes temporales anualmente a los EE. UU. Estos trabajadores regresarían regularmente a México, algunos voluntariamente y otros después de ser deportados. Muchos de ellos eran trabajadores agrícolas que regresarían para la próxima temporada agrícola.

El Tratado de Libre Comercio de América del Norte (TLCAN, 1994) creó otro flujo migratorio importante desde México. Cuando se habló del tratado por primera vez en la década de 1980, el presidente Ronald Reagan habló de tener fronteras abiertas para las personas, como en Europa. Eso nunca ocurrió. Pero el tratado creó dos movimientos principales hacia el norte. Facilitó el desarrollo de plantas de ensamblaje en las fronteras (maquiladoras) que atrajeron a muchos trabajadores del centro de México a las ciudades fronterizas de México, donde había muchas oportunidades de trabajo. Pero el TLCAN también abrió el mercado mexicano a productos estadounidenses, incluidos productos agrícolas como el maíz, el cual está subsidiado en los Estados Unidos. Los pequeños agricultores en México no podían competir contra el maíz subsidiado, y muchos de ellos terminaron emigrando a los Estados Unidos para encontrar un empleo remunerado. Una de las ironías de ese movimiento es que las personas que cultivaban maíz en México terminaron trabajando en las grandes granjas industriales que cultivaban maíz subsidiado.

Durante el mismo período, la administración Clinton comenzó a militarizar la frontera entre Estados Unidos y México. La administración agregó muchos agentes de la Patrulla Fronteriza, construyó la primera parte de lo que ahora es una cerca muy larga y montó mucha vigilancia electrónica.[12] Hacer el cruce más difícil y peligroso cambió los patrones migratorios de muchas personas. Históricamente, para muchas personas, particularmente de México, trabajar en los Estados Unidos era algo temporal. La gente cruzaría la frontera para ir al trabajo y luego regresar a casa. Pero a medida que este proceso se hizo más difícil, peligroso y costoso (dado que el cruce ilegal de fronteras fue asumido por las mafias de contrabando de personas), más personas que cruzaron decidieron quedarse en los Estados Unidos.[13]

La década de 1990 y la primera década del siglo XXI vieron un movimiento significativo de personas al norte de América Latina. El TLCAN, la violencia en Centroamérica y la incertidumbre de las economías en esos países y en Puerto Rico se convirtieron en factores de presión. Al comienzo de la administración Bush, el presidente Fox de México y el presidente Bush se reunieron para tratar de desarrollar un plan integral de inmigración entre los dos países. Pero los eventos del 11 de septiembre de 2001 dejaron fuera de la mesa la reforma migratoria a largo plazo. Hubo varios intentos de aprobar una ley integral de inmigración durante la primera década del siglo XXI, pero todos los esfuerzos fueron insuficientes.

El entorno para los indocumentados se ha vuelto más complejo, especialmente teniendo en cuenta la hostilidad antiinmigrante de la campaña presidencial de 2016. Debido a que era imposible aprobar una ley de inmigración, la administración Obama intensificó las deportaciones e intentó abordar la situación a través de órdenes ejecutivas. Esto creó un sistema de inmigración cada vez más roto, que probablemente continuará en el futuro previsible.

Está más allá del alcance de este libro dar una explicación detallada de la teoría de la migración, que busca "interdisciplinariedad, globalidad y postdisciplinariedad" en el estudio de la migración.[14] Como busca estudiar al migrante como un agente en el proceso, la teoría de la migración reconoce que ya no puede enfocarse en un modelo de asimilación, predecir un único resultado, sino que debe usar una serie de modelos y perspectivas que predigan un rango de resultados potenciales.[15]

Una vez que se observa la historia de la migración entre los Estados Unidos y América Latina a través de ese tipo de lente, varias cosas se ven diferentes. En primer lugar, la migración es un problema multinacional que tiene impactos multinacionales. En los

---

[12] Véase Joseph R. Rudolph Jr., "Border Fence," *Immigration to the United States*, consultado el 29 de Marzo, 2017, http://immigrationtounitedstates.org/381-border-fence.html.

[13] Véase Rudolph, "Border Fence."

[14] Caroline B. Brettell y James F. Hollifield, *Migration Theory: Talking across Disciplines* (New York: Routledge, 2015), 3.

[15] Brettell y Hollifield, *Migration Theory*, 16.

Estados Unidos, el problema generalmente se ve solo a través del lente de su impacto en este país. Pero la relación entre los Estados Unidos y América Latina es tal que los patrones migratorios de América Latina y la política de migración en los Estados Unidos tienen un impacto tanto en los Estados Unidos como en América Latina.

En segundo lugar, está claro el movimiento ha ido en ambas direcciones y que muchos latinoamericanos han venido originalmente a los Estados Unidos con la intención de regresar. Muchos que vienen a trabajar a los Estados Unidos han regresado, algunos porque fueron deportados, pero la mayoría porque sus planes siempre fueron temporales. Los migrantes de América Latina pueden ver a los Estados Unidos como una tierra de oportunidades, pero no siempre como un lugar donde quieren vivir el resto de sus vidas. Para muchos, ha sido una fuente de ingresos extra que luego se invirtió en América Latina. La migración ha sido y continúa siendo un patrón temporal o cíclico para muchas personas de América Latina.

Dentro de esta realidad más compleja, muchos latinos han desarrollado identidades transnacionales. Como se mencionó anteriormente, continúan identificándose con su país de origen histórico, y muchos viajan de ida y vuelta entre los Estados Unidos y su país de origen de manera regular. Muchos mantienen fuertes vínculos emocionales, a pesar de que son orgullosamente ciudadanos estadounidenses.

Está claro que la identidad transnacional tiene un impacto en cómo las latinas viven sus vidas en los Estados Unidos. Es importante destacar que también juega un papel en los países de América Latina. Las latinas, en particular los inmigrantes, envían grandes cantidades de dinero a sus familias en sus países de origen. Las remesas desempeñan un papel extremadamente importante en las economías de varios países de América Latina, a menudo proporcionan más apoyo financiero para la economía nacional que la ayuda exterior de los Estados Unidos.[16]

Debido a que la migración fluye en ambas direcciones, un número creciente de personas en América Latina tiene identidades transnacionales; están vinculados a los Estados Unidos pero viven en América Latina. Las personas que se mueven entre un lugar y otro mantienen fuertes vínculos vivos entre el sur y el norte.

La teoría de la migración también aborda el impacto del cambio de leyes, políticas y actitudes en el país de acogida. Parte de la razón de los ciclos migratorios es el cambio de actitudes en los Estados Unidos según la situación económica. Estados Unidos ha cambiado sus leyes de inmigración y sus prácticas de aplicación de la ley a personas de América Latina en múltiples ocasiones. Buscó trabajadores de América Latina y luego trabajó para eliminarlos. Los actos de reforma migratoria de 1965 y 1986 tuvieron un impacto positivo en los inmigrantes de América Latina, aunque otras acciones han sido

---

[16] Véase Miriam Jordan, "Remittances to Latin America, Caribbean Hit $68.3 Billion in 2015," Wall Street Journal, 16 de Febrero, 2016, http://www.wsj.com/articles/remittances-to-latin-america-caribbean-hit-68-3-billion-in-2015-1455598863, y Peter J. Meyer, "U.S. Foreign Assistance to Latin America and the Caribbean: Recent Trends and FY2016 Appropriations," Congressional Research Service, 7 de Enero, 2016, https://fas.org/sgp/crs/row/R44113.pdf.

adversas para los de esa región. Estas leyes y políticas de cumplimiento son un reflejo de las actitudes en constante cambio en los Estados Unidos hacia los inmigrantes, dependiendo de la situación económica en este país.

Debido a la forma en que el sudoeste se convirtió en parte de los Estados Unidos, el imaginario social de las personas en la región siempre ha sido diferente. Por ejemplo, para muchos de aquellos en la cultura dominante, la Patrulla Fronteriza y los Texas Rangers representan una "defensa" de la frontera, una visión de la civilización que se expande hacia el oeste. Pero muchas latinas perciben estos dos cuerpos como entidades de opresión legalmente autorizadas. Incluso cuando un grupo los glorifica, otros los ven como los rostros públicos de la injusticia.[17]

Debido al papel que juega la fe en la vida de tantos latinos, la narración de la migración no se puede contar sin tener en cuenta cómo los propios migrantes entienden su experiencia. Mientras que la narrativa popular estadounidense a menudo es de ilegalidad ("están infringiendo la ley") o de victimización (migrantes que sufren bajo el tráfico de personas, los peligros del viaje, etc.), para muchos inmigrantes es una cuestión de fe. Muchas personas cuentan la historia de su viaje al norte en términos religiosos.[18] Desde su perspectiva, superar los peligros y pasar a los oficiales de la Patrulla Fronteriza es un acto de Dios. Han podido llegar a los Estados Unidos porque Dios los ha protegido de los peligros del viaje, los contrabandistas de personas y los funcionarios fronterizos. Estas lecturas muy diferentes de los eventos en torno a la migración crean un choque de narrativas que rara vez se reconoce o aborda de ninguna manera.

Mientras las latinas emigran, traen su fe junto con ellos. Debido a que la mayoría son católicos o protestantes, por lo general no traen nuevas creencias a los Estados Unidos. Pero traen diferentes formas de pensar y vivir su fe. Traen sus prácticas religiosas particulares con ellos, y así influencian las expresiones de fe de los latinos en los Estados Unidos. Poco a poco, las expresiones latinas también están teniendo un impacto en las expresiones cristianas en las iglesias católicas y protestantes en los Estados Unidos.

Pero los inmigrantes también influyen en cómo se vive la fe en América Latina, llevando sus experiencias basadas en Estados Unidos a América Latina. Muchos latinos apoyan las estructuras religiosas de sus patrias (ancestrales). Los católicos latinos apoyan y cambian los santuarios religiosos en México y América Latina, a pesar de que pueden estar varias generaciones alejadas de la vida en sus comunidades de origen. Los protestantes latinos no solo apoyan a sus familias "en casa". También brindan apoyo financiero para iglesias y ministerios en sus países de origen.

---

[17] Ver por ejemplo, Alfredo Mirande, *Gringo Justice* (Notre Dame: University of Notre Dame Press, 1987). A nivel personal, este autor también puede dar fe del número de veces que ha sido detenido por la migra porque es un hombre latino.

[18] Jacqueline Maria Hagan, *Migration Miracle: Faith, Hope, and Meaning on the Undocumented Journey* (Cambridge, MA: Harvard University Press, 2008).

Pero la migración, y la migración indocumentada en particular, plantea importantes cuestiones teológicas para aquellos en los Estados Unidos que se identifican como cristianos, que dicen ser hermanas y hermanos espirituales de aquellos que están emigrando. ¿Cómo se puede entender la relación entre la identidad nacional y la identidad cristiana? ¿Qué significa en la práctica decir que la lealtad primaria de un cristiano es al reino de Dios y no a un gobierno nacional específico? ¿Cómo lidian los cristianos en los Estados Unidos con los cambios en las leyes de inmigración y los cambios en la forma en que se aplican y se hacen cumplir?

La inmigración indocumentada también ha sido un tema político importante en los Estados Unidos, aunque su importancia fluctúa según el estado de ánimo nacional. Existe un patrón histórico en el que se alienta a los migrantes de América Latina a ingresar a los Estados Unidos cuando sea económicamente beneficioso, pero luego se les culpa de todos los tipos de problemas cuando sea políticamente conveniente hacerlo. Como se mencionó anteriormente, las elecciones de 2016 y las actitudes antiinmigrantes de muchos en los Estados Unidos han tornado poco probable una solución política rápida a la difícil situación actual de los indocumentados.

A pesar de la larga historia de migración entre América Latina y los Estados Unidos, rara vez se escucha que los líderes estadounidenses reconozcan las conexiones entre las políticas estadounidenses en América Latina y los flujos migratorios de esa región. Por un lado, no existe un reconocimiento público de cómo la política exterior de EE. UU. influye en los patrones migratorios. Pero, por otro lado, también hay poca comprensión de cómo las leyes migratorias actuales están afectando a América Latina, y aún menos de cómo los flujos futuros podrían afectar tanto a los Estados Unidos como al resto del continente. Varias acciones de la administración Obama impactaron significativamente tanto a la comunidad inmigrante como a los países a los cuales los inmigrantes eran deportados. El más obvio fue la política de deportación masiva. El gobierno de Obama deportó a más extranjeros indocumentados que los tres gobiernos anteriores combinados.[19] Esto ha interrumpido la vida de las familias en los Estados Unidos y ha dejado a muchos en América Latina sin una fuente de ingresos. En relación con esto, ha sido la política de Estados Unidos de deportar a los miembros de pandillas condenados a sus países de origen de América Central. Esto ha creado gran inseguridad e inestabilidad en muchas ciudades de esa región. La debilidad de la policía y las fuerzas de seguridad en esos países se ha visto abrumada por la violencia que se ha desarrollado a medida que estas bandas criminales exportadas por Estados Unidos aumentan las tasas de crimen y asesinatos en esta región.

En respuesta, muchos latinoamericanos comenzaron a enviar a sus hijos al norte para evitar la violencia. Menores no acompañados de Centroamérica han llegado a los pasos fronterizos de los Estados Unidos; aprovechan la forma en que los funcionarios

---

[19] Véase Ana Gonzalez-Barrera y Jens Manuel Krogstad, "U.S. Deportations of Immigrants Reach Record High in 2013," Pew Research Center, 2 de Octubre, 2014, http://www.pew research.org/fact-tank/2014/10/02/u-s-deportations-of-immigrants-reach-record-high-in -2013/.

estadounidenses interpretan las leyes y políticas relacionadas con menores no acompañados que huyen de la violencia en sus países de origen.

Otro impacto directo en América Latina ha sido la política de deportar a personas cuyas familias están en los Estados Unidos. Estas personas se quedan en el cruce fronterizo mexicano con poco o ningún apoyo. Se quedan en el área fronteriza e intentan regresar a los Estados Unidos porque toda su familia está allí. Esto crea importantes presiones sociales en las ciudades fronterizas de México porque no pueden absorber la cantidad de personas deportadas y dejadas en la frontera. Aunque esto "pone fin" al problema desde la perspectiva de los funcionarios de inmigración de los EE. UU., crea problemas masivos para las ciudades fronterizas mexicanas y problemas continuos para las familias estadounidenses que necesitan encontrar una manera de continuar apoyando a sus familiares deportados. Una consecuencia no deseada es que esta política crea más vínculos entre el norte y el sur a medida que las personas, las iglesias y otras organizaciones buscan formas de continuar apoyando a sus familiares y amigos deportados.

Debido a que la política de inmigración de los EE. UU. nunca abordó el tema del flujo futuro, no existe una comprensión coherente de las implicaciones sociales de la migración y la deportación para América Latina y la comunidad latina. Existe un entendimiento común en los Estados Unidos de que los latinos se asimilarán estructuralmente cuando cese la migración. Pero no hay un escenario realista en el que eso ocurra en el futuro previsible. Históricamente, el flujo ha aumentado y disminuido en diferentes momentos, dependiendo de factores tanto en los Estados Unidos como en América Latina. Pero Estados Unidos nunca ha intentado desarrollar una política coherente a largo plazo para abordar esta realidad.

Desde la época de la Doctrina Monroe, la percepción siempre ha sido que América Latina está en el patio trasero de los Estados Unidos. Pero parece ser un patio trasero del cual se debe "cuidar" solo cuando tiene el potencial de crear "problemas" para los Estados Unidos. Y las soluciones proporcionadas generalmente solo crean otros problemas y consecuencias imprevistas, como la nueva migración indocumentada.

Debido a que la política de inmigración de los Estados Unidos no aborda los problemas mencionados, no puede brindar una solución a largo plazo al problema de la inmigración desde América Latina. Para los latinos estadounidenses, esto crea un ambiente en el que la identidad latina refleja la intersección entre la política de inmigración de los EE. UU., las políticas hacia los inmigrantes y los deportados en cada país latinoamericano, y las decisiones tomadas por los propios migrantes. Los latinos inmigrantes viven dentro de la realidad de la política de inmigración de EE. UU., pero también actúan como agentes que buscan hacer que esas políticas funcionen para ellos, que trabajan en torno a esas políticas cuando no lo hacen y que toman sus propias decisiones sobre la migración en función de sus propios intereses y necesidades, no solo en función de la política económica o de inmigración de EE. UU. Este es un espacio dinámico donde no se navega fácilmente, pero que impacta muchos aspectos de la identidad latina.

Contexto Religioso

No se puede entender a los latinos sin entender el papel que la fe religiosa ha jugado a lo largo de la historia de la formación de la identidad latina. La fe jugó un papel importante en la conquista y migración de España a las Américas. Las expresiones populares de la fe católica se convirtieron en una parte crucial de la vida cotidiana, particularmente en los confines del imperio y entre los conquistados. Debido a los recursos limitados, la mayoría de las comunidades en lo que más tarde se convirtió en el sudoeste tenían pocos sacerdotes e iglesias. Sin embargo, la gente vivió su fe y desarrolló formas de catolicismo popular que sostuvieron sus vidas, aunque estas formas a menudo chocaban con la doctrina católica oficial. Estas expresiones populares de fe se volvieron normativas para muchas personas, a pesar de las enseñanzas oficiales de la iglesia.

Cuando México se independizó de España, la falta de sacerdotes se hizo más pronunciada, particularmente en lo que ahora es el sudoeste. Muchos de los sacerdotes en la región habían venido de España, y cuando el área se convirtió en parte de México, se fueron o se vieron obligados a irse. La iglesia católica mexicana encontró difícil producir sacerdotes parroquiales, particularmente para parroquias ubicadas fuera de las principales áreas urbanas. Entonces la gente continuó practicando y desarrollando su fe con poca formación teológica formal o dirección formal de un sacerdote. La necesidad de sacerdotes fue profunda; en el momento de la toma del sudoeste de los Estados Unidos, había menos de treinta sacerdotes en toda la región, muchos de los cuales estaban concentrados en el norte de Nuevo México.[20] Por lo tanto, aunque la gente era formalmente católica y muchos practicaban su fe, había poco apoyo formal de la iglesia.

El ambiente religioso se hizo aún más complicado para los latinos cuando Estados Unidos se hizo cargo de la región. La Iglesia Católica Mexicana tenía jurisdicción sobre las iglesias de la región, nombrando sacerdotes y desarrollando diócesis con sus propios obispos. California ya tenía un obispo en el momento de la toma de control de los EE. UU., y Santa Fe, Nuevo México, estaba cerca de tener un obispo nombrado antes de la toma del poder. La toma creó una situación difícil para el Vaticano, ya que ahora tenía que reasignar las iglesias de la región a un nuevo obispo y colocarlas bajo un nuevo liderazgo nacional. Aunque la situación no estuvo clara durante varios meses, eventualmente las iglesias quedaron bajo el liderazgo de la Iglesia Católica de los Estados Unidos.

La transferencia de responsabilidades eclesiales ocurrió en un momento difícil para los católicos estadounidenses. Había un fuerte sentimiento anticatólico en un país predominantemente protestante. Los católicos de EE. UU. de origen europeo intentaban demostrar que también podían ser buenos estadounidenses. Estaban muy

---

[20] Juan Francisco Martínez, "Origins and Development of Protestantism among Latinos in the Southwestern United States, 1836–1900" (PhD diss., Fuller Theological Seminary, School of World Mission, 1996), 78–84.

interesados en presentar una determinada imagen a sus conciudadanos, una en la que el catolicismo mexicano no encajaba fácilmente.
Una de las primeras acciones de alto perfil tomadas por los líderes católicos de los EE. UU. fue pedir al Vaticano que creara una diócesis en el nuevo territorio de Nuevo México, con Santa Fe como sede. El Vaticano nombró a un sacerdote francés, Jean Baptiste Lamy, como el obispo de la nueva diócesis en 1850. Poco después de su llegada, surgieron tensiones entre Lamy y Antonio José Martínez, el líder informal de los sacerdotes en la región. Martínez había desarrollado un pequeño proto-seminario para preparar a los jóvenes para el sacerdocio. También fue el mentor espiritual de la organización católica laica más prominente entre los neomejicanos, Los Hermanos de la Fraternidad Piadosa de Nuestro Padre Jesús Nazareno, comúnmente conocidos como los Penitentes.

Lamy tenía una visión del futuro muy diferente de la imaginada por los propios neomejicanos, y las tensiones entre Lamy y Martínez se hicieron públicas. El obispo finalmente eliminó a la mayoría de los sacerdotes neomejicanos de sus puestos y los reemplazó con extranjeros, muchos de ellos de Francia y España. (En 1852 había diecisiete sacerdotes neomejicanos. Para 1857 había dos). Martínez también fue destituido de su puesto y terminó su vida en una relación poco clara con la Iglesia Católica.

Muchos católicos estadounidenses trabajaron desde la perspectiva de que Lamy tomó las acciones correctas. Después de la toma de poder de los EE. UU., los católicos estadounidenses a menudo describieron el catolicismo mexicano en términos no muy diferentes a los utilizados por los misioneros protestantes estadounidenses. Había un sentimiento en la jerarquía católica estadounidense de que los católicos mexicanos y sus expresiones de fe representaban prácticas que eran atrasadas y les impedía participar en la sociedad estadounidense a menos que se realizaran cambios profundos. Así que, un plan de americanización parecía tener sentido para el liderazgo católico de Estados Unidos.[21]

Los cambios instituidos por el obispo Lamy crearon tensiones a largo plazo con los católicos neomejicanos, el grupo étnico más grande de la diócesis. El movimiento Penitente pasó a la clandestinidad, y algunos de sus líderes se sintieron atraídos por las iglesias protestantes (ver el próximo capítulo). A lo largo del siglo XIX y hasta bien entrado el siglo XX, relativamente pocos neomejicanos se convertirían en sacerdotes, y sería la década de 1950 cuando un neomejicano fuera nombrado obispo de Santa Fe. Este proceso fue visto como necesario por la jerarquía católica de los Estados Unidos, pero tuvo un gran costo. "Dejó una herida en el costado de la Iglesia Católica en Nuevo México que tardó en sanar, y aún se puede sentir la cicatriz. Sin embargo, para la

---

[21] *Death Comes for the Archbishop* [La Muerte Viene por el Arzobispo] cuenta esta historia en forma de novela desde la perspectiva de Lamy, como el héroe que trajo el cambio necesario a Nuevo México. Willa Cather, *Death Comes for the Archbishop* (New York: Knopf, 1927).

minoría hispanoamericana, la eliminación total del clero nativo había sido una tragedia".[22]

Los problemas planteados por estas visiones diferentes continúan hasta nuestros días. Hay un retraso continuo en el catolicismo estadounidense entre la jerarquía oficial y la fe de la mayoría de los católicos. A pesar de que el catolicismo de EE. UU. sigue perdiendo miembros tradicionales, sigue siendo fuerte debido a la creciente presencia de católicos latinos. Hoy en día, los latinos son el grupo étnico más grande en el catolicismo de los Estados Unidos, constituyendo cerca del 40% de la población católica y un porcentaje mayor de católicos practicantes. Pero esos números no se traducen en porcentajes similares en roles de liderazgo. Según el Centro de Investigación Aplicada en el Apostolado (CARA, por sus siglas en inglés), el 38% de los católicos estadounidenses se autoidentifican como latinos, aunque solo el 3% de los sacerdotes católicos son latinos.[23]

Los mexicanos del sudoeste ya tenían sus santos y vírgenes, incluidos los populares que no fueron reconocidos por la iglesia oficial antes de la toma de posesión de los Estados Unidos. La mayoría de los primeros inmigrantes trajeron sus veneraciones de México, aunque algunos de otras partes de América Latina trajeron otras expresiones de fe con ellos. Los latinos católicos continúan venerando y apoyando a los santuarios de estos santos y vírgenes, a pesar de que han vivido en los Estados Unidos durante varias generaciones.

El protestantismo latino en los Estados Unidos nació en medio de los enfrentamientos entre el catolicismo y el protestantismo, y también en las tensiones entre el catolicismo formal estadounidense y el catolicismo popular mexicano. Pero los primeros conversos también vivieron en medio de un catolicismo cultural donde no todos los latinos tenían una fe viva. Los primeros protestantes latinos contaron su historia espiritual en términos de un contraste con un catolicismo cultural que no les había proporcionado una relación con Dios o una fe viva que le diera sentido a sus vidas. Su experiencia fue que no encontraron una relación personal con Dios hasta que se convirtieron en protestantes.

Pero su lugar en la sociedad estadounidense ha tendido a ser complicado porque son una minoría en la comunidad latina. Durante el siglo XIX, muchos protestantes de los Estados Unidos no querían que los protestantes latinos estuvieran en medio de ellos (vea el próximo capítulo). Y los protestantes estadounidenses a menudo han reflejado las perspectivas cambiantes y ambivalentes de la población general hacia los nuevos inmigrantes, incluidos los protestantes latinos. Por otro lado, las expresiones históricas más significativas del protestantismo estadounidense tradicionalmente no han atraído a muchos latinos. El protestantismo latina ha crecido más en las expresiones del

---

[22] E. K. Francis, "Padre Martinez: A New Mexican Myth," *New Mexico Historical Review 31* (October 1956): 289.
[23] Véase "Fact Sheet: Hispanic Catholics in the U.S.," CARA at Georgetown University, consultado el 29 de Marzo, 2017, http://cara.georgetown.edu/staff/webpages/Hispanic%20Catholic%20Fact%20Sheet.pdf.

protestantismo, particularmente del pentecostalismo, que históricamente han sido marginadas por otros protestantes.

Los protestantes latinos también expresan su fe en formas que se ajustan a la categoría de religión popular; estas formas no encajan fácilmente dentro del protestantismo tradicional. Estos reflejan las experiencias únicas de ser latina y protestante. Uno solo puede entender completamente el protestantismo latino si uno entiende que es una fe vivida en la intersección de una comprensión protestante de la fe cristiana y las experiencias únicas de ser latina en los Estados Unidos.

Análisis Sociocultural

La experiencia latina de los Estados Unidos incluye varios componentes clave. Por un lado, la historia y la teoría de migración nos ayuda a comprender cómo los latinos se convirtieron en parte de este país y cómo los vínculos con América Latina continúan siendo importantes para comprender lo que significa ser latino. Esta parte de la ecuación es crucial porque la mayoría de los latinos continúan utilizando los antecedentes nacionales como su principal autoidentificador, antes de verse como hispanos o latinos.[24] El país de origen es una parte importante de la autoidentificación para la mayoría de los latinos.

Pero otra parte importante de la ecuación es la experiencia de EE. UU. ¿Cómo crean los latinos la cultura y la identidad como un grupo étnico minoritario en los Estados Unidos? ¿Cuáles son algunas de las formas en que desarrollan identidades policéntricas que conservan su lealtad a América Latina y también se autodenominan como parte de los Estados Unidos? ¿Qué papel juegan la migración, la aculturación y la asimilación estructural en la dinámica de ese proceso? ¿De qué manera el uso de la lengua española impacta la formación de la identidad y el mantenimiento de la identidad étnica?

Como lo ilustro en otras obras, la identidad latina existe en una secuencia continua entre la migración desde América Latina y la asimilación estructural total en la que las personas de ascendencia latina ya no ven ninguna conexión vivida entre su vida cotidiana y su origen étnico.[25] La mayoría de los latinos no son inmigrantes, y la mayoría no se ha asimilado estructuralmente a la cultura mayoritaria. La mayoría habita el espacio entre estos dos extremos. Es en este amplio espacio que los latinos desarrollan identidades policéntricas, navegando entre su "latinidad", a menudo en esferas privadas, y su participación en la cultura dominante, generalmente en la plaza pública. Pero también hay cada vez más espacios públicos en los que los latinos pueden expresar esta identidad policéntrica.

---

[24] Paul Taylor et al., "When Labels Don't Fit: Hispanics and Their Views of Identity," Pew Research Center, 4 de Abril, 2012, http://www.pewhispanic.org/2012/04/04/when-labels-dont-fit-hispanics-and-their-views-of-identity/.

[25] Véase Juan Francisco Martínez, *Los Protestantes: An Introduction to Latino Protestantism in the United States* (Santa Barbara, CA: ABC-CLIO, 2011).

Para entender la historia del protestantismo latina, se deben tener en cuenta varias implicaciones muy importantes. Mientras que los protestantes latinos son en su mayoría personas que forman parte de congregaciones protestantes que tienen una clara autoidentidad latina, las iglesias protestantes latinas también sirven a la comunidad como otro lugar para la conservación y el desarrollo de la identidad étnica. Sin embargo, es imposible hablar sobre este tema sin reconocer que un número creciente de protestantes latinas mantienen una identidad latina pero no son parte de las iglesias latinas.

Hacia una Historiografía de las Identidades Religiosas Protestantes Latinas

Hasta la fecha, ha habido un importante intento de desarrollar una historiografía de la experiencia religiosa latina en los Estados Unidos.[26] Hjamil Martínez-Vázquez argumenta que el canon oficial de la historia religiosa de EE. UU. busca la continuidad con una narrativa migratoria europea. Entonces, cualquier aspecto que rompa con esa continuidad, como la experiencia latina, tiende a ser excluido de la historia. Debido a esta tendencia, Martínez-Vázquez argumenta que la historia religiosa latina debe ofrecer una contranarrativa a esta comprensión oficial de la religión, particularmente del protestantismo, en los Estados Unidos. Esta contranarrativa necesita "concentrarse en la deconstrucción del canon, para que la imagen objetivo que se creó se desmantele".[27] Los historiadores deben ser intencionales sobre la comprensión de la teoría, el paradigma del conocimiento, que está detrás de la manera en que la historia de la religión en Estados Unidos está siendo contada.[28]

Desde su perspectiva, las historias religiosas latinas deben ser construidas como lecturas "subalternas". Debido a que no están incluidas en interpretaciones eurocéntricas, las historias basadas en latinas necesitan crear sus propios espacios que contrarresten la narrativa dominante e inviten a los latinos a reinterpretar sus propias historias por sí mismos y por el bien de la narrativa más amplia que debe incluir lo que ha sido previamente excluido.

Esta historia es una contranarrativa. Proporciona una comprensión diferente de la del canon oficial de la historia religiosa de los Estados Unidos. Específicamente, invita a los historiadores protestantes a reconocer el papel de los conversos latinos como algo más que expresiones "nuevas" de las expresiones religiosas dominantes. En la historia oficial, los protestantes latinos pueden ser una nota interesante, pero su papel en el protestantismo estadounidense no es crucial y puede contarse dentro del "canon oficial". Pero este relato reconoce que la historia protestante latina no puede ser absorbida por la historia protestante estadounidense, tal como se cuenta comunmente.

---

[26] Hjamil A. Martínez-Vázquez, *Made in the Margins: Latina/o Constructions of US Religious History* (Waco: Baylor University Press, 2013).

[27] Martínez-Vázquez, *Made in the Margins*, 3.

[28] Martínez-Vázquez, *Made in the Margins*, 5

Este libro también ofrece una comprensión "subalterna" de las expresiones religiosas latinas al cuestionar la narrativa común de que todos las latinas son católicos, que la subcultura latina se mantiene mejor a través de expresiones de fe católica y que la fe protestante no puede expresarse ni vivirse verdaderamente a través de un "lenguaje" católico como el español. También cuestiona los análisis que quieren conectar la conversión al protestantismo con el proceso de absorción de los latinas en la cultura dominante.

Este libro es también una contranarrativa en el sentido de que desafía a aquellos que intentan contar la historia latina sin tomar en serio su fe o que suponen que la fe puede separarse de otros aspectos de la identidad latina. Este autor, un subalterno, un creyente protestante que cuenta la historia desde dentro de la comunidad, asume que esta historia no se puede contar de manera efectiva sin incluir la narrativa de fe que subyace a lo que significa ser latina y protestante.

Pero esa historia también se cuenta desde la periferia al centro. Históricamente, los protestantes latinos han estado al margen, y ahí es donde se desarrolló y se fortaleció su compromiso de fe.

En *La fe a la periferia de la historia*, el autor Juan Driver postula que los movimientos de reavivamiento y renovación en la vida de la iglesia generalmente ocurren en la periferia de las estructuras oficiales de la iglesia.[29] Estos movimientos han sucedido a menudo entre personas que tienen poco poder formal, pero que creen que Dios continúa obrando en el mundo y que Dios quiere obrar a través de ellos. Él rastrea la historia de varios movimientos de renovación, sacando puntos en común y argumentando que uno debería mirar hacia lugares periféricos para ver a Dios obrando en nuevas formas.

Entonces esta historia se cuenta desde la periferia donde se desarrolló el protestantismo latina. Es la historia de personas que solo pueden contar de manera efectiva su historia como un encuentro con Dios y la diferencia que ha marcado en sus vidas. Se trata de cómo un pueblo específico ha experimentado a Dios en medio de su historia específica. Pero también es la historia de aquellos que creen que su encuentro con Dios puede tener un impacto en los demás, que pueden ser agentes de avivamiento y renovación en las iglesias de los Estados Unidos.

Por lo tanto, a lo largo de este libro, la historia, la migración, la fe vivida y la adaptación cultural interactúan y sirven de marco para esta historia. En los próximos capítulos, estos temas servirán de esquema para cada período histórico. Se contarán mirando la historia desde un nivel macro. Pero en cada capítulo, personas específicas del período servirán como ejemplos de cómo se vivió la fe protestante en la comunidad latina durante el tiempo que se estudiaba.

Las protestantes latinas experimentan a Dios dentro de estos marcos y negocian sus identidades en medio de estos encuentros. Así que, es aquí donde se cuenta la historia.

---

[29] Juan Driver, *La fe en la periferia de la historia: Una historia del pueblo cristiano desde la perspectiva de los movimientos de restauración y reforma radical* (Guatemala City: Ediciones Semilla, 1997).

CAPÍTULO 3
Conquista, Americanización y Evangelización (1848 – 1900)

El Tratado de Guadalupe Hidalgo (1848), que puso fin a la Guerra de Estados Unidos-México (1846-1848) y le dio a EE. UU el control de la mitad del territorio de México (lo que ahora es el sudoeste de los Estados Unidos), también le otorgó la ciudadanía estadounidense, y la promesa de respeto por sus derechos de propiedad, a quienes optaron por permanecer en el territorio cedido. Aunque muchos optaron por migrar hacia el sur a territorio mexicano, alrededor de cien mil personas permanecieron y se convirtieron en ciudadanos estadounidenses. (En las regiones fronterizas de Texas, algunas personas optaron por intentar tener ambas cosas. Mantuvieron sus hogares al norte del Río Grande, que ahora era la frontera, pero establecieron nuevas comunidades en el lado sur, solo por las dudas). Todas estas personas eran formalmente católicas, aunque un (muy) pequeño número ya se había sentido atraído por la fe protestante a través de contactos con personas de los Estados Unidos o porque habían vivido en los Estados Unidos. Sería entre estas personas conquistadas que el protestantismo latino estadounidense nacería.

La guerra entre México y Estados Unidos creó una gran tensión en los Estados Unidos, especialmente entre los cristianos del norte. (El congresista Abraham Lincoln calificó la guerra de inmoral, esclavista y una amenaza a los valores republicanos.)[1] Por una parte, había una fuerte tendencia pacifista entre algunos líderes, particularmente cuáqueros y unitarios, por lo que se opusieron firmemente a la guerra. Pero muchos líderes protestantes también expresaron las tensiones regionales del período. Para algunos norteños, la guerra —lo que haría posible la expansión hacia el oeste— era un intento de los sureños de expandir el número de estados esclavistas y limitar la influencia política de los estados más pequeños del noreste. También existía la preocupación de que la guerra y la expansión crearían un deseo nacional de conquista y empujarían al país hacia el despotismo. Algunas publicaciones cristianas informaron sobre las atrocidades cometidas por los soldados estadounidenses en México y reconocieron que sería difícil

---

[1] Abraham Lincoln, "Abraham Lincoln Speech: The War with Mexico," January 12, 1848, en *The Collected Works of Abraham Lincoln*, ed. Roy Basler, vol. 1, 1824–1848 (New Brunswick, NJ: Rutgers University Press, 1953), 431–32, consultado el 29 de Marzo, 2017, http://www.animatedatlas.com/mexwar/lincoln2.html.

Este capítulo se basa en gran medida en mi libro *Sea La Luz: The Making of Mexican Protestantism in the American Southwest*, 1829-1900 (Denton: University of North Texas Press, 2006). Usado con permiso del editor.

convencer a los mexicanos de la superioridad del estilo de vida estadounidense si veían este tipo de conquista y destrucción.[2] Por otro lado, aquellos que apoyaron la guerra, la vieron como defensa propia, después de la declaración del presidente Polk de que los soldados mexicanos habían matado a soldados estadounidenses en suelo estadounidense. Y un informe denominacional del período, reflexionando sobre la guerra, declaró que "la victoria y la conquista han seguido la predicación de la cruz".[3]

Pero la oposición a la guerra y las preguntas sobre su moralidad terminaron una vez que la guerra terminó y Estados Unidos se hizo cargo del territorio. Aunque hubo una fuerte oposición a la guerra, nunca hubo mucha oposición a que Estados Unidos controlara el sudoeste. Para la mayoría, la oposición tenía que ver con el método (guerra) y el impacto político (expansión de los estados esclavistas). La mayoría de los líderes protestantes estadounidenses parecían estar de acuerdo con Josiah Strong, quien declaró en 1858 "que Dios, con infinita sabiduría y habilidad, está aquí entrenando a la raza anglosajona para una hora segura en el futuro del mundo".[4] Incluso predicadores que se opusieron fuertemente a la guerra concordaban que los anglosajones "tienen las ideas salvadoras de la ciencia, la libertad y el cristianismo que, si se difunden, pueden mantener la sangre de vida fluyendo, en corrientes fuertes y puras a través de sus propios corazones, y también pueden hacer despertar del sueño profundo del paganismo con pulsos frescos de regeneración".[5]

La mayoría de los líderes protestantes estadounidenses estaban convencidos de que el destino de los anglosajones era controlar el sudoeste, por lo que incluso aquellos que se oponían a la guerra con México sentían que Dios la había usado para llevar a cabo sus planes. Hubo una sensación general de que Dios había predestinado a los anglosajones a expandirse y que Dios usó la guerra (fuera vista como buena o mala) como un medio para esa expansión. Como los mexicanos eran "semibarbaros" y "miserables", necesitaban la influencia evangelizadora y civilizadora de la raza anglosajona.[7] Aunque la guerra con México fue incorrecta, "desde la hora en que la bandera estadounidense flotó sobre la ciudad de México, un nuevo destino le aguardaba a todas aquellas porciones que fueron traídas bajo el dominio anglosajón".[8]

---

[2] Abiel Abbot Livermore, *The War with Mexico Revisited* (Boston: American Peace Society, 1850), 212.

[3] Iglesia Metodista Episcopal, Sur, Minutos de la Conferencia Anual, 1851, 12.

[4] Josiah Strong, *Our Country: Its Possible Future and Its Present Crisis* (New York: Baker and Taylor Co., 1858), 174.

[5] Livermore, *War with Mexico Revisited*, 210.

[6] Reporte anual de la Iglesia Metodista Episcopal, Sur, 1851, 12.

[7] Theodore Parker, "The Mexican War," *Massachusetts Quarterly Review 1* (December 1847): 51.

[8] Hollis Read, *The Hand of God in History; or, Divine Providence Historically Illustrated in the Extension and Establishment of Christianity*, 2 vols. (Hartford: H. E. Robins, 1858), 177.

Los Primeros Conversos

El primer contacto misionero protestante conocido con un mexicano del sudoeste ocurrió en el *Tejas* mexicano en 1829. No hubo conversos ni otros contactos conocidos hasta después de 1848. Los primeros conversos latinos conocidos fueron reportados en Nuevo México (área de Peralta/Socorro) y Texas (Corpus Christi) a principios de la década de 1850. Los misioneros bautistas informaron el establecimiento de unas pocas congregaciones entre los conversos neomejicanos durante este período, y los metodistas del sur también intentaron organizar un grupo de conversos latinas dentro una congregación alrededor de Corpus Christi, pero todos estos esfuerzos terminaron cuando comenzó la Guerra Civil (1861). Todos los misioneros bautistas abandonaron la región, y los metodistas suspendieron los esfuerzos misioneros hasta después de la guerra.

El final de la Guerra Civil (1865) marcó el comienzo de una nueva migración occidental. La nueva tierra tomada de México y el descubrimiento del oro (1849) en California había creado el primer movimiento de personas hacia el oeste. Pero no fue hasta después de la Guerra Civil cuando comenzó la migración masiva hacia esa parte. Los nuevos inmigrantes querían que se establecieran nuevas iglesias protestantes, lo que daba a las agencias misioneras una gran cantidad de trabajo. Esas agencias dedicaban la mayor parte de sus energías en establecer iglesias para las personas del este que emigraban al oeste.

Mientras que algunos líderes misioneros llamaron a la evangelización de los mexicanos del sudoeste, otros cuestionaron si incluso debían ser evangelizados. Hubo quienes declararon que no merecían el evangelio, ya que habían luchado contra los estadounidenses durante la Guerra de Estados Unidos-México. Pero la mayoría de los líderes de las misiones nacionales consideraron que la tarea de establecer iglesias para los inmigrantes anglos era tan grande que no habría suficiente energía para el esfuerzo misionero mexicano. Esta población fue vista como muy pequeña y secundaria con respecto a la tarea central de los esfuerzos misioneros protestantes. Incluso aquellos que estaban a favor de la evangelización de la población mexicana a menudo sentían que esta tarea era importante porque a los "mexicanos" se les debía dar el evangelio antes de que desaparecieran como pueblo a medida que la población anglosajona "fuerte" se apoderaba del sudoeste.[9]

Motivaciones para la Misión

Aunque el Tratado de Guadalupe Hidalgo otorgó la ciudadanía a los mexicanos del sudoeste de los Estados Unidos, la opinión general entre los misioneros protestantes era que no eran aptos para este nuevo papel. De hecho, muchos declararon que otorgarles la ciudadanía abarataba el valor de ser un ciudadano estadounidense. Eran católicos

---

[9] *Baptist Almanac* (Philadelphia: American Baptist Publication Society, 1851), 19.

romanos, lo que ya los hacía cuestionables como ciudadanos para muchos protestantes, y también eran vistos como tecnológicamente atrasados en muchos aspectos importantes. Eran "mentalmente débiles" porque su religión nunca los había animado a pensar por sí mismos. Eran flojos y tenían poca iniciativa. Se habían quedado atrás mientras la civilización avanzaba en muchas partes del mundo.[10] Muchos protestantes sentían que eran claramente incapaces de convertirse en buenos ciudadanos de los Estados Unidos.

Desde la perspectiva del misionero protestante (y el de muchos católicos estadounidenses), el catolicismo mexicano fue una parte importante del problema. La mayoría de los protestantes ya cuestionaban la fe católica romana, pero la práctica religiosa mexicana fue vista como particularmente problemática. Según lo descrito por un misionero presbiteriano en Nuevo México, "El mexicano católico romano adora a la madre de Cristo, a su abuela, su padre, su abuelo, su corazón, su costado, su cruz, en fin, cualquier cosa o cualquier persona, no a Cristo mismo. Arrancan la diadema de la frente del Rey Jesús para dársela al Papa de Roma".[11] Este análisis de los "mexicanos" significaba que los misioneros protestantes consideraban que su trabajo entre los hispanohablantes del sudoeste unía la evangelización y la americanización. Desde la perspectiva de muchos de los misioneros y agencias misioneras, ser un buen cristiano protestante y ser un buen ciudadano estadounidense estaban estrechamente vinculados. Por lo tanto, su tarea misionera incluía ambos objetivos. Los buenos protestantes angloamericanos entendieron la tarea como parte de su responsabilidad de levantar a los pueblos atrasados.[12] En relación con este objetivo estaba la tarea de llevar el mensaje protestante a México. Dado que era muy difícil para los misioneros protestantes ingresar a México después de la toma de poder de los Estados Unidos, los mexicanos del sudoeste podían servir como puente. Por lo menos, podrían ser un campo de entrenamiento para los misioneros ya que los protestantes encontraron la manera de ingresar a México para hacer trabajo misionero.

Esfuerzos Misioneros Protestantes en el Siglo XIX

La nueva migración occidental después del final de la Guerra Civil también marcó el comienzo de una nueva obra misionera protestante en el sudoeste. La Guerra Civil, o los eventos que condujeron a ella, habían creado divisiones Norte-Sur en muchas denominaciones protestantes, muchas de las cuales duraron hasta bien entrado el siglo XX. Los esfuerzos de la misión denominacional en el sudoeste caerían principalmente a lo largo de las líneas geográficas marcadas por la Guerra Civil. En su mayor parte, las

---

[10] *Baptist Almanac*, 23–24.

[11] Robert M. Craig, *Our Mexicans* (New York: Board of Home Missions of the Presbyterian Church, USA, 1904), 33.

[12] Melinda Rankin, *Twenty Years among the Mexicans: A Narrative of Missionary Labor* (Saint Louis: Christian Publishing Co., 1875), 23.

denominaciones "norteñas" funcionarían en Nuevo México, Colorado y California, mientras que las denominaciones "sureñas" funcionarían en Texas.

Nuevo México / Colorado:

Durante los primeros años del trabajo misionero protestante, las nuevas divisiones territoriales de los Estados Unidos no se ajustaban a las experiencias de las poblaciones existentes. El mejor ejemplo de esto fue la región del norte de Nuevo México y el sur de Colorado. Las personas en esta área habían sido parte de la misma entidad política durante los períodos español y mexicano, por lo que estaban estrechamente vinculadas. Los esfuerzos misioneros protestantes entre los neomejicanos de la región durante la mayor parte del siglo XIX tendieron a tratar esta área como una sola, como en los períodos español y mexicano, aunque ahora era parte de dos entidades estadounidenses diferentes, el estado de Colorado y el territorio de Nuevo México.

Los primeros misioneros protestantes entre la gente de habla hispana fueron los bautistas. Comenzaron a trabajar en el centro de Nuevo México alrededor de 1850. Poco después de su llegada, también hubo una presencia misionera metodista de corta duración en el área. Una persona clave en ambos esfuerzos misioneros fue un sacerdote católico convertido llamado Benigno Cárdenas. Había sido un sacerdote de la región que había sido suspendido por el obispo Lamy y que se reunió con los metodistas y aceptó trabajar con ellos. Debido a que tanto los bautistas como los metodistas se centraron en un mensaje fuertemente anticatólico, una persona como Cárdenas parecía crucial para ambos esfuerzos. Los bautistas trataron de reclutarlo, pero él continuó trabajando con los metodistas, incluso después de que los pocos misioneros metodistas abandonaran la región a principios de la década de 1850.[13]

Los bautistas reportaron 112 bautismos durante su tiempo en Nuevo México. Los primeros conversos latinos en el sudoeste fueron bautistas, y las primeras iglesias protestantes latinas fueron las iglesias bautistas establecidas en Peralta y Socorro, Nuevo México. Los bautistas reportaron varias congregaciones pequeñas en la región a lo largo de la década de 1850. Pero la anticipación de la guerra hizo que todos los misioneros abandonaran la región antes de 1860. Algunas de estas pequeñas congregaciones sobrevivieron sin misioneros externos. Debido a que los misioneros bautistas no regresaron a la región, después de la Guerra Civil estas congregaciones se unieron a la denominación metodista, aunque algunos de los conversos continuaron identificándose como bautistas.[14] Los descendientes de algunos de estos conversos se reorganizarían como iglesias bautistas una vez que llegó presencia bautista en el área más tarde después de 1900.

---

[13] Martínez, *Sea La Luz*, 55.
[14] Thomas Harwood, *History of the New Mexico Spanish and English Missions of the Methodist Episcopal Church from 1850–1910*, 2 vols. (Albuquerque: El Abogado Press, 1908), 1:52–53.

El primer misionero presbiteriano (del norte) que llegó a Nuevo México para trabajar entre los neomejicanos encontró a un protestante latino, José Ynés Perea, que se había convertido en protestante cuando estudió en los Estados Unidos. Una pequeña congregación se organizó en Las Vegas, Nuevo México, en 1870, y con el tiempo Perea se convirtió en el primer neomejicano en ser ordenado para el ministerio presbiteriano. A través de estos contactos iniciales, los presbiterianos entraron en contacto con los Penitentes que estaban frustrados con la nueva jerarquía católica de los EE. UU. en Nuevo México y estaban dispuestos a unirse a ellos. Varias cofradías penitentes se convirtieron en congregaciones presbiterianas, y algunos líderes penitentes se convirtieron en pastores laicos presbiterianos.

Un componente particular de los esfuerzos de la misión presbiteriana fue el establecimiento de escuelas en muchas comunidades pequeñas de la región. Pasaron muchos años después de la toma de los EE. UU. antes de que se establecieran escuelas públicas en muchas de las comunidades neomejicanas más pequeñas. La gente quería escuelas para sus hijos, y muchos estaban abiertos a tener una escuela presbiteriana con una sola maestra en sus comunidades, ya que estas mujeres no eran vistas como una amenaza a su forma de vida. Las sociedades misioneras de mujeres financiaron estas escuelas y maestras, a menudo en oposición al deseo de los ejecutivos de las misiones que deseaban ayudar a los hijos de los estadounidenses que migraban hacia el sudoeste. En algunas comunidades, el establecimiento de una escuela abrió la puerta para enviar un misionero más formal y establecer una iglesia. Las maestras solteras se convirtieron en la vanguardia del esfuerzo de la misión presbiteriana en la región. Aunque la mayoría de las comunidades eventualmente tendrían escuelas públicas, los presbiterianos continuaron estableciendo y apoyando escuelas en el área hasta bien entrado el siglo XX. Un número significativo de miembros y líderes de iglesias presbiterianas latinas en la región asistieron a una escuela presbiteriana en algún momento u otro. En su apogeo en 1890, los presbiterianos tenían cuarenta escuelas en la región.[15] Estos esfuerzos produjeron un número creciente de pequeñas congregaciones presbiterianas latinas, muchas de ellas dirigidas por ministros laicos. En 1900 había veintinueve congregaciones presbiterianas latinas con 908 miembros.

Aunque los presbiterianos no eran el grupo más grande entre las latinas en el territorio de Nuevo México, eran únicos por la importancia que le daban a la educación. No solo establecieron muchas escuelas, sino que también desarrollaron varios programas de capacitación para pastores, ya que otorgaron gran importancia a un clero educado y solo aquellos que tenían educación formal podían ser ordenados. (Esta es una de las razones por las que hubo tan pocos ministros presbiterianos latinos ordenados durante este período).

---

[15] Ruth Kerns Barber y Edith J. Agnew, *Sowers Went Forth: The Story of Presbyterian Missions in New Mexico and Southern Colorado* (Albuquerque: Menaul Historical Library of the Southwest, 1981), apéndice 1, "Presbyterian Missions Schools in New Mexico and Colorado," 159–60.

La institución más importante establecida para la capacitación pastoral de pastores latinos durante el siglo XIX fue el Colegio del Sudoeste, en Del Norte, Colorado. La universidad se estableció en 1884 y ofrecía programas de educación general para estudiantes de habla inglesa y española. En 1890, la universidad estableció un programa de capacitación para evangelistas mexicoamericanos. Graduó su primera clase en 1893. Aunque la universidad sobrevivió solo hasta 1901, cuando se cerró debido a problemas financieros, tuvo una influencia significativa en el presbiterianismo latino en el sudoeste. Muchos líderes clave de la primera parte del siglo XX se graduaron de esta escuela, siendo el alumno más famoso Gabino Rendón (del cual hablaremos más en el próximo capítulo). Una encuesta realizada a cuarenta de sus graduados hispanohablantes encontró que "8 se habían convertido en ministros ordenados, 10 eran evangelistas, 9 eran maestros, 4 eran editores, 4 eran esposas de ministros, 3 eran comerciantes, 1 era abogado y 1 trabajaba para el gobierno".[16]

El trabajo metodista (Iglesia Metodista Episcopal—MEC por sus siglas en inglés) en la región durante el siglo XIX es en gran parte la historia de Thomas y Emily Harwood. Llegaron a La Junta, Nuevo México, en 1869 con la intención de trabajar entre la gente de habla inglesa. Pero encontraron el trabajo entre la población de habla hispana "mucho más alentador" y comenzaron un ministerio en la región que duraría más de cuarenta años.

Thomas Harwood mantuvo un detallado diario de ministerio que luego se publicaría como *History of the New Mexico Spanish and English Missions of the Methodist Episcopal Church from 1850–1910* [Historia de las Misiones Hispanas e Inglesas de Nuevo México de la Iglesia Metodista Episcopal de 1850-1910]. Harriet Kellogg también escribió una biografía de Emily Harwood *Life of Mrs. Emily J. Harwood* [La vida de la Sra. Emily J. Harwood] poco después de su muerte en 1903.[17] Estos documentos proporcionan una imagen extensa del trabajo metodista en la región y del papel normativo que jugaron los Harwood en la interpretación del ministerio metodista entre las personas de habla hispana para el mundo metodista en general.

Los Harwood tenían una baja percepción del estado actual de la población de habla hispana. Según ellos, los neomejicanos eran un "pueblo dormido", una población con pocos deseos de progresar. Estaban atrasados porque habían vivido lejos de los centros de la civilización, no tenían acceso a la Biblia y no habían tenido libertad religiosa. Desde la perspectiva de los Harwood, esta población no tenía buena higiene ni buenos modales.[18]

Según Thomas Harwood, "Intelectualmente, moralmente y religiosamente... [Nuevo México] era uno de los rincones más oscuros de la cristiandad. Si bien la marcha de la civilización había dado grandes pasos, en casi todas partes, Nuevo México se había

---

[16] Andrew E. Murray, *The Skyline Synod: Presbyterianism in Colorado and Utah* (Denver: Golden Bell Press, 1971), 37.

[17] Harriet S. Kellogg, *Life of Mrs. Emily J. Harwood* (Albuquerque: El Abogado Press, 1903).

[18] Harwood, *History of the New Mexico Spanish and English Missions*, 1:215, 251.

quedado atrás. ¿Por qué? Por falta de Biblias, escuelas e instrucción apropiada. Al faltar éstas, podría haber poco avance en cualquier línea de progreso material. Pero no debemos ser demasiado severos, ya que no sabemos lo que podría haber sido Nuevo México sin la religión católica.[19] No obstante, los Harwood estaban muy comprometidos con la comunidad. Estaban convencidos de la importancia del mensaje protestante como respuesta a las necesidades espirituales de la población neomejicana. Pero este era un mensaje estrechamente relacionado con la americanización. Desde su perspectiva, estas dos cosas se unían de forma natural.[20] Si la gente aceptara el mensaje protestante, también desearían progresar y aprender la forma más avanzada de hacer las cosas al estilo "estadounidense". Si los misioneros pudieran lograr esto, entonces las personas podrían convertirse en buenos ciudadanos estadounidenses.

Los Harwood demostraron el nivel de su compromiso con las personas y la predicación del mensaje protestante al ser los únicos misioneros que hicieron un compromiso a largo plazo, permaneciendo como misioneros hasta la primera parte del siglo XX. Como resultado, fueron en gran parte responsables del crecimiento de las iglesias metodistas en la región.

Como parte de los primeros trabajos en la región, Thomas Harwood se unió con las congregaciones bautistas en el área de Peralta/Socorro formadas en la década de 1850, y todas se unieron a la denominación metodista con la bendición de uno de los misioneros bautistas que permaneció en el área como hombre de negocios. Durante sus años como misionero, Harwood fue un ministro itinerante, viajando a muchas de las pequeñas comunidades en el territorio y comenzando nuevas congregaciones. También entrenó a varios convertidos como evangelistas y predicadores itinerantes que sirvieron en muchas ciudades pequeñas. Muchos de estos predicadores laicos fueron ordenados más tarde y se convirtieron en los líderes clave entre los metodistas latinos en Nuevo México y en todo el sudoeste. Harwood también trabajó con líderes metodistas, tanto en los Estados Unidos como en América Latina, para desarrollar publicaciones en español que fueron una parte clave de los esfuerzos de evangelización. Para 1900, la Iglesia Metodista Episcopal tenía cincuenta y ocho iglesias hispanoparlantes en Nuevo México con 1.537 miembros.[21]

La Iglesia Congregacional también hizo trabajo misionero entre los neomejicanos durante el siglo XIX. Los congregacionalistas nunca tuvieron muchas iglesias en el territorio, por lo que no tenían una presencia fuerte. Intentaron seguir el modelo presbiteriano de comenzar escuelas, pero no tenían la base financiera para esto. Los misioneros nunca reportaron ninguna iglesia durante el siglo XIX, aunque hubo algunos

---

[19] Harwood, *History of the New Mexico Spanish and English Missions*, 1:19.
[20] Harwood, *History of the New Mexico Spanish and English Missions*, 1:206, 305.
[21] Juan Francisco Martínez, "Origins and Development of Protestantism among Latinos in the Southwestern United States, 1836–1900" (PhD diss., Fuller Theological Seminary, School of World Mission, 1996), 221–22.

neomejicanos convertidos enumerados como miembros de la Iglesia Congregacional en Albuquerque.

Texas:

El trabajo misionero entre los mexicanos en Texas fue en gran parte hecho por denominaciones que ya tenían iglesias de habla inglesa en el estado. La más grande de ellas fue la Iglesia Metodista Episcopal del Sur (IMES). Alejo Hernández, un converso en México, ingresó a Texas y fue una figura clave en el establecimiento de la congregación de la IMES en Corpus Christi. Otros conversos se fueron tanto al norte como al sur de la frontera con México y establecieron iglesias tanto en Texas como en el norte de México. Los vínculos entre Texas y el norte de México se convirtieron en el puente para el trabajo misionero en ambos lados de la frontera. La IMES estableció distritos y conferencias "fronterizos", cuerpos denominacionales que se extendieron a los dos lados de la frontera de los Estados Unidos y México. Un superintendente supervisaba las iglesias de ambos lados, y los pastores podrían tener asignadas iglesias de cualquier lado. Debido a que muchas personas tenían familia en ambos lados de la frontera, se creó un sinergismo que benefició al ministerio tanto en los Estados Unidos como en México. Pero también reforzó la idea de que los "mexicanos" en Texas eran extranjeros, y no realmente parte de los Estados Unidos.

A medida que se desarrollaron las conferencias fronterizas transnacionales, una mayor parte del ministerio se centró en el lado mexicano de la frontera. Esto sirvió de base para el desarrollo del metodismo en México, pero también limitó el ministerio en el lado estadounidense en cierta medida. Sin embargo, para 1900 había diecisiete congregaciones de la IMES en español en Texas con 1,450 miembros adultos.[22]

La Convención General Bautista de Texas (BGCT, por sus siglas en inglés) comenzó a trabajar entre los "mexicanos" de Texas en la década de 1880. Se había manifestado interés en trabajar entre ellos desde la década de 1850, pero el ministerio real comenzó después de que los bautistas ya estaban trabajando en México. Hasta finales del siglo XIX, varias asociaciones bautistas en Texas tendrían informes "sobre la población mexicana y de color" durante sus conferencias anuales. Algunos años habría mucho entusiasmo sobre lo que podría ocurrir, mientras que otros años los informes no fueron muy esperanzadores. En 1880, una de las asociaciones informó sobre lo que estaban haciendo los metodistas y declaró que "algunos de estos mexicanos son bautistas en principio, y se unirían a nosotros si se les ofreciera una oportunidad". Curiosamente, dos de los primeros predicadores bautistas latinos habían sido anteriormente metodistas, uno de México y el otro de Nuevo México.[23]

Pero el ministerio del siglo XIX fue un poco esporádico. Los informes existentes de las diversas asociaciones bautistas que trabajaron entre la población de habla hispana dan

---

[22] Martínez, "Origins and Development," 162–63.
[23] Martínez, "Origins and Development," 170–78.

grandes números un año y casi ninguno al año siguiente. Para fines de ese siglo, los bautistas tenían una pequeña presencia en Texas (nueve iglesias con 360 miembros).[24] No obstante, los bautistas continuaron creciendo en Texas a lo largo del siglo XX y eventualmente constituirían el grupo de iglesias latinas más grande de Texas y el segundo en los Estados Unidos. Hoy, Texas es uno de los pocos lugares del mundo de habla hispana en el que los bautistas constituyen la denominación protestante más grande, y donde incluso los pentecostales no tienen una presencia tan significativa como en la mayoría del mundo de habla hispana.

El trabajo de la Iglesia Presbiteriana (sureña) de EE. UU. (IPUS) entre la población de habla hispana de Texas comenzó en México. Una congregación en Matamoros, Tamaulipas, comenzó una congregación en su hermana ciudad fronteriza de Brownsville, Texas, en 1877. En 1886, José María Botello (también Botelló en algunos registros), un anciano en la congregación de Matamoros, se mudó a San Marcos y comenzó una congregación que luego fue aceptada en el Presbiterio del Oeste de Texas. Walter Scott, un pastor nacido en México de padres hugonotes, sirvió junto a esta congregación y trabajó con el presbiterio para supervisar el establecimiento de otras congregaciones. Henry Platt, que había sido misionero en Colombia, también ayudó a entrenar a los pastores de habla española.[25] Ya en 1900 había ocho congregaciones organizadas con 517 miembros.[26]

Los Discípulos de Cristo comenzaron a trabajar en San Antonio en 1899. Su presencia en el sudoeste continuaría siendo pequeña a mediados del siglo XX. Comenzarían a crecer con la migración puertorriqueña después de la Segunda Guerra Mundial (ver el próximo capítulo).

El Resto del Sudoeste:

Las poblaciones mexicanas de California y Arizona eran relativamente pequeñas durante el siglo XIX, por lo que hubo pocas congregaciones establecidas durante este período. Los presbiterianos establecieron iglesias en el sur de California, y la MECS estableció iglesias en Tucson y algunas comunidades mineras al este de Tucson. Los adventistas también establecieron una congregación en Tucson en 1899.[27] El ministerio protestante en estas regiones permanecería pequeño hasta después de que comenzara la Revolución Mexicana, cuando se produjera una nueva migración hacia el sur de California y el sur de Arizona.

---

[24] Martínez, "Origins and Development," 176, 277.
[25] Henry Pratt es más conocido en el mundo de habla hispana por su traducción de la Biblia al español. Su *Versión Moderna* fue publicada por la Sociedad Bíblica Americana en 1893 y revisada en 1929.
[26] Martínez, "Origins and Development," 167–68.
[27] Martínez, "Origins and Development," 257–70, y Manuel Vásquez, *La historia aun no contada: 100 años de Adventismo Hispano* (Nampa, ID: Pacific Press Publishing Association, 2000), 36.

La Costa Este:

Mientras que el trabajo misionero protestante en el sudoeste era principalmente entre personas que vivían en la región en el momento de la toma de control de los EE. UU., los esfuerzos misioneros en la costa este se centraron en los inmigrantes. Estas poblaciones eran pequeñas y provenían principalmente de Cuba, Puerto Rico y España. Hay muy pocos registros de estos esfuerzos antes del comienzo del siglo XX, aunque hubo esfuerzos misioneros protestantes entre los latinos en Nueva York y en Florida durante la década de 1890. Una congregación se estableció en Nueva York en 1898, la Iglesia Hispanoamericana, aunque se sabe poco sobre ella y 1912 generalmente se menciona como la fecha en que las iglesias protestantes latinas se establecieron por primera vez en la ciudad.[28]

El Protestantismo Latina en el Comienzo del Siglo XX

A medida que el siglo XIX llegó a su fin, hubo 149 congregaciones protestantes de habla hispana con 5,572 miembros adultos reportados en el sudoeste. También hubo algunos conversos en la costa este, con una congregación reportada en Nueva York, aunque se sabe poco sobre la iglesia o su membresía. Los miembros se distribuyeron en los siguientes estados o territorios.[29]

	Miembros
Nuevo México	2,521
Texas	2,378
Colorado	462
California	115
Arizona	96

Según los informes denominacionales, los protestantes latinos formaban parte de las siguientes denominaciones:[30]

Iglesia Metodista Episcopal (MEC)	1,699
Iglesia Metodista Episcopal Sur (MECS)	1,487
Iglesia Presbiteriana de USA (IPUSA)	1,464
Iglesia Presbiteriana, US (IPUS)	517
Convención Bautista del Sur	360
Iglesia Congregacional	45

---

[28] Véase Gastón Espinosa, *Latino Pentecostals in America: Faith and Politics in Action* (Cambridge, MA: Harvard University Press, 2014), 260.
[29] Martínez, "Origins and Development," 373.
[30] Martínez, "Origins and Development," 307.

Las iglesias protestantes latinas eran todas pequeñas, con pocas iglesias reportando más que cincuenta miembros. La mayoría de ellos estaban ubicados en las comunidades pequeñas, aisladas y predominantemente latinas del norte de Nuevo México, el sur de Colorado y el centro de Texas. Casi no había presencia protestante en lo que se convertiría en los principales centros urbanos de latinos del siglo XX. Estas iglesias tenían pocos pastores latinos ordenados. Muchas de ellas fueron dirigidas por misioneros o por pastores laicos. La mayoría de los pastores latinos tenían muy poca educación formal y solo una formación teológica y ministerial mínima. Casi todas las congregaciones eran pobres y ofrecían pequeños salarios a sus pastores y fondos mínimos para sus ministerios. Dependían del apoyo financiero de sus denominaciones, algo que creaba tensiones con los líderes denominacionales y tendía a alentar un nivel de dependencia y falta de responsabilidad local para el ministerio de las congregaciones.

Debido a que muchas de las congregaciones estaban ubicadas en comunidades o aldeas aisladas, había poco potencial de crecimiento. A fines del siglo XIX, algunas de estas comunidades, particularmente en el norte de Nuevo México, ya estaban sintiendo el impacto de una economía cambiante. La gente dejaba estos pueblos y buscaba nuevas oportunidades económicas en las ciudades o en California.

Estas primeras comunidades protestantes dejaron pocos registros escritos. Los misioneros protestantes escribieron la mayor parte de lo que sabemos sobre ellos. Pero ya estaban demostrando algunas características que se convertirían en parte de la identidad protestante latina en desarrollo.

Todos los protestantes latinos de esta época eran conversos. Todos tenían una narrativa de conversión (testimonio), muchos de los cuales contenían los mismos elementos. Los temas comunes eran: (1) un trasfondo de catolicismo cultural que no les había traído un encuentro con Dios, y que a veces incluía un estilo de vida quebrado; (2) un fuerte encuentro con Dios por lo general al escuchar la predicación de la Biblia o al leerla; (3) como resultado un cambio de vida en un nivel personal, pero también una exclusión familiar y social por convertirse en protestante; y (4) una clara sensación de que el sacrificio valía la pena. Estaban sufriendo por su compromiso con Cristo, pero ahora tenían una relación con Dios. Comenzaron a vivir una vida piadosa hoy y recibirían los beneficios de su conversión en la otra vida.

Aunque la persecución no fue un tema fuerte entre los protestantes latinos durante este período, varias personas fueron marginadas por sus familias o sus comunidades por convertirse en protestantes. Probablemente la más pública de estas persecuciones sucedió en el norte de Nuevo México/sur de Colorado. En esta área, tres pequeñas comunidades fueron separadas en secciones católicas y protestantes, y se formaron nuevas comunidades como resultado de estas divisiones.[31]

---

[31] Lela Wheatherby, "A Study of the Early Years of the Presbyterian Work with the Spanish Speaking People of New Mexico and Colorado and Its Development from 1850–1920" (tesis de maestría, Presbyterian College of Christian Education, 1942), 51.

Una característica común de estos primeros conversos protestantes latinos fue su amor por la Biblia. Las conversiones generalmente ocurrían después de que habían leído la Biblia o escuchado sermones bíblicos. Pero las Biblias en español no fueron fáciles de obtener durante este período. La Biblia se convirtió en un componente clave en la narrativa común que se desarrolló en torno a la identidad protestante latina. La gente contaba historias específicas sobre las Biblias, sobre lo difícil que había sido obtener dicha Biblia o mantenerla escondida para que no se destruyera, el proceso por medio del cuál se estudiaba y el impacto que tuvo sobre los que la leyeron. Varias de las Biblias más famosas fueron nombradas por las comunidades a las que afectaron o por las personas que originalmente las tenían. Todavía existen algunas en los museos como objetos importantes dentro del protestantismo latino.[32] Robert Craig en *Our Mexicans* [Nuestros Mexicanos] relata una de las primeras historias registradas de una de estas Biblias, y su impacto evangelizador. Él presenta la historia diciendo que "no debemos olvidar que algunas de las Biblias en español que habían sido traídas a Nuevo México por los primeros misioneros permanecieron en el campo e hicieron su trabajo iluminador y de conversión incluso después de que las expediciones habían sido expulsadas y los misioneros masacrado". Luego cuenta esta historia. "[Alrededor de 1868] se encontró una Biblia en español en el camino a cierta distancia de Las Vegas [Nuevo México]. Quien la encontró, sin saber nada del valor del libro, poco después se encontró con el Señor Albino Madrid e intercambió con él esta Biblia por un libro de ortografía en español. El Sr. Madrid, aficionado a la lectura, enseguida comenzó a estudiar este nuevo libro, y obtuvo de él algunos conocimientos del Camino de la Vida".[33] De este encuentro inicial, varios miembros de la familia de Madrid se convirtieron finalmente en creyentes protestantes, y varios miembros de la familia de Madrid continuaron como miembros de iglesias presbiterianas hasta bien entrado el siglo XX. Los creyentes protestantes latinos contaron historias similares en todo el sudoeste, aunque este tipo de testimonio (narrativa de conversión) fue particularmente popular en Nuevo México.

Una importante característica secundaria del protestantismo latino fue su atractivo para los fieles católicos que fueron marginados por el catolicismo estadounidense o que encontraron una expresión más fiel de lo que buscaban entre los protestantes. Durante el siglo XIX, la conversión más importante de fieles católicos fue lo que sucedió entre los Penitentes de Nuevo México/Colorado. Este fue un movimiento laico con raíces en los franciscanos de tercer orden. Tenía una fuerte presencia en la región y era público hasta la llegada de los ciudadanos estadounidenses. Los Penitentes brindaban servicios sociales a los pobres y necesitados y también eran la columna vertebral del apoyo a las parroquias. Pero también practicaban formas públicas de penitencia, incluida la flagelación, durante la Semana Santa. Estas prácticas fueron fuertemente condenadas

---

[32] Véase Juan Francisco Martínez Guerra, "The Bible in Neomejicano Protestant Folklore during the 19th Century," *Apuntes* 17, no. 1 (1997): 21–26.

[33] Craig, *Our Mexicans*, 54–55.

por la Iglesia Católica de los Estados Unidos y fueron objeto, a menudo, de curiosidad morbosa por parte de los protestantes. Entonces, después de que los Estados Unidos tomaran el sudoeste, los Penitentes pasaron a la clandestinidad.

Cuando llegaron los protestantes, particularmente los presbiterianos, algunas cofradías penitentes encontraron apoyo espiritual y apoyo entre ellos. Varias cofradías se convirtieron en iglesias presbiterianas. Vicente Romero, hijo del sacerdote Antonio José Martínez, se convirtió en ministro laico presbiteriano y dirigió una de estas congregaciones.[34] Tal era la relación entre los presbiterianos y los penitentes durante el siglo XIX que Alex Darley, un misionero presbiteriano, escribió un libro bastante comprensivo sobre ellos, llamándolos "Serious Seekers by a False Road", [Indagadores Serios por un Camino Falso].[35]

Aunque los protestantes latinos del siglo XIX dejaron casi ningún registro escrito, conocemos algunos conversos específicos a través de informes misioneros y los pocos documentos existentes escritos por esta primera generación de creyentes protestantes. Todos tienen una historia de conversión, se refieren a la fidelidad de Dios a pesar de la persecución, tienen una sensación de ser parte de una pequeña minoría y tienen una esperanza en el futuro de Dios, creyendo que Dios valorará su fidelidad en la gloria.

José Ynés Perea se convirtió en protestante mientras estudiaba en Saint Louis. Se convirtió en un líder central en la primera iglesia presbiteriana en Las Vegas, Nuevo México. Según John Annin, el primer misionero presbiteriano en el área, cuando él y Perea se conocieron, este último declaró que "he estado orando por un misionero, y he hecho votos y promesas al Señor en relación con este trabajo. Puedes confiar en mí para cualquier cosa que pueda hacer para ayudar a que esta misión funcione".[36] Pronto fue ordenado anciano en la iglesia de Las Vegas y luego se convirtió en el primer neomejicano ordenado como ministro presbiteriano. Pastoreó varias pequeñas congregaciones presbiterianas en Nuevo México, ninguna de las cuales tenía ni siquiera veinte miembros. Aunque tuvo un impacto limitado en otros neomejicanos, tenía una idea clara del llamado de Dios sobre su vida y esperaba el día en que el mensaje protestante tuviera un gran impacto entre su gente.[37]

Alejo Hernández estaba estudiando para el sacerdocio en México cuando los franceses invadieron ese país. Dejó el seminario para unirse al ejército y fue capturado por los franceses. Mientras estaba bajo su custodia, obtuvo una Biblia en francés.

---

[34] Martínez se casó antes de convertirse en sacerdote. Él también tuvo hijos después de que fue ordenado, lo cual reconoció. Vicente Romero fue uno de esos hijos. Véase "Antonio José Martínez," en la versión inglesa de Wikipedia, última modificación el 5 de Diciembre, 2017, https://en.wikipedia.org/wiki/Antonio_Jos%C3%A9_Mart%C3%ADnez#Death_and_legacy

[35] Véase Alex M. Darley, *Passionists of the Southwest: Or the Holy Brotherhood* (reprint, Glorieta, NM: Rio Grande Press, 1968); Juan Francisco Martínez, "Serious Seekers by a False Road: Nineteenth-Century Protestant Missionaries' Perceptions of the Penitente Brotherhood," *New Mexico Historical Review 83*, no. 3 (Summer 2008).

[36] Craig, *Our Mexicans*, 60.

[37] Martínez, Sea La Luz, 81–82, 148–49.

Después de escapar de los franceses, leyó un libro anticatólico, *Evening with the Romanists* [Una Tarde con los Romanistas] aparentemente abandonado por un soldado estadounidense que era parte del ejército que invadió México durante la Guerra de Estados Unidos-México. Estas experiencias lo llevaron a Brownsville, Texas, a buscar una Biblia en español y aprender sobre el protestantismo. Tuvo una experiencia de conversión mientras asistía a una iglesia allí. Regresó a México para predicar el mensaje protestante. Pero la persecución fue tal que regresó a Texas. En 1870 se unió a la iglesia metodista en Corpus Christi, donde se convirtió en ministro licenciado y sirvió como parte del liderazgo que condujo a la MECS hacia un nuevo capítulo de ministerio entre tejanos e inmigrantes mexicanos en Texas. Predicó en muchas partes de Texas y luego regresó a México, teniendo la distinción de ser el primer ministro metodista mexicano con credenciales en el sudoeste.[38]

Ambrosio González fue uno de los primeros conversos de los misioneros bautistas en Nuevo México durante la década de 1850. Se convirtió en pastor laico y continuó pastoreando a una congregación que sobrevivió después de que los misioneros de los EE. UU. se fueran. Cuando los misioneros protestantes regresaron a Nuevo México después de la Guerra Civil, él y su congregación se unieron a la Iglesia Metodista debido al apoyo y la influencia de Thomas Harwood. Él ejemplificó la experiencia transdenominacional de varios de los primeros conversos. Aunque tenía una fuerte identidad bautista, pudo unirse a los metodistas porque esa era la única opción disponible para él y para la congregación que dirigía.

Poco se sabe de **Benigno Cárdenas** antes de 1850. Fue uno de los sacerdotes neomejicanos suspendidos por el obispo Lamy a principios de la década de 1850. Viajó a Roma para intentar que se levantara su suspensión, sin éxito. En su camino de regreso a los Estados Unidos, viajó por Londres, donde conoció a los metodistas. Se sintió atraído por su mensaje y aceptó trabajar con los misioneros metodistas en Nuevo México a su regreso. Su mensaje anticatólico creó un gran revuelo, aunque pocos conversos, porque pocas personas estaban dispuestas a declararse públicamente protestantes en medio de una abrumadora mayoría católica. Los misioneros bautistas trataron de reclutarlo y dijeron que había estado dispuesto a aceptar el bautismo de adultos. Él nunca se unió formalmente a los bautistas, aunque sí predicó en sus reuniones en varias ocasiones. Continuó predicando después de que los misioneros metodistas se fueron, bautizó incluyendo bautismos de infantes, a pesar de que los metodistas nunca lo ordenaron. Cuando estuvo cerca de la muerte, aparentemente intentó reconciliarse con la Iglesia Católica Romana, y no está claro si recibió extremaunción en su lecho de muerte.[39]

---

[38] Martínez, "Origins and Development," 433–34. Hay una segunda versión de dónde y cómo Hernández encontró una Biblia por primera vez. Según Hamilton Horton, un contemporáneo, Hernández encontró una Biblia dejada por un soldado estadounidense durante la invasión de México. Hamilton Garmany Horton File, Southwest Texas Conference, United Methodist Church Archives, San Antonio, n.d.

[39] Martínez, *Sea La Luz*, 57–58.

Estos conversos representan a miles que se convirtieron en protestantes, a pesar de los costos, porque tuvieron un fuerte encuentro con Dios a través de la lectura de la Biblia o de la predicación de los misioneros. Estaban dispuestos a pagar el precio de ser protestantes porque tenían una clara sensación de una nueva vida en Cristo, del llamado de Dios a sus vidas, y porque estaban convencidos de que el mensaje protestante haría un cambio fundamental en la comunidad latina.

Al comenzar el siglo XX, los latinos eran una minoría muy pequeña y marginada en los Estados Unidos y los protestantes latinos parecían casi inexistentes. Sobre la base de lo que estaba sucediendo en ese momento, no es sorprendente que algunos misioneros hablaran de la necesidad de evangelizar a la comunidad antes de que desapareciera por completo. Pero dos eventos clave a principios del siglo XX cambiaron la cara de la comunidad latina, y el protestantismo latino, en particular. El avivamiento de la calle Azusa que comenzó en 1906 en Los Ángeles serviría como el punto focal para la expansión del pentecostalismo moderno, que eventualmente se convertiría en la forma dominante de fe protestante entre los latinos. El segundo evento clave fue el comienzo de la Revolución Mexicana (1910). Cuando se relacionó con el comienzo de la participación de los Estados Unidos en la Primera Guerra Mundial, la revolución creó la primera migración importante de México hacia Estados Unidos. El movimiento migratorio sería el primero de un patrón cíclico que ha mantenido a la población latina viva y en crecimiento. Y el avivamiento espiritual daría como resultado una expresión de fe cristiana que se volvió muy atractiva para los latinos y condujo a un crecimiento significativo en la comunidad protestante.

CAPÍTULO 4
Ministerio entre los "Mexicanos del Norte" (1901 – 1940)

La cara de la comunidad latina y del protestantismo latino en particular cambió radicalmente por los eventos que ocurrieron a fines del siglo XIX y principios del siglo XX. La economía cambiante del sudoeste afectó negativamente a las pequeñas comunidades del norte de Nuevo México, el sur de Colorado y el centro de Texas. La Guerra Hispanoamericana (1898) puso a Puerto Rico y Cuba bajo el control directo o la influencia indirecta de los Estados Unidos. En el sudoeste, la Revolución Mexicana (1910), combinada con la participación de los Estados Unidos en la Primera Guerra Mundial, creó el primer flujo migratorio importante desde México hacia los Estados Unidos. Más tarde, cuando comenzó la Gran Depresión (1929), habría una migración inversa forzada. Esta sería la primera deportación importante de mexicanos por parte del gobierno de los Estados Unidos de regreso a México. Parte de su importancia es que incluiría personas nacidas en los Estados Unidos.

Como resultado de la Guerra Hispanoamericana, tanto Puerto Rico como Cuba estuvieron abiertos a los misioneros protestantes y rápidamente se convirtieron en campos misioneros protestantes después de 1898. Aunque la historia de esos esfuerzos misioneros está más allá del alcance de este trabajo, esta expansión influenciaría enormemente al protestantismo latino en los Estados Unidos. Cuando la gente de estas islas comenzó a emigrar a los Estados Unidos en cantidades significativas a mediados del siglo XX, un porcentaje creciente de estos inmigrantes sería protestante, debido al trabajo anterior de los misioneros protestantes. Además, los pastores y líderes protestantes de estas islas tendrían una influencia significativa en el protestantismo latino, principalmente entre su propia gente. Pero un número creciente se convertiría en líderes clave de las denominaciones de los EE. UU., y tendría un impacto significativo en toda la comunidad latina.

Pero el evento más importante para la expansión del protestantismo latino durante el siglo XX fue el avivamiento de la calle Azusa que comenzó en Los Ángeles en 1906. Se convirtió en la plataforma de lanzamiento para que el pentecostalismo moderno se expandiera a la comunidad latina y América Latina. Con muy pocas excepciones, a fines del siglo XX, el pentecostalismo fue la expresión predominante del protestantismo entre los latinos estadounidenses en todos los Estados Unidos y en la mayor parte de América Latina.

La Expansión Estadounidense en el Mundo Hispanohablante – Segundo Round

La Guerra Hispanoamericana (1898) generó una gran expansión territorial de los Estados Unidos en el mundo hispanohablante de las Américas. Como resultado de la guerra, España perdió cuatro de sus últimas colonias: Cuba, Puerto Rico, Guam y Filipinas. Cuba se convirtió en un país independiente, aunque bajo la influencia directa de los Estados Unidos.[1] Puerto Rico se convirtió en una colonia de los Estados Unidos en 1899, al igual que Guam y Filipinas. Desde entonces, la relación de Puerto Rico y sus ciudadanos con los Estados Unidos ha sido redefinida varias veces. Por ejemplo, en 1917, los puertorriqueños fueron declarados ciudadanos estadounidenses a través de la Ley Jones-Shafroth, lo que hizo posible reclutarlos para prestar servicio militar obligatorio en la Primera Guerra Mundial.[2] Hoy en día, a Puerto Rico se le llama *commonwealth* [mancomunado] en inglés y estado libre asociado en español. Los dos términos no significan lo mismo, por lo que no está claro qué es Puerto Rico como entidad política, aparte de que no es ni un país independiente ni un estado de la Unión.

Las principales denominaciones protestantes que comenzaron el trabajo misionero tanto en Cuba como en Puerto Rico establecieron acuerdos de cortesía para dividir las islas geográficamente para que no compitieran directamente entre sí. Aunque las denominaciones y las agencias misioneras que no participaron en estos acuerdos de cortesía obviamente no las tomaron en cuenta, sí les dieron a las agencias misioneras participantes un lugar claro para el ministerio. Varias denominaciones basadas en los EE. UU., desarrollaron una presencia significativa en cada isla. Cuando comenzaron importantes flujos migratorios desde Puerto Rico y Cuba, cada uno envió migrantes protestantes a los Estados Unidos. Pero, lo que es más importante, debido a este trabajo de misión anterior, un número importante de pastores y líderes entrenados en estas islas migraron a los Estados Unidos.

Migración Continua en el Sudoeste

A comienzos del siglo XX, las principales bases de población de latinos en el sudoeste eran lugares donde ingresaron pocos "estadounidenses". Por ejemplo, una de las características interesantes del sur de Texas fue que continuó vinculada a la economía de México a lo largo del siglo XIX. Los anglosajones del este no ingresaron a la región en números significativos, aunque los pocos que lo hicieron se apoderaron rápidamente de su economía (por ejemplo, los Kings y los Kenedys, que se convirtieron en propietarios

---

[1] La Enmienda Platt garantiza esto hasta que fue derogada en 1934. "Platt Amendment (1903)," Our Documents, consultado el 29 de Marzo, 2017, https://ourdocuments.gov/doc.php?flash=true&doc=55.

[2] "Puerto Ricans Become U.S. Citizens, Are Recruited for War Effort," History Channel, "This Day in History—Mar. 02, 1917," consultado el 29 de Marzo, 2017, http://www.history.com/this-day-in-history/puerto-ricans-become-u-s-citizens-are-recruited-for-war-effort.

de grandes partes del sur de Texas a través de varios medios "legales" y "semilegales"). Pero la región estaba aislada del resto de los Estados Unidos y fue lenta para incorporarse en la red económica del país. Por ejemplo, Brownsville no estuvo conectada por ferrocarril con el resto del país hasta 1904.[3] La región nunca fue un lugar para la migración anglosajona, y mantuvo una abrumadora población latina (mexicana y mexicoamericana) a lo largo del siglo XX.

Del mismo modo, hubo una migración limitada desde el este hacia el norte de Nuevo México y el sur de Colorado. A lo largo de los siglos XIX y XX, estas áreas rurales se mantuvieron en gran parte hispanas o indígenas en la composición demográfica. No obstante, muchas de las comunidades pequeñas de la región comenzaron a reducirse, porque la economía cambiante hizo imposible que la economía pastoral tradicional de la región mantuviera a la población. A fines del siglo XIX, los neomejicanos ya estaban emigrando al oeste, principalmente a California, en busca de mejores perspectivas económicas. Las personas de las comunidades pequeñas de la región continuarían migrando hacia las ciudades o hacia otras partes del país a lo largo del siglo XX.

Pero el cambio más importante en la población latina del sudoeste llegó con el comienzo de la Revolución Mexicana en 1910. La presión por el cambio social después de la larga dictadura de Porfirio Díaz creó un levantamiento social masivo en todo el país, con uno de los puntos focales en el norte de México. Cruzar la frontera hacia los Estados Unidos se convirtió en la válvula de escape para aquellos que huían de la violencia, o aquellos en el lado vencido en las batallas. En lugares como el sur y el centro de Texas, muchos de estos migrantes ya tenían vínculos con la población local. La población creció debido a los nuevos inmigrantes, manteniendo la composición étnica de estas áreas abrumadoramente latina.

Uno de los lugares donde esta migración creó importantes cambios demográficos fue Los Ángeles. El Pueblo de Nuestra Señora la Reina de los Ángeles del Río de Porciúncula se había establecido en 1781 durante el período colonial español, pero nunca había tenido una gran base de población. Comenzó a crecer después de la toma de control de los Estados Unidos y se convirtió en una ciudad muy "estadounidense" durante la primera parte del siglo XX. Sin embargo, siempre hubo una base latina en la ciudad. Los nuevos inmigrantes que huían de la violencia en México eran diferentes de los californios que habían vivido en la región durante muchos años. Debido a su número, esta nueva población se convirtió en el rostro de los "mexicanos" en Los Ángeles. El cambio que trajeron fue tan significativo que la mayoría de la población latina multigeneracional nacida en los Estados Unidos en la actualidad tiene sus raíces en la Revolución Mexicana, y luego en las migraciones, y no en los primeros californios.[5]

---

[3] "St. Louis, Brownsville and Mexico Railway," *Wikipedia*, última modificación el 24 de Octubre, 2016, https://en.wikipedia.org/wiki/St._Louis,_Brownsville_and_Mexico_Railway.

[4] Hacia fines del siglo XX, esto comenzaría a cambiar un poco a medida que nuevos inmigrantes de América Central diversificaran la población latina de la región.

[5] "El Pueblo de Los Angeles Historical Monument," City of Los Angeles, consultado el 29 de Marzo, 2017, http://elpueblo.lacity.org/historyeducation/ElPuebloHistory/Mexicans/index.html.

Estos inmigrantes mexicanos fueron ampliamente bienvenidos en los Estados Unidos porque empezaron a llegar en el momento en que el país entró en la Primera Guerra Mundial. Los Estados Unidos necesitaban trabajadores para tomar el lugar de los soldados que iban a la guerra. Los mexicanos ingresaron al personal de trabajo en el extremo inferior, trabajando en granjas o en empleos urbanos de bajo salario. Su trabajo se convirtió en un apoyo importante para el esfuerzo de guerra, por lo que su presencia en todo caso no fue cuestionada en gran medida.

Los latinos del sur de Texas y el norte de Nuevo México ya habían comenzado a emigrar a otras partes de los Estados Unidos en busca de oportunidades de empleo antes de que llegaran estos nuevos inmigrantes. Durante este período, algunos de ellos también se convirtieron en parte de los patrones de migración anual que los llevaron a varios estados del oeste para trabajos agrícolas pesados. Estos patrones migratorios se convertirían en una forma de vida para generaciones de latinas, particularmente después de la Segunda Guerra Mundial.

El Final del Primer Round de la Misión Protestante "Mexicana"

Algunas de las suposiciones hechas acerca de los "mexicanos" por la primera generación de misioneros protestantes en el sudoeste durante el siglo XIX estaban comenzando a cambiar a principios del siglo XX. El cambio más significativo fue demográfico. Durante el siglo XIX, la mayoría de los latinos en el sudoeste se encontraban en pequeñas comunidades rurales, por lo que la mayoría de las iglesias protestantes latinas se establecieron en esas comunidades. Estas iglesias eran todas pequeñas, y sus bases financieras eran limitadas. A medida que las latinas comenzaran a migrar hacia las áreas urbanas y que nuevos inmigrantes ingresaran desde México, la faz de la comunidad latina cambiaría, al igual que el ministerio protestante.

Los presbiterianos del norte en Nuevo México/sur de Colorado habían desarrollado una estrategia de misión basada en el establecimiento de instituciones educativas en comunidades rurales que no tenían escuelas públicas. Esto les abrió las puertas en muchas comunidades latinas durante el siglo XIX. Muchas de sus iglesias latinas en la región se iniciaron en conjunto con las escuelas presbiterianas. Pero a principios del siglo XX, la mayoría de las comunidades de la región tenían escuelas públicas, por lo que la necesidad de las escuelas presbiterianas comenzó a desvanecerse. Más de sesenta escuelas se iniciaron a fines del siglo XIX y principios del XX. En 1910, solo dieciséis de ellas todavía existían, y en 1930 solo quedaban siete.[6]

Las pocas sobrevivientes lucharon significativamente porque dependían de financiamiento externo, ya que las comunidades locales no podían apoyarlas.[7] Algunas de estas escuelas restantes continuaron desempeñando un papel en el desarrollo de una

---

[6] Ruth Kerns Barber y Edith J. Agnew, *Sowers Went Forth: The Story of Presbyterian Missions in New Mexico and Southern Colorado* (Albuquerque: Menaul Historical Library of the Southwest, 1981), 159–60.

[7] Barber y Agnew, *Sowers Went Forth*, 159–60.

identidad presbiteriana latina en la región, y algunas incluso una parte clave de sus comunidades locales, particularmente en áreas rurales. Pero, en general, su influencia se desvaneció rápidamente una vez que el gobierno comenzó a proporcionar educación. Además, muchas de las comunidades en las que los presbiterianos habían establecido congregaciones latinas comenzaron a perder población, e incluso a desaparecer, ya que la economía cambiante hizo que la gente migrara del área en la primera parte del siglo XX.

El otro gran esfuerzo educativo presbiteriano en la región, el Colegio del Sudoeste en Del Norte, Colorado, descrito en el último capítulo, tuvo que cerrar sus puertas en 1901 debido a una débil base financiera. Las iglesias latinas se encontrarían en situaciones similares. La mayoría de las iglesias dependían del apoyo financiero externo para pagar a sus pastores. A medida que las poblaciones cambiaban, las congregaciones se consolidaron en las comunidades y ciudades más grandes, lo que provocó el cierre de más iglesias. Pero la mayoría de las iglesias latinas que continuaron durante este período lo hicieron a través del apoyo financiero de organismos externos.

Durante la primera parte del siglo XX, los presbiterianos de la región comenzaron a dedicar más energía al trabajo médico. Debido a la naturaleza aislada de muchas de las comunidades y las condiciones primitivas en las que vivía mucha gente, se necesitaban servicios médicos básicos y clínicas y hospitales. Las mismas sociedades misioneras de mujeres que ayudaron a financiar las escuelas también ayudaron a financiar enfermeras, médicos, clínicas básicas e incluso hospitales. El trabajo educativo y médico en el área se colocó bajo una comisión. Estos proporcionaron servicios médicos importantes para las comunidades aisladas de la región hasta la década de 1970, cuando la última de las clínicas se cerró o se integró en los esfuerzos del gobierno local.

Pero incluso cuando la obra presbiteriana inicial estaba menguando o disminuyendo, se desarrollaron nuevos esfuerzos ministeriales en las nuevas bases de población. Los ministerios muy pequeños que se iniciaron a fines del siglo XIX en California se convirtieron en la base para un ministerio mucho más fuerte en la primera parte del siglo XX, una vez que la Revolución Mexicana creó un flujo migratorio. La *US Board of Home Missions* creó un departamento mexicano que oficialmente duró solo un año. Pero la persona nombrada superintendente de la obra mexicana, Robert McLean, continuó trabajando con los presbiterios en Los Ángeles y Riverside, quienes le pidieron que organizara el trabajo en español. "Él reconoció la magnitud de la inmigración en la frontera entre Estados Unidos y México, y la necesidad de ministrar entre los recién llegados de México".[9] Su sueño era establecer iglesias fuertes en las principales ciudades del sudoeste de Los Ángeles, San Antonio y El Paso. Para 1920, varios pastores latinos de México y Nuevo México se habían establecido en el área de Los Ángeles y se desempeñaban como líderes clave en el desarrollo de nuevas iglesias en el área. Estos

---

[8] Barber y Agnew, *Sowers Went Forth*, 131–43.
[9] Jane Atkins-Vasquez, *Hispanic Presbyterians in Southern California: One Hundred Years of Ministry* (Los Angeles: Synod of Southern California and Hawaii, 1988), 3.

ministerios continuaron desarrollándose hasta el colapso económico de la Gran Depresión. La mayor parte del crecimiento de la IPUSA entre los latinos durante este período fue el resultado de esta visión y energía estimulada por el flujo migratorio de la Revolución Mexicana.[10]

Los presbiterianos del sur en Texas comenzaron su obra misionera entre los latinos más tarde que sus homólogos del norte y continuaron creciendo en la primera parte del siglo XX. Las iglesias latinas de la región establecieron lo que se conocía como el Presbiterio Tex-Mex en 1908. Pero el papel de este presbiterio nunca fue muy claro. ¿Debería convertirse en un presbiterio como el de los "anglos", o debería ser un "tanque de retención" para grupos que aún no podían cumplir con todos los requisitos necesarios para ser iglesias plenamente reconocidas en los presbiterios "regulares"? Su papel se convirtió en un conducto para el apoyo financiero del Sínodo de Texas para las iglesias latinas que no podían proporcionar suficiente apoyo financiero para sus ministerios. Cuando las iglesias se hicieron autosuficientes, se unieron a su presbiterio geográfico. El Presbiterio Tex-Mex fue disuelto en 1955, una vez que las iglesias existentes se unieron a otros presbiterios. Dos de los resultados no intencionados de la disolución fueron que nuevas iglesias presbiterianas latinas no se iniciaron en Texas y varias iglesias existentes desaparecieron lentamente, incluso cuando la población latina del estado continuó creciendo.

Los esfuerzos ministeriales de la Iglesia Metodista Episcopal también se vieron afectados por las cambiantes realidades económicas y demográficas a principios del siglo XX. Thomas y Emily Harwood encontraron comunidades enteras originarias de Nuevo México que vivían en California.[12] La cambiante economía hizo que las personas se movieran hacia el oeste, destruyendo las pequeñas comunidades en las que se habían establecido muchas de las iglesias metodistas neomejicanas. Muchas de las primeras iglesias metodistas latinas murieron porque las comunidades a su alrededor comenzaron a reducirse en población. Las iglesias más antiguas que permanecieron se ubicaron en pueblos y ciudades más grandes que tenían una población más estable o nueva inmigración. Mientras la migración comenzaba a abrir nuevas oportunidades de misión, el trabajo en Nuevo México comenzó a declinar seriamente.

Las iglesias más nuevas establecidas en el siglo XX solían estar en áreas donde los nuevos inmigrantes mexicanos se estaban estableciendo. El cambio demográfico creó la necesidad de un cambio en el enfoque del ministerio. Al igual que con los presbiterianos, los metodistas expandieron sus esfuerzos ministeriales hacia los nuevos centros de población, particularmente hacia el sur de California, el sur de Arizona y el sur de Texas. Los migrantes que huían de la Revolución Mexicana se convirtieron en el enfoque de la misión de la obra metodista después de 1910. Los nuevos inmigrantes,

---

[10] Atkins-Vasquez, *Hispanic Presbyterians*, 2–4.
[11] R. Douglas Brackenridge y Francisco O. García-Treto, *Iglesia Presbiteriana: A History of Presbyterians and Mexican Americans in the Southwest* (San Antonio: Trinity University Press, 1974).
[12] Harriet S. Kellogg, *Life of Mrs. Emily J. Harwood* (Albuquerque: El Abogado Press, 1903), 340.

incluidos algunos metodistas mexicanos y algunos pastores metodistas ordenados, afectaron a las iglesias existentes en la región. Estos sirvieron como base para establecer nuevas iglesias y expandir el ministerio. Félix Gutiérrez describe 1920-1940 como la era misionera del metodismo latino.[13] Tanto en la MEC como en la MECS, las oportunidades abiertas por la migración de la Revolución Mexicana llevaron al establecimiento de nuevas iglesias y la importación de líderes capacitados que hicieron posible mantener ese crecimiento a lo largo de este período.

El trabajo de la MECS en Texas y el sur de Arizona también sufrió cambios significativos a medida que la Revolución Mexicana cambió las relaciones transfronterizas. Durante el siglo XIX, todo el trabajo en la frontera se había relacionado con el trabajo en México. Pero eso dejó de tener sentido a medida que el trabajo en México comenzó a crecer y la Revolución Mexicana cambió las relaciones en la región fronteriza. Como resultado, las iglesias en Texas estaban separadas de las iglesias en crecimiento en México pero no estaban claramente conectadas con las iglesias de los Estados Unidos. En 1913, las iglesias "mexicanas" en Texas se organizaron en su propia Conferencia Misionera, que se fusionaría en lo que se convirtió en la Conferencia de Río Grande en 1939. La MECS continuó estableciendo iglesias en Texas y Arizona, e incluso estableció congregaciones en el sur de California.

A medida que la MEC y la MECS se acercaban a la fusión, lo que sucedió en 1939, había cierta preocupación sobre la superposición de ministerios en California y Arizona. Pero esto se resolvió con la fusión. A pesar de los reveses económicos de la Gran Depresión, los metodistas pudieron expandir su ministerio entre los latinos durante este período. Los metodistas, tanto del norte como del sur, tanto en los Estados Unidos como en México, informaron sobre un espíritu de avivamiento que creó el compromiso con el evangelismo y la plantación de iglesias. Pablo García Verduzco, un pastor de la MECS en Texas, describió el ambiente como uno en el que las personas compartían lo que tenían entre sí y "muchas almas que Cristo ganó con su preciosa sangre venían a sus pies, sintiendo el gozo espiritual de la salvación de Dios".[14]

Desde finales del siglo XIX hasta los primeros años del siglo XX, los dos cuerpos metodistas constituyeron la tradición denominacional más grande de los protestantes latinos. Pero también fueron la tradición que perdió la mayoría de pastores los cuales se dirigieron a otras denominaciones. Varias veces, en los últimos años del siglo XIX y los primeros del siglo XX, antiguos pastores metodistas se encontraron en las listas pastorales de otras denominaciones. Hay informes de pastores metodistas que más tarde trabajaron para los presbiterianos, los bautistas y los Adventistas del Séptimo Día.[15]

---

[13] Justo L. González, ed., *En nuestra propia lengua: Una historia del metodismo unido hispano* (Nashville: Abingdon, 1991), 74.

[14] Pablo García Verduzco, *Bosquejo histórico del Metodismo Mexicano* (Nashville: Cokesbury Press, 1933), 33.

[15] Véase Juan Francisco Martínez, "Origins and Development of Protestantism among Latinos in the Southwestern United States, 1836–1900" (PhD diss., Fuller Theological Seminary, School of World Mission, 1996).

Pero el mayor grupo de pastores metodistas que abandonaron la denominación con el tiempo se convirtieron en pastores pentecostales.

A principios del siglo XX, los dos grupos protestantes más grandes entre los latinos fueron los metodistas y los presbiterianos, lo que refleja el fervor misionero de estos grupos durante este período. Pero pronto perderían su protagonismo en la primera parte del nuevo siglo. Muchas otras denominaciones protestantes comenzarían a trabajar entre los latinos, y varias de ellas crecerían más rápido que los metodistas o los presbiterianos. Aunque ambos grupos siguieron creciendo en el número de miembros latinos durante la primera parte del siglo XX, el papel prominente que tenían entre los protestantes latinos comenzaría a menguar.

Nuevos Esfuerzos Denominacionales en el Sudoeste

Las tres familias denominacionales que se convirtieron en las más prominentes entre los latinos durante el siglo XX comenzaron su trabajo alrededor del comienzo de ese siglo. Varias familias denominacionales protestantes comenzaron a trabajar entre los latinos en las primeras dos décadas del siglo, pero un pequeño grupo de denominaciones pronto superó al resto. La mayor parte del ministerio continuó en el sudoeste, aunque gradualmente otras partes del país también verían una presencia protestante latina cuando las latinas se establecieran allí.

El único grupo protestante que comenzó a trabajar en el siglo XIX y continuó creciendo significativamente a lo largo del siglo XX fue la **Convención Bautista General de Texas**, parte de la Convención Bautista del Sur. El crecimiento irregular de finales del siglo XIX, descrito en el último capítulo, se estabilizó gradualmente, y en 1910 un grupo de veinticuatro iglesias latinas se organizaron como la **Convención Bautista Mexicana de Texas**. Varias asociaciones bautistas en todo Texas trabajaron con esta nueva convención para establecer iglesias "mexicanas". Juntos organizaron programas de capacitación para pastores "mexicanos", y en 1925 comenzaron el Instituto Bíblico Mexicano. También establecieron otros ministerios durante este período, incluido el Hogar de Niños Bautistas Mexicanos en 1944.[16]

Un líder bautista de la época describió la condición de sus iglesias (en español), lo que habría sido representativo de muchas iglesias protestantes latinas durante la primera parte del siglo XX.

> La mayor parte de las congregaciones por muchos años no tuvieron templos para celebrar sus cultos, y tenían que hacerlos en las casas, en alguna aula o salón de escuelas públicas, en arboledas del campo, en los ríos, en improvisadas enramadas o donde se podía.

---

[16] Joshua Grijalva, *A History of Mexican Baptists in Texas*, 1881–1981 (Dallas: Baptist General Convention of Texas, 1982), 36–66.

En tanto que no tenían templo las congregaciones de aquellos tiempos, luchaban con el problema de asientos y de otros objetos necesarios para el culto; el alumbrado por ejemplo: En la mayoría de los casos nos alumbrábamos con velas, lámparas de petróleo y hasta con improvisados candiles…. No obstante ello, el majestuoso avance de la obra entre nuestro pueblo en todo el Estado era incontenible; pues frecuentemente se tenía noticia de nuevas conquistas y alentadores adelantos; entre ellos, la de la organización de nuevas iglesias, de Escuelas Dominicales, de conversiones y de bautismos.[17]

El celo evangelístico de las asociaciones bautistas en todo el estado dio como resultado un crecimiento significativo en el número de bautistas latinos en Texas. Aunque los metodistas y los presbiterianos siguieron creciendo durante este período, al comienzo de la Segunda Guerra Mundial, la Convención Bautista Mexicana fue el cuerpo protestante latino más grande en Texas. Ese crecimiento continuaría hasta que se convirtiera en la denominación protestante más grande del estado. Otra denominación que se convertiría en una de las cinco denominaciones protestantes más grandes entre los latinos durante el siglo XX, la **Iglesia Adventista del Séptimo Día**, comenzó su primera congregación en Arizona en 1899. Marcial Serna, un ex ministro metodista que se convirtió a una comprensión adventista de la fe, fue su pastor fundador. Durante la primera parte del siglo, la mayoría de las nuevas iglesias fueron iniciadas por adventistas que migraron a nuevas áreas o por el esfuerzo de las iglesias locales. La migración por la Revolución Mexicana les proporcionó un campo misionero en expansión. En 1918, la asociación nacional estableció una oficina de misiones con un departamento de América del Norte para el ministerio a los extranjeros.

Durante la década de 1920, se hizo evidente a los líderes denominacionales que necesitaban establecer escuelas para preparar a los latinos estadounidenses para ministrar en su propio idioma. Aunque las escuelas religiosas adventistas a menudo comenzaron a mantener a los niños adventistas fuera del sistema de escuelas públicas, los adventistas también habían comenzado escuelas para desarrollar líderes en los Estados Unidos que hablaban danés, sueco, francés y alemán. Entonces, se estableció una escuela en Phoenix en 1920 para entrenar a pastores latinos. Aunque la escuela duró poco debido a limitaciones financieras, sirvió como el precursor del Seminario Hispanoamericano que se iniciaría en Sandoval, Nuevo México, en 1942. Durante la primera parte del siglo, los adventistas también comenzaron escuelas primarias y secundarias hispanoparlantes a través del sudoeste y en Nueva York e Illinois. La denominación comenzó a unificar sus esfuerzos a través de otros institutos bíblicos para el desarrollo del liderazgo y mediante la organización de las iglesias latinas en uniones de iglesias dentro de la estructura denominacional existente. En la Segunda Guerra

---

[17] Benjamín Díaz, "Compendio de la historia de la Convención Bautista Mexicana de Texas" (manuscrito no publicado), 36.

Mundial había iglesias adventistas latinas en todo el sudoeste, y también había una presencia latina en otras partes del país.[18]

Los *American (Northern) Baptists* o bautistas americanos del norte habían establecido las primeras congregaciones protestantes latinas en Nuevo México en la década de 1850. Pero pronto abandonaron el área y no reiniciaron el trabajo allí, ni en otras partes del sudoeste, hasta principios del siglo XX. Reestablecieron el trabajo en Nuevo México, pero su presencia más fuerte durante este período fue en California, como la mayoría de las otras denominaciones protestantes de la época. La Primera Iglesia Bautista de Santa Bárbara comenzó el ministerio en español, y se desarrollaron otros esfuerzos en Oxnard y Los Ángeles. En 1911 la denominación asignó a una familia que había sido misionera en Puerto Rico, los Troyer, a trabajar bajo la Convención Bautista del Sur de California para establecer congregaciones en español. Establecieron diecisiete congregaciones desde 1911 hasta 1917,[19] y en 1930 había veintinueve congregaciones latinas en el sur de California y otras en otras partes de los Estados Unidos.[20]

Las Iglesias Bautistas Americanas en la región establecieron el **Seminario Bautista Hispano Americano** en 1921 en Los Ángeles. Se convirtió en una parte importante del ministerio de la denominación en la región y capacitó a varias generaciones de pastores y líderes para trabajar en California, en otras partes de los Estados Unidos y en varios países de América Latina. Cuando cerró sus puertas en 1964 debido a problemas financieros, era una de las instituciones más importantes para el entrenamiento de pastores a nivel de seminario en español en los Estados Unidos.[21]

La **Iglesia del Nazareno** comenzó su primera iglesia latina en Los Ángeles en 1906 bajo el liderazgo de una misionera, Maye McReynolds. Una de las primeras convertidas, Santos Elizondo, oriunda de El Paso, regresó y comenzó una congregación allí en 1907. Esto hace que la Iglesia del Nazareno sea única ya que las mujeres comenzaron sus primeras iglesias latinas en California y Texas. En 1930, la junta de la misión extranjera formó el Distrito Pacífico Sudoeste Mexicano con iglesias del sur de California y el norte de México. Según el informe de McLean, en 1930 había 415 miembros en once iglesias.[22] A medida que crecía el número de iglesias, la denominación dividió este distrito en dos en 1942.

Varios grupos protestantes más pequeños también comenzaron a trabajar entre la población de habla hispana de California durante las primeras tres décadas del siglo. Los

---

[18] Manuel Vasquez, *La historia aun no contada: 100 años de Adventismo Hispano* (Nampa, ID: Pacific Press Publishing Association, 2000), 33, 60–75.

[19] Clifton L. Holland, comp., "A Chronology of Significant Protestant Beginnings in Hispanic Ministry in the USA," PROLADES, última consulta el 31 de Julio, 2003, http://www.prolades.com/historical/usa-hisp-chron.pdf

[20] Holland, "A Chronology of Significant Protestant Beginnings in Hispanic Ministry in the USA."

[21] Eduardo Font, "Iglesias Bautistas Americanas Latinas," en *Iglesias peregrinas en busca de identidad: Cuadros del protestantismo latino en los Estados Unidos*, ed. Juan F. Martínez Guerra and Luis Scott (Buenos Aires: Kairos Ediciones, 2004), 51–71.

[22] Robert N. McLean, *The Northern Mexican* (New York: Home Missions Council, 1930), 43.

Amigos comenzaron su primera iglesia en la región en 1915 y los **Metodistas Libres** en 1917. Hacia 1930, los Metodistas Libres organizaron la Conferencia Latinoamericana de la Costa del Pacífico bajo la Junta Misionera General de su denominación, con diez iglesias latinas y unos trescientos miembros.[23] La creciente población latina en el sur de California sirvió como base para que estos grupos expandieran su trabajo misionero entre los latinos a otras partes del sudoeste durante la primera parte del siglo XX.

El otro estado donde muchas denominaciones protestantes comenzaron su ministerio entre los latinos durante este período fue Texas. Los **Discípulos de Cristo** habían comenzado una iglesia en San Antonio en 1899, pero no habían expandido mucho su trabajo desde esa base.[24] Las **Iglesias de Cristo** comenzaron su primera congregación latina en Abilene en 1919. En la década de 1920, otras tres denominaciones comenzaron iglesias entre los latinos en Texas: la **Iglesia Evangélica Luterana**, los **Hermanos Evangélicos Unidos**, y la **Alianza Cristiana y Misionera**.[25] Se extenderían a otras partes de los Estados Unidos a medida que los latinos migraran a esas áreas. Pero la mayoría de los esfuerzos ministeriales denominacionales entre los latinos durante este período comenzaron en California o Texas.

En 1908, varias denominaciones protestantes históricas desarrollaron el Concilio Nacional de Misiones (HMC, por sus siglas en inglés) para coordinar los ministerios en los Estados Unidos. Era "la agencia interdenominacional de misiones nacionales, organizada por las juntas de misión local de veintitrés denominaciones para conferencias, consultas, coordinación del trabajo misionero local denominacional, y acción y trabajo cooperativo".[26] Los representantes denominacionales se reunían regularmente para coordinar programas y abordar problemas comunes. El trabajo del concilio se coordinó a través de varios comités, incluido uno que se ocupaba de los "hispanohablantes". Este concilio existió hasta 1950, cuando se fusionó al Consejo Nacional de Iglesias. Gran parte de la información estadística disponible sobre el protestantismo latino en las denominaciones de miembros del HMC proviene de los informes ocasionales producidos por el consejo. El comité de habla hispana de vez en cuando incluía informes sobre el trabajo en Puerto Rico y en América Latina.

En 1921, Rodney W. Roundy, un secretario asociado del HMC, informó que las denominaciones protestantes tenían al menos trescientas iglesias y misiones de habla hispana en los Estados Unidos, con al menos 250 ministros y trabajadores cristianos pagados, y 157 misioneros que servían como maestros de escuelas. Roundy también informó que había más "puntos de predicación" que el número de iglesias y misiones

---

[23] Holland, "A Chronology of Significant Protestant Beginnings in Hispanic Ministry in the USA."
[24] Véase Daisy L. Machado, *Of Borders and Margins: Hispanic Disciples in Texas, 1888–1945* (Oxford: Oxford University Press, 2003), ch. 5.
[25] Holland, "A Chronology of Significant Protestant Beginnings in Hispanic Ministry in the USA."
[26] "Guide to the Home Missions Council of North America Records," Presbyterian Historical Society, consultado el 29 de Marzo, 2017, http://www.history.pcusa.org/collections/research-tools/guides-archival-collections/ncc-rg-26.

reportadas.[27] Reportes como este a lo largo de la primera parte del siglo comúnmente incluían información significativa acerca de lo que las denominaciones históricas estaban haciendo, pero casi nada sobre el trabajo del denominaciones pentecostales. Cuando Roundy escribió su informe, la mayoría de los protestantes latinos se encontraban en el sudoeste y ya se estaban concentrando en las nuevas áreas urbanas donde los mexicanos estaban migrando, particularmente Los Ángeles y San Antonio.

Pero en 1921 los protestantes latinos también comenzaron a aparecer en otras partes de los Estados Unidos. El informe del HMC de 1921 describió a los "pueblos de habla hispana en los Estados Unidos" de la siguiente manera: "La abrumadora cantidad de personas de habla hispana en el sudoeste, la estimación más conservadora de al menos un millón y medio, pone el énfasis de los cuerpos interconfesionales en ese territorio. La mayoría de estas personas se congregan en los estados fronterizos con el Viejo México, aunque hay un gran número de ellos dispersos en muchas partes del oeste y hacia el este a través de Kansas, Missouri, Illinois, Michigan, Ohio y otros estados a Pensilvania, Nueva York, y Nueva Inglaterra".[28] El informe de 1925 amplía esa descripción: "Hay entre dos y tres millones de personas de habla hispana en los Estados Unidos. Más de tres cuarto de un millón de estos son hispanoamericanos nativos, descendientes de las personas que ocuparon la gran porción de territorio tomado de México a mediados del siglo pasado. El resto son mexicanos puros y simples de México. Los hispanoamericanos eran como los indios en el hecho de que ocupamos su territorio sin su consentimiento".[29]

El HMC reconoció que muchas de estas personas eran trabajadores migrantes y que el ministerio necesitaba tomar eso en cuenta. "Son inmigrantes, e incluso ahora miles están cruzando de regreso a su país natal; muchos solo pasarán el invierno en México, mientras que otros permanecerán allí".[30] Para el consejo, esto significaba que las personas en los Estados Unidos necesitaban tratar a los trabajadores migrantes con justicia para que se sintieran atraídos por el Evangelio. Esto incluía pagarles por igual, tratarlos justamente, aliviar el sufrimiento humano, proporcionar servicios sociales y escuelas cristianas, y evangelizarlos.[31] También significó que las denominaciones protestantes históricas necesitaban trabajar juntas para apoyar a los trabajadores inmigrantes latinos de manera más efectiva debido a las "sectas guerrilleras". "La seriedad fanática del pueblo pentecostal, los *Holy Rollers* y los Adventistas del Séptimo Día, la persistente propaganda de los mormones" se consideró que afectaba

---

[27] Holland, "A Chronology of Significant Protestant Beginnings in Hispanic Ministry in the USA."

[28] Home Missions Council, *Fourteenth Annual Meeting of the Home Missions Council and Council of Women for Home Missions* (New York: Home Missions Council, 1921), 234.

[29] Home Missions Council, *Eighteenth Annual Report of the Home Missions Council and Council of Women for Home Missions* (New York: Home Missions Council, 1925), 169.

[30] Home Missions Council, *Fourteenth Annual Meeting*, 234.

[31] Home Missions Council, *Fifteenth Annual Report of the Home Missions Council and Council of Women for Home Missions* (New York: Home Missions Council, 1922), 219.

negativamente el trabajo latina de las denominaciones vinculadas al HMC.[32] Aunque las denominaciones históricas tenían más recursos, y aún eran más grandes que los otros movimientos en ese momento, estaba claro que estas "sectas guerrilleras" se estaban volviendo más atractivas para los latinos que las denominaciones protestantes históricas.

Nueva York – El Segundo Punto Focal del Ministerio Protestante

El primer lugar donde se desarrolló un ministerio significativo entre los latinos fuera del sudoeste fue la ciudad de Nueva York. Hubo algunos esfuerzos de extensión allí a fines del siglo XIX, pero solo se estableció una iglesia. En 1912, la Sociedad Misionera de la ciudad de Nueva York comenzó a trabajar entre inmigrantes de habla hispana, en su mayoría de España y el Caribe. La sociedad más tarde estableció la Iglesia El Buen Vecino. Esta fue la primera congregación latina registrada en la ciudad y luego se convirtió en una "iglesia madre" para muchas otras iglesias latinas.[33] El número de iglesias latinas creció a medida que aumentaba la población latina. En 1937, había cincuenta y cinco congregaciones hispanoparlantes en la ciudad. Seis de ellas estaban afiliadas a la Sociedad Misionera de Nueva York, dieciocho formaban parte de varias denominaciones pentecostales, y el resto eran de otras denominaciones, incluida la Alianza Cristiana y Misionera, la Iglesia Adventista del Séptimo Día, varios grupos bautistas, la iglesia luterana, la iglesia metodista y la iglesia presbiteriana.[34]

El Ministerio en Otras Partes de EE. UU.

Durante la década de 1930, los Menonitas (antiguos), los Hermanos Menonitas [Mennonite Brethren Church], la Iglesia de Dios (Anderson, Indiana) y el Ejército de Salvación fundaron iglesias latinas en los Estados Unidos. En ese momento, había pequeños grupos de latinas en Chicago y en partes del medio oeste que poco a poco se convirtieron en los puntos focales del trabajo misionero protestante en estas áreas. La mayoría de estas denominaciones eran pequeñas, pero también lo eran las poblaciones latinas en el medio oeste hasta después de la Segunda Guerra Mundial. Esto significaba que la mayoría de los esfuerzos de la misión entre los latinos en estas áreas eran pequeños.

En 1930, el Concilio Nacional de Misiones de Nueva York publicó el libro *The Northern Mexican* de Robert McLean. La mayor parte del libro está dedicado a describir la población "mexicana" en los Estados Unidos, incluidos los aspectos socioeconómicos, sociales, educativos y religiosos. El autor se enfoca en el sudoeste pero incluye información sobre la migración mexicana a otras partes de los Estados Unidos y

---

[32] Home Missions Council, *Eighteenth Annual Report*, 170.
[33] Holland, "A Chronology of Significant Protestant Beginnings in Hispanic Ministry in the USA."
[34] Frederick L. Whitam, "New York's Spanish Protestants," *Christian Century* 79, no. 6 (February 7, 1962): 162.

menciona que algunos grupos, particularmente los bautistas, habían establecido ministerios en todo el medio oeste y que los bautistas habían establecido una asociación de iglesias bautistas mexicanas fuera del sudoeste. Aunque el libro se centra en la población mexicana, intenta dar un informe bastante completo de todos los ministerios protestantes latinos en el país, incluido el trabajo que se realizaba entre otros latinos, aunque no distingue claramente a las diversas etnias latinas y grupos nacionales.

El libro de McLean tiene un claro enfoque evangelístico, particularmente en referencia a los nuevos inmigrantes en el medio oeste. En su párrafo final, él declara: "El mexicano del norte no recibe el debido cuidado ni religioso ni social. Es un recién llegado en las comunidades donde vive y tiene que soportar las condiciones más inadecuadas y los alojamientos más insatisfactorios que se encuentran en la comunidad. Como es un recién llegado en estas comunidades, no se han provisto adecuadamente sus necesidades religiosas".[35] El libro tiene una lista completa de todas las iglesias y ministerios, incluidas las escuelas y los centros comunitarios, de las denominaciones que examinó. Informa 367 iglesias con 26,599 miembros adultos. Estas denominaciones tienen 591 pastores, maestros y otros obreros. El libro también informa treinta y nueve escuelas protestantes y cuarenta y cuatro centros comunitarios que centran su ministerio en la comunidad latina. El libro informa sobre el trabajo de quince grupos de iglesia, pero no incluye ninguna denominación pentecostal ni la Iglesia Adventista del Séptimo Día.[36]

	Iglesias	Miembros	Obreros
Bautista del Norte	40	3,500	64
Bautista del Sur	56	3,562	31
Congregacional	7	345	22
Congregacional	2	125	5
Discípulos de Cristo	10	805	22
Metodista Libre	10	300	16
Los Amigos [Friends]	2	46	2
Interdenominacional	2	164	7
Luterana	3	266	5
Metodista (Norte)	55	4,617	162
Metodista (Sur)	62	5,710	93
Iglesia del Nazareno	11	415	9
Iglesia Presbiteriana (IPUSA)	60	4,185	144
Iglesia Presbiteriana (IPUS)	41	2,134	26
Hermanos Unidos	6	425	19

---

[35] McLean, *The Northern Mexican*, 23.
[36] McLean, *The Northern Mexican*, 43.

La Calle Azusa – El Protestantismo Latino Toma un Nuevo Rostro

Si bien las denominaciones protestantes estaban expandiendo su ministerio entre los latinos, el avivamiento de la calle Azusa y las iglesias y denominaciones que surgieron cambiarían radicalmente el rostro del protestantismo latino y latinoamericano. Aunque el pentecostalismo moderno tuvo varias manifestaciones en otras partes del mundo antes de 1906, fue el avivamiento que comenzó en la Misión de la calle Azusa en abril de 1906 lo que inició la rápida expansión del movimiento pentecostal en todo el mundo, y en el mundo de habla hispana en especial. A mediados del siglo XX, el pentecostalismo moderno y sus diversas ramificaciones se convertirían en la expresión más prominente de la fe protestante en América Latina y entre los latinos estadounidenses.

Debido a que la mayoría del liderazgo inicial del avivamiento era blanco o afroamericano, la historia de la calle Azusa, como se suele contar, se centra en el impacto en esas dos comunidades y los esfuerzos de los líderes de esas comunidades para superar la división racial que los separaba. Pero hubo una serie de conversos mexicanos, mexicano-estadounidenses y otros latinoamericanos durante los primeros años del avivamiento. Algunos de ellos más tarde servirían como pastores, misioneros y fundadores de iglesias y denominaciones en toda América Latina y sectores hispanoparlantes de los Estados Unidos. Los conversos no latinos también salieron de la calle Azusa a países latinoamericanos y jugaron un papel clave en el establecimiento del pentecostalismo allí.

Algunos de los primeros conversos latinos, como Abundio López y Juan Navarro Martínez, recibieron licencias para el ministerio en 1909 por William Seymour, el fundador de la Misión de la calle Azusa. Al menos tres denominaciones pentecostales que se formaron directamente del Avivamiento de la calle Azusa, tenían líderes latinos que se habían convertido durante el avivamiento: las Asambleas de Dios (AD), la Asamblea Apostólica de la Fe en Cristo Jesús (EE. UU.), y la Iglesia Apostólica de la Fe en Cristo Jesús (México),

Muchos de los primeros conversos latinos al pentecostalismo eventualmente se unieron a las AD cuando se organizó en 1914. Esto particularmente fue así en Texas y otras partes del sudoeste. En el sur de California, se desarrollaron muchos otros movimientos pentecostales, lo que significó que las AD no tuvo una presencia tan grande allí durante la primera parte del siglo XX.

La expansión del mensaje pentecostal entre los latinos de EE. UU. y en América Latina durante los primeros años ocurrió principalmente a través del trabajo de predicadores pentecostales independientes. Poco se sabe acerca de muchos de estos primeros líderes, pero tuvieron una influencia significativa en el crecimiento del pentecostalismo de los latinos, particularmente en Texas y California. Los predicadores itinerantes llevaron el mensaje pentecostal a casi todos los lugares donde había personas que hablaban español. Muchas iglesias y movimientos independientes surgieron de estos primeros esfuerzos, aunque finalmente la mayoría de estas iglesias y líderes se unieron a una de las principales denominaciones que surgieron de los avivamientos pentecostales modernos. Algunos formaron sus propias denominaciones más pequeñas, y otros se desarrollarían más tarde cuando el pentecostalismo creció y se diversificó.

Aunque los primeros líderes del avivamiento de la calle Azusa y el movimiento pentecostal buscaron la unidad, hubo varios tipos de divisiones entre los primeros conversos. Dos de estas divisiones llevaron a la formación de la Asamblea Apostólica y la Iglesia Apostólica, respectivamente. Una gran división tenía que ver con la raza. Aunque uno de los objetivos del avivamiento fue la reconciliación racial, las divisiones raciales del período pronto se manifestaron en la vida de las primeras iglesias pentecostales. Los grupos que habían tratado de trabajar juntos pronto se dividieron en líneas raciales. También hubo varias divisiones doctrinales al principio del movimiento. Lo que creó la división más clara a largo plazo entre los descendientes del avivamiento se relacionó con la fórmula bautismal y la cuestión de cómo uno entiende la Deidad del Padre, del Hijo y del Espíritu Santo. La mayoría de los pentecostales siguió la fórmula trinitaria y la definición doctrinal del Concilio de Nicea (325 d.C.). Pero una minoría significativa eran pentecostales "unicitarios", bautizando en el nombre de Jesús, y declarando que el Padre, el Hijo y el Espíritu Santo eran tres aspectos de Dios, no tres personas.

Fue en el momento de estas dos primeras divisiones que nació la primera y más grande denominación protestante latina de los Estados Unidos. Para 1912, dos líderes que salieron de Azusa, Juan Navarro y Francisco Llorente, habían comenzado a evangelizar a la población "mexicana" en el sur de California. Las Asambleas Pentecostales del Mundo, un grupo pentecostal unicitario predominante afroamericano, los licenciaron a ellos y a otros líderes latinos. Comenzaron iglesias alrededor del sur de California y organizaron estas iglesias en la primera denominación protestante latina en 1925. La Asamblea Apostólica de la Fe en Cristo Jesús se estableció en los Estados Unidos, y más tarde su denominación hermana, la Iglesia Apostólica de la Fe en Cristo Jesús, se establecería en México. Otros movimientos "apostólicos" más pequeños también se desarrollarían durante este período, ya que otros conversos tomaron con ellos la fórmula bautismal "en el nombre de Jesús" mientras predicaban el mensaje pentecostal en nuevas áreas.

La Asamblea Apostólica creció cuando sus miembros originales llevaron el mensaje unicitario a varias partes de los Estados Unidos y México. En 1930 se incorporó oficialmente como una denominación separada y cortó los vínculos formales con las Asambleas Pentecostales del Mundo. En 1940 tenía sesenta iglesias en todo el sudoeste, a pesar de las deportaciones posteriores a la Gran Depresión. Durante los primeros años estuvo estrechamente relacionada con su iglesia hermana en México, una relación transfronteriza que duró hasta los años ochenta.[37]

Otra denominación que nació indirectamente del Avivamiento de la calle Azusa, y tuvo una temprana presencia latina, fue la Iglesia Internacional del Evangelio Cuadrangular

---

[37] Martínez Guerra y Luis Scott, *Iglesias peregrinas en busca de identidad*, 102.

iniciada por Aimee Semple McPherson. En 1925 tenía clases de escuela dominical en español. Francisco "El Azteca" Olazábal predicó en algunas de las reuniones, y un joven converso que más tarde sería conocido como el actor Anthony Quinn también fue uno de los primeros predicadores. Durante la década de 1920 y la década de 1930, estableció congregaciones en español en el sur de California, Texas y otras partes del sudoeste. Para 1944, había sesenta y tres congregaciones latinas en la Iglesia Cuadrangular.[38]

La Iglesia de Dios (Cleveland, Tennessee) es la denominación pentecostal con la segunda presencia latina más grande en los Estados Unidos en la actualidad. Sus raíces están en los movimientos de santidad del siglo XIX, por lo que es anterior a la calle Azusa. Comenzó su primera congregación en español en Raton, Nuevo México, en 1911. En la Segunda Guerra Mundial había dividido su trabajo entre los latinos en dos regiones principales, una en San Antonio para el ministerio al oeste del río Mississippi, y la otra en Nueva York para trabajar en el este. Debido al crecimiento de las iglesias latinas, continuaría dividiéndose en nuevos distritos a lo largo del siglo XX.

La Iglesia de Dios de la Profecía se separó de la Iglesia de Dios en 1923. No comenzó el ministerio entre los latinos por sí misma, sino que se relacionó con uno de los movimientos pentecostales independientes que se desarrollaron durante los primeros años del pentecostalismo. Las primeras iglesias latinas que más tarde se unirían a la denominación comenzaron como iglesias pentecostales independientes en 1933 alrededor de Riverside, California. Dos pastores, Eduardo Rodríguez y José Jiménez, fundaron varias iglesias en el área y las organizaron en el Movimiento Libre Pentecostal en 1935. Este grupo de iglesias fue invitado a unirse a la denominación en 1945 y se convirtió en el núcleo de sus congregaciones latinas.

En todo el sudoeste, pequeños grupos de iglesias pentecostales latinas se unieron en grupos de iglesias como el Movimiento Libre Pentecostal. Muchos de ellos finalmente se unirían a denominaciones más grandes. Pero, a medida que el mensaje pentecostal se extendió a la comunidad latina, muchos conversos sin credenciales oficiales de las denominaciones existentes comenzarían a predicar y establecer iglesias. Otros abandonarían las iglesias existentes para difundir el mensaje en nuevas áreas. Esto llevaría a muchos más conversos y a un número creciente de minidenominaciones e iglesias independientes.

---

[38] Juan Francisco Martínez, *Los Protestantes: An Introduction to Latino Protestantism in the United States* (Santa Barbara, CA: ABC-CLIO, 2011), 78. Véase también Jim Scott, "Foursquare Hispana—Part 2," *Features*, última actualización 30 de Abril, 2013, http://www.foursquare.org/news/article /foursquare_hispana_part_2; James C. Scott Jr., *Aimee: La gente Hispana estaba en su corazon* (Seattle: Foursquare Media, 2010).

Señales de la Tensión Racial entre los Pentecostales

La relación entre los líderes anglos y los conversos latinos demostró claramente un contraste de poder. En la mayoría de las denominaciones protestantes, las congregaciones latinas dependían financieramente del liderazgo anglo. Ocasionalmente parecía haber tensiones evidentes entre los latinos y los anglos, pero en la mayoría de las denominaciones los latinos tenían poco poder y sus iglesias tendían a ser pequeñas y débiles. Debido al diferencial de poder, la mayoría de los latinos aceptaron el liderazgo de los misioneros anglos.

Esto fue diferente entre los pentecostales. Muchos de los primeros predicadores pentecostales latinos establecieron sus propias iglesias y nunca dependieron del apoyo de anglo. Debido a estos primeros esfuerzos, algunos líderes latinos establecieron redes de iglesias independientes y algunos abogaron por la formación de movimientos liderados por latinos. Algunos de estos permanecieron independientes. Pero la mayoría de los pastores latinos fueron licenciados originalmente para el ministerio por una de las denominaciones existentes o fueron alentados a unirse a ella. Muchos de estos predicadores independientes se unieron a las Asambleas de Dios. Y las AD fue uno de los primeros movimientos pentecostales que autorizó a los misioneros a trabajar entre los latinos. Fue en esta denominación que las tensiones raciales tendrían el impacto negativo más claro.

Aunque muchos predicadores latinos y misioneros anglos de las AD trabajaron entre la gente de habla hispana, finalmente las tensiones de la década de 1920 se enfocaron en el trabajo de tres personas clave. Henry Ball, un misionero en Texas, organizó algunas de las nuevas iglesias y pastores pentecostales independientes bajo las AD. Se hizo famoso por su liderazgo a largo plazo entre los latinos en las AD, donde publicó materiales pentecostales en español, preparó nuevos pastores para el ministerio, y tradujo y compiló el primer himno ampliamente utilizado para las iglesias de habla hispana, *Himnos de Gloria*. Pero también es conocido por sus tensiones con algunos de los líderes latinos de las AD de la primera generación.

Alice Luce fue una líder clave en el trabajo latina de las AD en California. Ella trabajó con otros misioneros para establecer iglesias latinas de las AD en el sur de California. El trabajo que estos misioneros hicieron no fue tan exitoso como en Texas durante los primeros años porque varios grupos pentecostales se enfocaron en la comunidad latina de esa área. Pero ella fue crucial en la creación de LABI en 1926 que ahora está en La Puente, California. Los diversos institutos bíblicos de las AD se convirtieron en una parte crucial de la preparación de pastores y líderes para las iglesias latinas de las AD.

La tercera persona clave en el trabajo latino de las AD fue Francisco "El Azteca" Olazábal. Fue un evangelista mexicano que se convirtió en pastor de las AD en 1918. Predicó en muchas áreas e inició una iglesia y un instituto bíblico en El Paso en 1919. También trabajó en el área de Los Ángeles, predicando y ayudando al ministerio allí. Se convirtió en un líder influyente entre los "mexicanos" y lideró la causa para formar un distrito "mexicano" de las AD. Tanto Ball como Luce querían que los latinos dirigieran sus propias iglesias y se hicieran cargo de sus propios ministerios. Pero ambos se opusieron a las acciones de Olazábal en la práctica. Cuando la mayoría de los pastores latinos votaron para formar su propio distrito en 1922, Ball trabajó con la sede central de la denominación para anular el voto.

Debido al voto anulado, en 1924 un grupo de pastores pentecostales latinos, dirigidos por Olazábal, organizaron el Consejo Mexicano Interdenominacional de Iglesias Cristianas (Pentecostales) que más tarde se convirtió en CLADIC (Concilio Latinoamericano de Iglesias Cristianas) porque otros latinos no mexicanos también se volvieron una parte del movimiento. Algunos de los primeros líderes finalmente regresaron a AD, pero la división demostró el problema muy real entre anglos y latinos, incluso en denominaciones donde los latinos dirigían sus propias iglesias y financiaban sus propios proyectos. No sería hasta 1939 que un latino sería nombrado líder del Distrito Latinoamericano de las AD.[39] Pero las tensiones también serían internas para la comunidad latina. Después de que Olazábal muriera repentinamente en 1937, un grupo de líderes puertorriqueños en Nueva York, que también había sido influenciado por Olazábal, formó la Asamblea de Iglesias Cristianas (AIC) en 1939, separándose de CLADIC. Desde su perspectiva, CLADIC se enfocaba en la población "mexicana" del sudoeste, y ellos decidieron enfocarse en los puertorriqueños del noreste.[40]

El Impacto de la Gran Depresión

Antes de la Gran Depresión hubo un crecimiento lento pero constante en la cantidad de protestantes latinas. Varias denominaciones protestantes comenzaron el ministerio latino durante este período; de hecho, todas las denominaciones que jugarían un papel importante durante el siglo XX. Los movimientos migratorios vinculados a la Revolución Mexicana y la Primera Guerra Mundial aumentaron la población latina, principalmente en el sudoeste. Pero ese flujo migratorio se ralentizó una vez que terminó la Primera Guerra Mundial (1918) y terminó la Revolución Mexicana (1921). Pero la situación que más afectó la migración de México fue el comienzo de la Gran Depresión (1929). Los trabajadores mexicanos que habían ayudado al país durante los años de la guerra ahora se veían como competencia por las pocas oportunidades de empleo existentes. Las tensiones económicas creadas por la Gran Depresión impulsaron un fuerte movimiento nativista en los Estados Unidos. Mucha gente dijo que los hombres blancos deberían tener prioridad a medida que hubieran trabajos disponibles. Varias ciudades y condados aprobaron ordenanzas que hacían virtualmente imposible contratar a mexicano-estadounidenses e inmigrantes mexicanos para proyectos de obras públicas. También

---

[39] Gastón Espinosa, *Latino Pentecostals in America: Faith and Politics in Action* (Cambridge, MA: Harvard University Press, 2014), 164.
[40] Espinosa, *Latino Pentecostals in America*, 268.

presionaron para deportar a los trabajadores extranjeros, en su mayoría mexicanos y mexicano-estadounidenses.

Como resultado, la política del gobierno cambió, y más de quinientos mil mexicanos fueron deportados durante la década de 1930. Esto incluyó un número de latinos que habían nacido en los Estados Unidos. Los métodos de deportación fueron bastante brutales, ya que las personas fueron atrapadas a la fuerza y regresadas a México en vagones, a menudo con poca comida o agua.

El tamaño masivo de la deportación, dado el tamaño de la comunidad latina de ascendencia mexicana en ese momento, tuvo un impacto muy negativo en las iglesias protestantes latinas. Muchas denominaciones perdieron pastores, líderes clave e iglesias en medio de este proceso de deportación. Las AD informaron que perdieron más de cien iglesias latinas durante este período.[41] Otras denominaciones también tuvieron que cerrar iglesias, aunque la mayor parte de la pérdida fue sentida por los pentecostales, que trabajaban entre los más pobres, quienes más probablemente sentirían el impacto directo de las actitudes nativistas.

Pero las deportaciones también expusieron las tensiones raciales que existían entre los protestantes estadounidenses. Las agencias de misiones estaban muy interesadas en evangelizar a los "mexicanos", pero no vieron una relación entre esto y defenderlos cuando sus derechos fueron pisoteados. Henry Ball y otros líderes de las AD informaron que esta actitud hacía difícil que las iglesias evangelizaran entre los latinos. También dijo que el difícil clima socioeconómico hacía difícil para muchos pastores latinos continuar en el ministerio. Se convirtieron en parte de la fuerza de trabajo migrante que buscaba trabajo donde fuera que se pudiera encontrar.

En general, durante este período, los protestantes latinos tenían papeles muy pequeños e insignificantes dentro de sus denominaciones. Debido a que eran una parte tan pequeña de la mayoría de las denominaciones y como la mayoría de las iglesias latinas no pentecostales tenían cierto nivel de dependencia de las iglesias anglosajonas o de las estructuras denominacionales, hubo pocos desafíos directos para las estructuras existentes y sus suposiciones subyacentes. El único lugar donde eso era diferente era entre los pentecostales. Su mensaje de reconciliación y su condición de autosuficiencia creó una dinámica diferente en la que los latinos no podían ser ignorados tan fácilmente. No es de extrañar que en este entorno los problemas del autogobierno latino se desarrollaran por primera vez y las cambiantes realidades económicas de la Gran Depresión crearan la mayor parte de las tensiones.

Entonces, la Gran Depresión creó la primera ralentización en la migración desde México y la primera deportación importante a México. Muchas denominaciones también retrasaron sus ministerios entre los latinos. No sería hasta el nuevo flujo migratorio vinculado con la Segunda Guerra Mundial que estos protestantes recuperarían un sentido de misión a los latinos, particularmente a aquellos en el sudoeste.

---

[41] Espinosa, Latino Pentecostals in America, 156.

Pero los cambios en la economía también crearon el comienzo de un nuevo movimiento migratorio entre los latinos estadounidenses. La migración temporal o cíclica se convertiría en un patrón de vida para muchos latinos de comunidades pobres de todo el sudoeste, con personas del sur de Texas y del norte de México, en particular.

Este tipo de migración definiría la vida de generaciones de familias que siguieron trabajos agrícolas en todo el sudoeste y en el noroeste del Pacífico. Estos patrones afectarían a muchas familias. Pero también querrían decir que el ministerio tenía que hacerse de nuevas maneras. Eventualmente, muchas de estas familias migrantes se establecieron en nuevas partes de los Estados Unidos, lugares donde las oportunidades laborales parecían brindar un futuro económico más prometedor.

¿Quiénes son los Protestantes Latinos al Iniciar la Segunda Guerra Mundial?

Durante las primeras cuatro décadas del siglo XX, el número de denominaciones protestantes que trabajaban entre los latinos continuó expandiéndose. Los pentecostales también ya estaban trabajando, pero a menudo no eran "vistos" por líderes protestantes de otras denominaciones. A medida que crecía la cantidad de iglesias y ministerios, diferentes informes demostraron que la cantidad de protestantes latinas estaba creciendo, incluso si eran una pequeña minoría en la población latina y una minoría aún menor en sus denominaciones. Algunos informes están detallados por denominación, por lo que uno puede averiguar si una determinada denominación falta en la lista. Pero otros informes son más generales, lo que limita la utilidad de la información. No obstante, estos informes apuntan a un crecimiento lento pero constante entre los protestantes latinos.

Como se dijo anteriormente, el informe más completo del protestantismo latina durante este período es *The Northern Mexican*, de Robert McLean. El informe demuestra que la comunidad protestante latina no era muy grande, incluso como porcentaje de la población latina. Y en general, los latinos seguían siendo una población invisible a fines de la década de 1930. La mayoría estaban en huecos aislados de población, como el sur de Texas, el norte de Nuevo México o las regiones fronterizas, donde no son "vistas", o son una pequeña porción de la población de ciudades más grandes, como Los Ángeles o Nueva York.

Las iglesias protestantes latinas que se estaban desarrollando en este momento estaban fuera de los ámbitos de influencia en el protestantismo. La mayoría de los protestantes latinos eran pobres y sus congregaciones dependían en gran medida del apoyo denominacional. Las principales excepciones fueron los pentecostales latinos. Si bien las denominaciones protestantes estaban desarrollando estructuras eclesiásticas que intentaban parecerse a la cultura dominante y eran difíciles de mantener por parte de los latinos pobres, los pentecostales desarrollaron estructuras que eran financieramente autosuficientes desde el principio. Los líderes con educación teológica formal limitada a menudo lideraron estas iglesias. Esto limitó el impacto de dichos líderes, pero facilitó que las iglesias encontraran pastores. Esta diferencia hizo más fácil para los pentecostales evangelizar y establecer nuevas iglesias.

Identidad Latina y Convicciones Protestantes

Para esta época existe suficiente registro histórico para poder comenzar a ver los contornos del protestantismo latino a través de los rostros de sus líderes clave. Esta es la primera generación de la cual tenemos más registros escritos, incluidos libros, artículos y testimonios. Aunque están vinculados a muchas tradiciones denominacionales, tienen en común la experiencia de un encuentro personal con Dios, excluidos por su fe por parte de la mayoría católica latina y la vivencia de su fe como parte de una comunidad doblemente marginada. Las historias de conversión comienzan a tomar un par de diferentes formas durante este período. Por un lado, continuaron las historias de conversión a través de la lectura de la Biblia o de la predicación de la Biblia. Por otro lado, los avivamientos pentecostales ponen un mayor énfasis en un encuentro directo con Dios, a menudo relacionado con la sanación física o psicológica y una experiencia de éxtasis, como hablar en lenguas. Estas experiencias pentecostales capacitaron a las personas para predicar el evangelio a otros y para hacer grandes sacrificios para llevar su mensaje a la gente. Pero las experiencias pentecostales también atrajeron a algunas personas de una forma de protestantismo a la fe pentecostal, tal como lo hicieron en el mundo de habla inglesa. Aunque la mayoría de los conversos pentecostales latinos habían abandonado el catolicismo, algunos eran de otras tradiciones protestantes. También hubo casos de movimiento de una denominación protestante a otra.

La realidad de ser una comunidad doblemente marginada se destaca durante este período. Las agencias misioneras protestantes hicieron cada vez más esfuerzos para evangelizar a los latinos, y sus esfuerzos produjeron algunos resultados. Pero las actitudes nativistas significaban que los angloprotestantes no siempre aceptaban a los latinos. También había una clara sensación de que los latinos no podían dirigir sus propias iglesias, por lo que siempre se los veía como dependientes del liderazgo anglosajón. Esta tensión racial se veía en todo el mundo protestante, incluso entre los pentecostales, donde los latinos tenían más voz en sus propias iglesias.

La conversión al protestantismo continuó creando tensiones con la mayoría católica en las comunidades latinas. Si bien hubo ataques directos ocasionales contra los protestantes latinos o sus iglesias, no hubo mucha persecución directa en los Estados Unidos, como había habido en el siglo XIX y como había continuado en algunas partes de América Latina. Sin embargo, el costo social de convertirse en un creyente protestante continuó fuertemente durante este período; significó ser marginado en la comunidad latina por ser protestante y entre los protestantes por ser latina.

No obstante, los conversos protestantes estaban convencidos, al igual que los misioneros, de que el mensaje del Evangelio haría un cambio espiritual en sus vidas y un cambio social en la comunidad latina. A pesar de que habían comenzado en circunstancias simples y primitivas, pudieron hacer grandes avances debido al impacto del evangelio en cambiar vidas y elevar los niveles de vida de los conversos.

José Celestino Rodríguez era originario de Nuevo México. Fue parte de la última clase de graduados del Colegio del Sudoeste [College of the Southwest] en Del Norte, Colorado.[42] Se mudó al sur de California antes de 1920, donde se unió a otros pastores presbiterianos de México y otras partes del sudoeste para liderar el creciente número de iglesias presbiterianas latinas en la región. Los presbiterianos del sur de California pudieron crecer durante este período debido a la migración desde México y, en menor medida, desde Nuevo México y Texas. Rodríguez pastoreó varias iglesias en el área hasta que se retiró en 1941.

Uno de los primeros pastores Adventistas del Séptimo Día, **Marcial Serna**, había sido pastor metodista antes de convertirse a la fe adventista en 1899. Fue pastor en Tucson, Arizona, y se le acercaron colportores adventistas que no hablaban español. A través de una serie de conversaciones, incluyendo un debate público, Serna se convenció de que el sábado era el día de descanso y que debería convertirse en un adventista del séptimo día. Se convirtió en el primer converso bautizado en la región. En 1900 se convirtió en ministro licenciado y, hasta su muerte en 1935, fundó varias iglesias latinas en varias partes del sudoeste. Jugó un papel clave en el desarrollo temprano de los adventistas entre los latinos en el sudoeste, y es un ejemplo de alguien que se convirtió del catolicismo a una forma de fe protestante y luego, más tarde, a una forma diferente de protestantismo.[43]

El papel de **Francisco "El Azteca" Olazábal** como un líder latino pentecostal temprano necesita ser enfatizado. Se crió como metodista en México y emigró a los Estados Unidos cuando era joven. Después de un período de rebelión, regresó a la iglesia y se preparó para el ministerio como pastor metodista. Pastoreó varias congregaciones en los Estados Unidos y fue ordenado al ministerio metodista en 1916. Una pareja que lo había ayudado a comprometerse con el ministerio metodista asistió a la Misión de la calle Azusa y se convirtió en pentecostal. Se volvieron a contactar con Olazábal en 1917 y oraron por su esposa enferma, Marina. Ella fue sanada y tuvieron una experiencia pentecostal. Fue ordenado al ministerio de las AD en 1918. Olazábal fue un evangelista dinámico que predicó en muchas partes de habla hispana de los Estados Unidos. Lideró los esfuerzos para tener un liderazgo latino en las AD. Sus acciones llevaron a una división con las AD, aunque siguió influenciando el pentecostalismo latino hasta su muerte en 1937. Predicó en muchos países e influyó en el desarrollo de iglesias y movimientos pentecostales dirigidos por latinas. Muchos de sus discípulos llegaron a ser líderes en varias denominaciones pentecostales, incluidas las AD. Se le puede llamar legítimamente el líder protestante latino más influyente de su generación.

---

[42] Barber y Agnew, *Sowers Went Forth*, 68.
[43] Vasquez, *La historia aun no contada*, 31–35.

Romana Carbajal de Valenzuela fue una de las primeras conversas dentro del hilo apostólico unicitario del pentecostalismo. Ella tuvo una experiencia pentecostal en el sur de California y se convirtió en predicadora del mensaje pentecostal. El mensaje tuvo tal influencia en su vida que regresó a México para predicarle a su familia. Un número de miembros de la familia y otros se convirtieron. Como mujer, no podía pastorear una congregación. Entonces ella trabajó con un ministro metodista convertido que había sido bautizado en el nombre de Jesús y luego se convirtió en el pastor de la congregación que ella había comenzado. Fue a través de su trabajo evangelístico que la Iglesia Apostólica de Fe en Cristo Jesús se desarrolló en México. Su predicación también condujo a la conversión de los pentecostales que se unieron a otros movimientos. Ella es particularmente importante porque predicó y evangelizó, y fue un personaje clave en la fundación de una denominación que no ordenaba mujeres.[44]

Uno de los primeros libros escritos por un "mexicano" sobre el protestantismo latino en los Estados Unidos fue *Bosquejo histórico del Metodismo Mexicano* de Pablo García Verduzco, publicado en 1933. El reverendo García representa el período en el cual la Iglesia Metodista Episcopal (MEC) del Sur trabajó en ambos lados de la frontera entre Estados Unidos y México, utilizando conferencias transnacionales para supervisar el trabajo. García nació en México pero escuchó el mensaje protestante en la ciudad fronteriza de Eagle Pass, Texas. Luego fue ordenado para el ministerio en Texas pero sirvió en algunas iglesias en México. De sus cuarenta y cinco años de ministerio ordenado, treinta y siete fueron en iglesias en Texas. Curiosamente, su primera esposa era mexicano-estadounidense. Después de su muerte, se volvió a casar, esta vez con una mujer anglosajona. La visión y la realidad del ministerio metodista transnacional fueron vividas por **Pablo García Verduzco**.[45]

Los primeros trabajos de la Iglesia del Nazareno entre los latinos incluían a dos mujeres clave, una convertida y la otra misionera (Maye McReynolds). **Santos Elizondo** viajó a Los Ángeles en 1905 para recibir tratamiento por una enfermedad. Mientras estuvo allí escuchó el evangelio y se convirtió a través del ministerio de McReynolds. Ella intentó predicar a su familia en Arizona pero fue rechazada. En 1907 regresó con su esposo en El Paso. Él abusó físicamente de ella para intentar que ella se retractara y regresara al catolicismo, pero luego también se convirtió. Trató de presentar su testimonio en las iglesias existentes, pero se le dijo que no podía hablar porque era mujer. Sin embargo, ella sintió que Dios la llamaba a predicar, y entonces comenzó a predicar en las calles. A través de su trabajo pionero, la primera congregación de nazarenos latinos en Texas se inició en El Paso. Luego cruzó la frontera hacia Ciudad Juárez, donde comenzó un hogar para niños y luego otra congregación. Ella continuó predicando y sirviendo en el área por el resto de su vida.

---

[44] "Nuestra Historia," Iglesia Apostolica de la fe en Cristo Jesús, A.R., consultado el 14 de Abril, 2017, http://www.iafcj.org/conócenos#historia

[45] Garcia Verduzco, *Bosquejo histórico del Metodismo Mexicano*, 47–49.

Latinas y Pentecostalismo

El comienzo y el crecimiento del pentecostalismo entre los latinos marcaron un cambio profundo entre los protestantes latinos. Si bien la mayoría del ministerio protestante entre los latinos se basó en modelos de dependencia, el pentecostalismo comenzó a romper esa suposición. Los latinos fueron vistos en la sociedad estadounidense como personas incapaces de asumir la responsabilidad de sus propias iglesias y estructuras. Se suponía que los anglos necesitaban estar a cargo. Sin embargo, los pentecostales latinos se vieron fortalecidos por su encuentro con Dios y comenzaron a asumir plena responsabilidad. Establecieron y sostuvieron sus propias iglesias; evangelizaron a otros por su propia iniciativa y a un gran costo personal; y se convirtieron en agentes culturales reformulando el mensaje pentecostal en su propio idioma.

Uno de los lugares donde la acción cultural se vio más claramente fue en la himnología. Todos los protestantes latinos cantaban himnos traducidos en ese momento, incluidos los pentecostales. Pero los pentecostales los cantaban con guitarras y cambiaban los ritmos de las canciones para que se sintieran "latinas". Más importante aún, los pentecostales latinos comenzaron a escribir sus propios himnos durante este período. Esas canciones viajaron en ambos sentidos a través de la frontera entre México y los Estados Unidos, ya que los pentecostales tomaron su fe con ellos, cambiando el sabor del protestantismo latina.[46]

El título del libro de Ramírez, *Migrating Faith* [Fe Migratoria], es un descriptor apropiado de cómo el protestantismo latino se expandió durante este período. Un pueblo migratorio tuvo encuentros con Dios y comenzó a desarrollar sus propias expresiones de fe protestante en medio de sus migraciones. A medida que migraron, tomaron su fe con ellos y se la predicaron a otros. Este concepto de migración como misión sería crucial a medida que el protestantismo latino avanzara a su siguiente etapa.

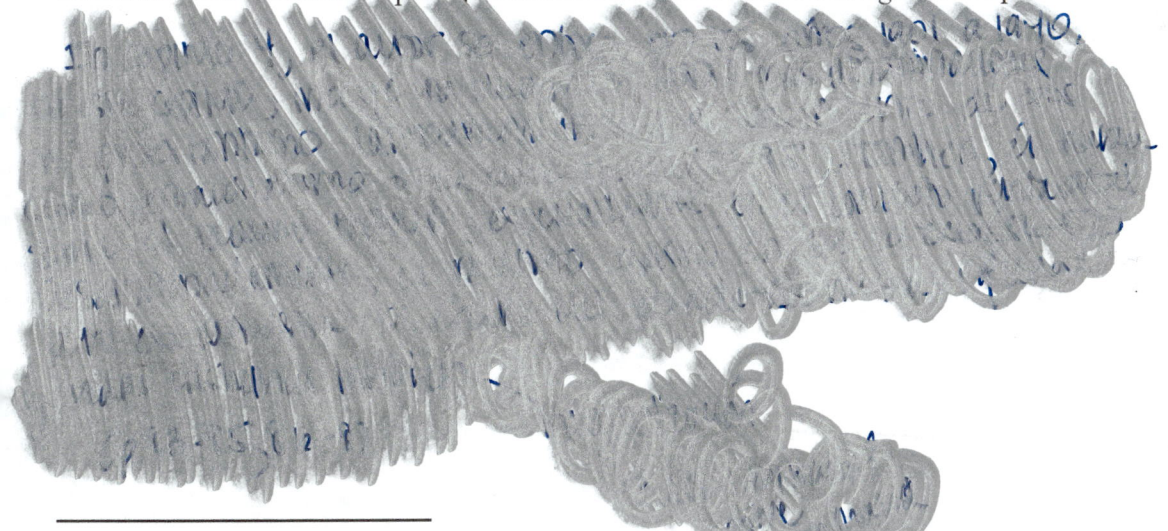

---

[46] Daniel Ramírez, *Migrating Faith: Pentecostalism in the United States and Mexico in the Twentieth Century* (Chapel Hill: University of North Carolina Press, 2015).

CAPÍTULO 5
Trabajadores Inmigrantes, Ciudadanos y Exiliados (1941 – 1964)

El período desde el comienzo de la Segunda Guerra Mundial hasta la ley de inmigración de 1965 vio el comienzo de otra serie de cambios significativos en la comunidad latina. Por un lado, los latinos nacidos en Estados Unidos, incluida la gente de Puerto Rico, lucharon en la Segunda Guerra Mundial y dieron sus vidas por su país. Había un sentimiento creciente dentro de la comunidad latina de que si estaban dispuestos a morir por su país, también deberían obtener los beneficios de la ciudadanía. La ley GI Bill [una ley que se aprobó durante la Segunda Guerra Mundial para ofrecer una serie de beneficios, incluyendo becas, a personas que habían prestado servicio militar] abrió muchas oportunidades de educación para muchas personas, y había una sensación de que las latinas deberían y podrían obtener los beneficios de la ciudadanía. Para estos latinos, significaba utilizar la educación como un medio para convertirse en ciudadanos "buenos" y poder encajar en la sociedad estadounidense. Debido al vínculo histórico entre la evangelización y la americanización entre muchos misioneros protestantes, muchos protestantes asumieron que la educación les daría a los protestantes latinos el potencial de convertirse en ciudadanos modelo. Pero para muchos otros latinos, las posibilidades de un futuro mejor estaban vinculadas a la migración interna. Muchos mexicano-estadounidenses y puertorriqueños se convirtieron en parte de una fuerza de trabajo migrante. Algunos se mudaron a las áreas urbanas mientras que otros se mudaron de un lugar a otro siguiendo las necesidades laborales temporales de la agricultura industrializada. También comenzaron a establecerse en nuevas partes de los Estados Unidos. Pero también estaban en el mismo grupo de trabajo que muchas otras personas que buscaban nuevas oportunidades a través de muchas de las mismas opciones laborales. Algunos de los que buscaban nuevas oportunidades eran nuevos inmigrantes de América Latina. La Segunda Guerra Mundial había creado nuevos patrones migratorios desde América Latina. La necesidad de trabajadores temporales para tomar el lugar de los soldados que iban a la guerra reabrió la puerta a los trabajadores mexicanos a través del Programa Bracero que comenzó cuando Estados Unidos entró en la guerra y continuó hasta 1964. A través de una serie de acuerdos firmados entre los Estados Unidos y México, los trabajadores temporales vinieron al norte, principalmente para trabajar en la agricultura. Pero estos acuerdos no preveían para todos aquellos que querían trabajar en los Estados Unidos. Entonces, este período también vio un aumento en los trabajadores indocumentados y su deportación masiva.

Los trabajadores agrícolas temporales que ingresaron al país presentaron oportunidades de expansión para el ministerio protestante. Pero también plantearon preguntas sobre su tratamiento y sobre qué derechos deberían tener los trabajadores migrantes estadounidenses en relación con los trabajadores temporales. El final de la guerra también vio el comienzo de una importante y constante migración puertorriqueña a los estados de la unión americana, lo que se ha llamado la "Gran Migración", particularmente hacia el noreste. Los que habían sido pequeños enclaves étnicos puertorriqueños en la década de 1930 se convertirían en vecindarios importantes en Nueva York y en otros lugares en la década de 1960. Algunos puertorriqueños también se unirían a las filas de los trabajadores agrícolas a través de una serie de acuerdos gubernamentales.

Los eventos fuera de los Estados Unidos, en los que tuvo un papel, también ayudaron a cambiar el rostro de la población latina, una vez más. La revolución cubana en 1959, que derrocó a una dictadura respaldada por Estados Unidos, y la toma comunista de la isla, se convirtieron en el motivo de la creación del puente aéreo entre La Habana y Miami de la década de 1960 que eventualmente llevó a cientos de miles de cubanos a los Estados Unidos, todos entrando legalmente como refugiados políticos. La invasión estadounidense de Santo Domingo en 1963 creó una situación similar para los dominicanos, aunque el patrón migratorio se desarrolló más lentamente. Cada nueva ola de inmigrantes representaba nuevas oportunidades y desafíos ministeriales para las iglesias protestantes. Y debido al trabajo anterior de la misión protestante en el Caribe, las olas migratorias cubanas y puertorriqueñas también trajeron al primer grupo significativo de protestantes y pastores protestantes latinoamericanos. Muchos de estos inmigrantes se unieron a iglesias existentes, pero muchos se convirtieron en la base de nuevas congregaciones. Estas olas migratorias también proporcionaron una generación de líderes entrenados que tendrían un impacto en las denominaciones protestantes, particularmente las mismas denominaciones que anteriormente habían enviado misioneros a Cuba y Puerto Rico.

El enfoque del trabajo protestante entre las latinas también comenzó a cambiar en este período. Denominaciones históricas, como los metodistas y los presbiterianos, habían reclamado la mayor cantidad de protestantes latinos en el siglo XIX y la primera parte del siglo XX. Pero a medida que los evangélicos y pentecostales expandieron sus ministerios, este equilibrio comenzó a cambiar. Al momento de la ley de inmigración de 1965, las Asambleas de Dios y la Convención Bautista del Sur ocuparon el primer y tercer lugar entre las denominaciones en cuanto a número de miembros latinos, y otras denominaciones pentecostales y evangélicas continuaron en una trayectoria de crecimiento, comenzando a superar las denominaciones históricas en iglesias latinas y miembros.

Históricamente, en la década de 1960 las denominaciones históricas comenzaron una declinación de membresía en los Estados Unidos que continúa hasta nuestros días. Algunas de estas denominaciones continuarían creciendo en número de latinos a medida que aumentara la población latina en los Estados Unidos. Pero eventualmente la declinación de la membresía en estas denominaciones se vería también entre los latinos. También durante la década de 1960, las diferencias en cuanto a la filosofía del ministerio entre los latinos de las iglesias evangélicas y los de las iglesias históricas se volverían más pronunciadas y afectarían adversamente el crecimiento de las iglesias latinas históricas. Los informes sobre el protestantismo latino durante este período tendieron a centrarse en el trabajo de las denominaciones protestantes históricas, pero, poco a poco, los investigadores comenzaron a reconocer la creciente influencia de los evangélicos y pentecostales entre los latinos.

Braceros y los Trabajadores Migrantes

La recesión económica masiva de la Gran Depresión creó el ambiente político que "justificó" la deportación masiva de trabajadores mexicanos, incluidos ciudadanos estadounidenses de descendencia mexicana. Pero la Segunda Guerra Mundial creó una nueva escasez masiva de mano de obra, y Estados Unidos volvió a buscar una solución en el sur. Mediante una serie de acuerdos con el gobierno mexicano, Estados Unidos permitió que los trabajadores temporales mexicanos (comúnmente llamados braceros, "aquellos que trabajan con sus brazos" o "mano de obra") ingresaran al país para llenar una importante brecha laboral, particularmente en el sector agrícola. Estados Unidos trató de abordar la escasez de mano de obra mientras que México esperaba modernizar el estado de los trabajadores rurales mexicanos. Estos trabajadores hicieron parte del trabajo que los soldados reclutados dejaron sin hacer, particularmente en el sudoeste.[1] Aunque el programa se comenzó para ayudar con el esfuerzo bélico y como una forma de participación informal de México en la guerra, la mayoría de los casi cinco millones de trabajadores que participaron en el programa de 1942 a 1964 ingresaron a los Estados Unidos durante la década de 1950, particularmente después de 1954. Durante la década de 1940, los acuerdos no ofrecían suficientes visas para todos los trabajadores que deseaban ingresar al país, ni para satisfacer a todos los empleadores que querían mano de obra mexicana más barata. Entonces, la cantidad de trabajadores indocumentados creció durante el período de guerra, incluso cuando el Programa Bracero permitió que un número significativo de mexicanos ingresara legalmente al país.

Al final de la guerra, había una creciente población mexicana indocumentada en los Estados Unidos. Los intereses agrícolas querían más mano de obra mexicana, por lo que se aprobaron nuevas leyes para renovar el Programa Bracero hasta 1964. Pero mientras el gobierno de los Estados Unidos estaba firmando acuerdos para más trabajadores temporales, también estaba tomando medidas contra los indocumentados. En 1954, Estados Unidos había comenzado otro período de deportaciones masivas de trabajadores

---

[1] Véase Ana Elizabeth Rosas, Abrazando El Espíritu: Bracero Families Confront the USMexico Border (Oakland: University of California Press, 2014), para un análisis del impacto del Programa Bracero en las familias mexicanas.

mexicanos, una política conocida como Operación Mojado.² Las cuentas difieren en cuanto al número de personas deportadas durante esta operación, pero hasta 1.5 millones de personas fueron repatriadas a México. A pesar de esta repatriación, nuevas personas continuaron emigrando de México. Los intereses de la agricultura de los EE. UU. y las necesidades de los trabajadores rurales mexicanos se cruzaron para crear extensiones del Programa Bracero. Pero esos intereses también atrajeron más trabajadores que los permitidos por los diversos programas de trabajadores temporales, por lo que los trabajadores indocumentados continuaron ingresando a los Estados Unidos.

Debido a la naturaleza temporal de su estatus legal, los braceros y los trabajadores indocumentados tendieron a no establecer ninguna raíz en el país. La mayoría de ellos dejaron familias en México, que apoyaron a través de su trabajo en los Estados Unidos. Esperaban mejorar sus vidas ganando ingresos adicionales e invirtiendo en sus vidas en México. Pero veían su futuro en México. Los braceros tenían documentos legales pero muy pocos derechos legales. Su estatus era limitado y dependía de su empleador. Permanecían en los Estados Unidos hasta que su contrato laboral terminara y luego regresaban a México. La mayoría vivía en campos de trabajo y tenía poco tiempo para actividades que no fueran el trabajo. Entonces estos trabajadores no establecieron muchas estructuras, religiosas o de otro tipo. Los misioneros protestantes que ministraron entre ellos se centraron en proporcionar servicios básicos e invitar a las personas a la fe. Pero no esperaban que los braceros estuvieran en el centro de las nuevas iglesias. Las iglesias que se centraron en invitar a las personas a la fe tendieron a alentar a los conversos a llevar su fe a sus comunidades en México. Estos conversos establecieron muchas iglesias nuevas, principalmente pentecostales, en México.

Debido a los intereses en expansión de la agricultura industrial a gran escala, la necesidad de trabajadores migrantes de baja calificación y bajos salarios continuó creciendo durante este período. Los braceros y los indocumentados cumplieron parte de la necesidad. Pero muchas personas nacidas en los Estados Unidos también se unieron a esta fuerza de trabajo, incluidos muchos mexicano-estadounidenses, particularmente del sur de Texas. Estas personas vivían en pequeñas comunidades que no podían proporcionar suficiente trabajo para ellos. Entonces, muchos latinos nacidos en Estados Unidos también se convirtieron en trabajadores agrícolas migrantes. Al igual que sus contrapartes mexicanas, comenzaron como trabajadores migrantes temporales. Siguieron los patrones laborales de la agricultura estacional en los Estados Unidos. Algunos desarrollaron patrones migratorios estacionales regulares, mientras que otros se seguían mudando buscando las mejores oportunidades de trabajo que podrían encontrar.

Los braceros, los inmigrantes indocumentados, los trabajadores migrantes latinos y otras personas pobres de los Estados Unidos estaban en el mismo grupo de trabajo.

---

² "Operation Wetback," *Wikipedia*, última modificación el 2 de Marzo, 2017, https://en.wikipedia.org/wiki/Operation_Wetback.

Debido a que enfrentaron muchos de los mismos desafíos, los esfuerzos ministeriales de los misioneros protestantes hacia ellos fueron similares. Todos eran trabajadores temporales que necesitaban los mismos tipos de servicios de apoyo. Pero también se hizo claro para los misioneros que los trabajadores migrantes y los trabajadores temporales de México eran diferentes en formas significativas y que necesitaban diferentes tipos de apoyo ministerial.

Poco a poco, un número cada vez mayor de trabajadores agrícolas mexicanos y mexico-estadounidenses comenzaron a establecerse permanentemente en las áreas rurales donde trabajaban durante la temporada agrícola. A principios de la década de 1960, había nuevas comunidades latinas en lugares como el Valle de Yakima en Washington, el Valle de San Joaquín en California y en Nebraska, Iowa y otras partes del centro de Estados Unidos. Otros, atraídos por las oportunidades de un mejor empleo y un futuro mejor, emigraron a las ciudades de estas regiones.

Estas personas a menudo compiten con otros trabajadores temporales por trabajos con salarios muy bajos y condiciones de trabajo muy precarias. Los provenientes de México podrían haber considerado esto "tolerable", ya que la mayoría de ellos planeaba regresar a su país de origen, donde vivían en condiciones extremadamente primitivas. Así que los misioneros protestantes comenzaron a darse cuenta de que tenían que dirigirse a cada una de estas comunidades de manera diferente. Algunas de estas nuevas comunidades latinas se establecieron en lugares con poca presencia católica romana. Entonces, el principal apoyo espiritual a menudo provenía de los pastores y misioneros protestantes. Los pastores laicos pentecostales a menudo se encontraban entre los trabajadores migrantes, por lo que rápidamente establecieron congregaciones entre estas comunidades en crecimiento, extendiendo la presencia protestante latina a estas nuevas áreas. Algunas de las denominaciones evangélicas también comenzaron a ministrar en estas comunidades, expandiendo la presencia protestante latina mucho más allá del sudoeste o el noreste.

Las denominaciones vinculadas al Concilio Nacional de Misiones también expandieron su ministerio a estas nuevas áreas. Tenían un enfoque y compromiso más amplios que muchas de las denominaciones pentecostales y evangélicas. Estos trabajadores estadounidenses tenían familias cuyas necesidades tenían que abordar, pero generalmente tenían muy pocos sistemas de apoyo social. Necesitaban algo más que apoyo espiritual temporal. "Los derechos de los migrantes agrícolas domésticos son una preocupación legítima de las iglesias protestantes de América del Norte. El migrante estadounidense es ciudadano de los Estados Unidos; él tiene la responsabilidad de mantener a su familia mientras viaja, y su salario suele ser bajo en comparación con el costo de la vida. Él, en resumen, tiene una amplia gama de necesidades educativas, económicas y sociales". Estos diversos trabajadores a menudo competían por los mismos trabajos, y esto tendía a disminuir los salarios para todos. Los braceros e

---

[3] Jack Taylor, *God's Messengers to Mexico's Masses: A Study of the Religious Significance of the Braceros* (Eugene, OR: Institute of Church Growth, 1962), 20.

indocumentados se encontraban en el fondo del grupo de trabajo, ya que tenían menos derechos. Un lugar donde el ministerio protestante entre las latinas comenzó a tomar una dirección muy diferente, según la orientación teológica de la denominación, era entre los braceros y los trabajadores migrantes. Algunas denominaciones, en su mayoría evangélica y pentecostal, les predicaron y les proporcionaron recursos básicos. Pero algunas organizaciones liberales protestantes (y católicas) plantearon preocupaciones más amplias. Muchos de ellos trabajaban para los derechos de los trabajadores migrantes y se oponían a la ley (Ley Pública 78) que sirvió de base para el Programa Bracero de la década de 1950 porque proporcionaba muy pocos derechos para los trabajadores agrícolas. Algunas organizaciones, como el Ministerio de Migrantes del Consejo Nacional de Iglesias,[4] trabajaron con los trabajadores agrícolas para ayudarlos a organizarse y lidiar con las injustas situaciones de trabajo creadas por el Ley Pública 78. Durante la década de 1950, estos mismos líderes protestantes ayudaron a los organizadores laborales cuando establecieron sindicatos agrícolas y trabajaron contra el Programa Bracero. Algunos de estos esfuerzos servirían como precursores del movimiento de trabajadores agrícolas de la década de 1960.

Las organizaciones protestantes que lucharon por los derechos de los trabajadores podían apelar a la fe religiosa como base para su compromiso, pero no tendían a invitar a las personas a un compromiso de fe. Como la mayoría de los latinos eran católicos, como mucho fueron invitados a recurrir a su compromiso de fe existente. Entonces, mientras algunos grupos históricos luchaban contra el Programa Bracero, otras iglesias y ministerios trabajaban con los trabajadores y los invitaban a un compromiso de fe. Muchos de estos conversos regresarían a México como protestantes (a menudo pentecostales) y se convertirían en el núcleo de nuevas iglesias en sus comunidades de origen.[5]

Por otro lado, los braceros también tenían necesidades espirituales y sociales específicas.

> El bracero está en una situación única…. El bracero estará en nuestro país por poco tiempo y luego regresará a su tierra natal…. Las necesidades y desafíos de los braceros son básicamente espirituales. El bracero es una persona sin verdaderos fundamentos cristianos. Su fe y su confianza están en las formas, ceremonias, ritos e ídolos de un catolicismo romano cristo-pagano…. Como un extraño en un país extranjero alejado de su familia y de su entorno que lo había reforzado en esta fe vacía, busca seguridad…. Estos braceros pueden tener la

---

[4] Leo Grebler, Joan W. Moore, y Ralph C. Guzman, *The Mexican-American People: The Nation's Second Largest Minority* (New York: Free Press, 1970), 501.

[5] Debido a que mis padres se convirtieron en pastores en el sur de Texas hacia el final del período bracero, personalmente tuve la oportunidad de ir a la iglesia con braceros. La iglesia donde pastorearon mis padres celebró reuniones enfocadas en la comunidad bracera.

paz y la confianza de un corazón limpio y una conciencia pura ante Dios…. Esto es lo más importante que la iglesia tiene para ofrecer a estos extraños.[6]

Hay muchos estudios sobre las condiciones que enfrentaban los braceros y su impacto en la economía de los EE. UU. pero los estudios de sus perspectivas religiosas son más limitados. Claramente, ellos no tendieron a establecer sus propias iglesias, ya que eran trabajadores temporales y la mayoría volvió a México. Pero ellos llevaron su fe con ellos. Aunque la gran mayoría eran católicos, un número creciente fueron protestantes o se convirtieron en protestantes durante su estadía en los Estados Unidos o, al menos, desarrollaron una actitud más positiva hacia el protestantismo. Algunos de ellos se unieron a las iglesias existentes cuando regresaron, mientras que otros comenzaron nuevas congregaciones. Pero incluso aquellos que no se convirtieron en protestantes (la gran mayoría) tendían a tener una visión más positiva del protestantismo cuando regresaban a sus comunidades.

Migración Hacia el Noreste y Otros Lugares

Mientras una ola se movía al norte y al oeste desde México, otra comenzó después de la Segunda Guerra Mundial desde Puerto Rico. El hecho de que fueran ciudadanos estadounidenses hizo que a los puertorriqueños les fuera más fácil llegar a los estados de la unión americana. Los soldados de la isla habían servido en la guerra, y habían visto el continente y se sintieron atraídos por sus promesas. Contratistas de trabajo hicieron un reclutamiento en la isla para oportunidades de empleo en Nueva York. De 1940 a 1950, la población puertorriqueña que se trasladó a los Estados Unidos se cuadruplicó en tamaño, y luego lo hizo nuevamente de 1950 a 1960. Había alrededor de setenta mil puertorriqueños en los Estados Unidos en 1940. En 1960 la población había llegado a casi novecientos mil.[7] Este crecimiento continuaría con nuevas olas migratorias y con más y más personas de ascendencia puertorriqueña nacidas en los Estados Unidos. Este patrón continuaría durante el resto del siglo XX y en el siglo XXI.

En 1947, el gobierno puertorriqueño creó el Programa de Trabajo Agrícola para ayudar a los trabajadores agrícolas de la isla a encontrar trabajo en los Estados Unidos, particularmente los campesinos sin tierra. Conjuntamente con el gobierno de EE. UU., ésto creó un programa de trabajo temporal no muy diferente al Programa Bracero. Estos trabajadores eran comúnmente conocidos como los tomateros, aunque laboraban en varios tipos de trabajos agrícolas. En su apogeo en 1968, más de veintidós mil

---

[6] Taylor, *God's Messengers*, 21–22.
[7] Carmen Teresa Whalen, "Colonialism, Citizenship, and the Making of the Puerto Rican Diaspora: An Introduction," en *Puerto Rican Diaspora: Historical Perspectives*, ed. Carmen Teresa Whalen y Victor Vazquez-Hernandez (Philadelphia: Temple University Press, 2005), 3.

trabajadores agrícolas de temporada se mudaron de la isla para satisfacer las necesidades de mano de obra agrícola en todo el noreste.[8] La gran mayoría de los migrantes de este período se establecieron en Nueva York, dando lugar al término *nuyoricans* para describir a los puertorriqueños que nacieron o vivieron en el continente. Pero en la década de 1950 también había comunidades puertorriqueñas en otras partes del noreste y el medio oeste. Las más grandes se desarrollaron en Filadelfia, Chicago y otras ciudades de la región. Algunos de estos puertorriqueños trajeron su fe e iglesias con ellos, mientras que los protestantes también expandieron sus esfuerzos ministeriales en este segmento creciente de la comunidad latina.

Debido a que los puertorriqueños eran ciudadanos estadounidenses por nacimiento y Puerto Rico era territorio de los EE. UU., los puertorriqueños podían mudarse libremente a cualquier lugar de los Estados Unidos. Entonces ellos no eran inmigrantes en el sentido legal del término. Pero claramente algo era diferente, y esa diferencia se reflejó en cómo eran percibidos cuando se mudaron a Estados Unidos. Debido al estado único de la isla, fueron considerados inmigrantes en la comprensión popular del término. Este nuevo grupo agregó una nueva cara a la población latina. Pero debido a que, a diferencia de la mayoría de los inmigrantes latinos, no necesitaban una visa para ingresar a los Estados Unidos, también eran únicos dentro de la comunidad latina.

La población puertorriqueña continuó expandiéndose rápidamente, pero sus patrones migratorios siguieron una lógica ligeramente diferente, dependiendo de la situación política y económica en la isla y las oportunidades en los Estados Unidos. La mayor parte de la población se encontraba en Nueva York, por lo que es donde se ubicaron la mayoría de los esfuerzos del ministerio protestante. Había iglesias protestantes puertorriqueñas y ministerios en toda la población de la diáspora puertorriqueña. Pero fue el protestantismo latino en Nueva York el que recibió la mayor atención, así que esa es el área de la que más sabemos.

Comunidades Exiliadas y Otros Rostros de la Realidad Latina

La Revolución Cubana (1959) creó un puente migratorio desde Cuba hacia los Estados Unidos, particularmente hacia el sur de Florida. Hubo alguna migración de Cuba a los Estados Unidos antes de ese momento, pero los cambios provocados por el régimen de Castro crearon un flujo de refugiados. Estados Unidos abrió la puerta para recibir a todos los que querían abandonar la nación ahora comunista, y se estableció un puente "aéreo" entre Cuba y Estados Unidos que continuó durante la mayor parte de los años

---

[8] Jorge Duany, "The Puerto Rican Diaspora to the United States: A Postcolonial Migration" (ponencia presentada en el taller sobre Inmigración Poscolonial y Formación de Identidad en Europa desde 1945: Hacia una Perspectiva Comparativa, Instituto Internacional de Historia Social, Amsterdam, 7 de Noviembre, 2008), 3, https://centropr.hunter.cuny.edu/sites/default/files/past_events/Jorge_Duany_Puerto_Rican_Diaspora.pdf.

sesenta. Los Estados Unidos dieron a aquellos que huían un estatus legal inmediato y les proporcionaron apoyo financiero y educativo. Durante los siguientes quince años, más de quinientos mil cubanos se establecieron en el Gran Miami. Otros se fueron a otros lugares en los Estados Unidos, estableciendo importantes comunidades cubanas en lugares como Nueva Jersey y el sur de California.⁹ Muchas de las primeras personas que llegaron se vieron a sí mismos como exiliados, personas que esperaban regresar pronto a Cuba una vez que el régimen de Castro fuera derrocado. Muchos en la primera ola de la década de 1960 pertenecían a las clases media y alta y tenían una educación elevada. Además, muchos cubanos que tenían fuertes compromisos de fe se fueron debido a la dirección antirreligiosa que tomó la revolución.

Los exiliados cubanos representaban nuevas oportunidades de ministerio para las denominaciones protestantes, pero entre estos exiliados había pastores y líderes educados y experimentados que ya estaban preparados para el ministerio y el servicio religioso. Incluso cuando los cubanos cambiaron el rostro de Miami, también tuvieron un impacto significativo en los ministerios protestantes entre las latinas. Varias denominaciones históricas y grupos eclesiales, como los metodistas, los presbiterianos y de los Discípulos de Cristo, recibieron muchos pastores ordenados de la isla que comenzaron nuevas iglesias y pasaron a ser pastores de las existentes. Algunos eventualmente tomaron posiciones de liderazgo en sus denominaciones. Como ya tenían educación en el seminario y algunos ya estaban ordenados, se convirtieron en una bendición para las denominaciones que tenían altos requisitos para la ordenación y les resultaba difícil preparar suficientes líderes para sus ministerios latinos. Pero debido a que vinieron con más educación y habilidades de liderazgo, eventualmente fueron sobrerrepresentados como líderes en iglesias protestantes latinas. Su impacto se sentiría principalmente después de 1965 (ver el próximo capítulo), pero su presencia comenzó a influir durante el período cubierto por este capítulo.

Una ola más pequeña de exiliados comenzó a llegar a los Estados Unidos en 1963 desde la República Dominicana, como parte del proceso para poner fin a las tensiones políticas allí. Muchos se establecieron en la ciudad de Nueva York. Su impacto se sentiría principalmente en la última parte del siglo XX a medida que la comunidad continuara creciendo. Pero debido a que los inmigrantes anteriores habían ingresado al país legalmente como exiliados, utilizaron las leyes de reunificación familiar para traer a otros a los Estados Unidos legalmente, por lo que no hay una gran cantidad de dominicanos indocumentados en los Estados Unidos.¹⁰

---

[9] "Cuban Americans," Wikipedia, última modificación el 15 de Marzo, 2017, https://en.wikipedia.org /wiki/Cuban_Americans

[10] Chiamaka Nwosu y Jeanne Batalova, "Immigrants from the Dominican Republic in the United States," Migration Policy Institute, Julio 18, 2014, http://www.migrationpolicy.org /article/foreign-born-dominican-republic-united-states.

Los refugiados cubanos y, en menor medida, los dominicanos proporcionaron otro tipo de cambio al rostro de la comunidad latina. La ley y la práctica de inmigración favorecieron a los cubanos. La gran mayoría, hasta el día de hoy, recibe el estatus de refugiado inmediato cuando aterriza en suelo estadounidense. Reciben apoyo social a medida que se establecen en el país. Como la mayoría de ellos también tenían más educación que otros latinos, pudieron aprovechar estos beneficios para establecerse rápidamente en los Estados Unidos. Debido a la recepción favorable, tendieron a interpretar su experiencia en EE. UU. mucho más positivamente que otros latinos que no calificaron para el estatus legal o que trabajaron en circunstancias muy desfavorables.

La migración de personas educadas, de clase media y alta de América Latina también influyó en el ministerio protestante y cambió el rostro de muchas iglesias latinas. A lo largo del siglo XIX y la primera parte del siglo XX, la suposición implícita, y a menudo explícita, de los misioneros protestantes fue que el ministerio de los latinos era un ministerio para los pobres y en su mayoría incultos. Muchos de los primeros exiliados cubanos fueron educados y pudieron desempeñar un papel importante en Florida tan pronto como llegaron. Necesitaban apoyo inicial para establecerse en los Estados Unidos, pero el gobierno de los Estados Unidos se lo proporcionó. Debido a que estaban comenzando desde una perspectiva muy diferente a la de la mayoría de las latinas, sirvieron para diversificar la comunidad latina de los EE. UU. y para cambiar la forma en que los protestantes pensaban sobre el ministerio en la comunidad latina. Los cubanoamericanos pronto liderarían sus propias congregaciones, en denominaciones históricas y evangélicas, y expandirían su base de liderazgo entre las denominaciones a las que pertenecían en Cuba.

El Protestantismo Latino en el Noreste

Los misioneros protestantes y los plantadores de iglesias siguieron la expansión de los inmigrantes puertorriqueños en el noreste después de la Segunda Guerra Mundial. El pequeño número de iglesias protestantes que existían antes de la guerra aumentó enormemente en proporción al rápido crecimiento de la comunidad puertorriqueña. Las denominaciones estadounidenses expandieron su ministerio entre los recién llegados, al igual que los grupos pentecostales. Además, varios nuevos grupos latinas pentecostales nacieron durante este período.

Los protestantes también migraron en número creciente, incluidos pastores y líderes que establecieron iglesias o se convirtieron en los líderes de las nuevas congregaciones. Los pastores de muchas de las iglesias pentecostales establecidas en Nueva York se habían formado en la isla y habían comenzado su ministerio allí. Los misioneros comenzaron la mayoría de los otros ministerios protestantes. Pero la isla también proporcionó pastores y líderes para las iglesias de las denominaciones con sede en los Estados Unidos que tenían presencia en Puerto Rico. Las denominaciones históricas que habían comenzado ministerios en la isla recurrieron a pastores y líderes experimentados que se habían desarrollado en las iglesias de allí para servir como pastores y como líderes dentro de las estructuras denominacionales. Este patrón continuaría a lo largo del siglo XX.

Las crecientes oportunidades de ministerio también dieron nacimiento a nuevos movimientos y denominaciones. El más grande que se desarrolló durante este período nació indirectamente a través del trabajo de las AD. Esa denominación había comenzado a funcionar en Puerto Rico y estableció la Iglesia de Dios Pentecostal. Esa denominación envió trabajadores a Nueva York, y las iglesias que estableció se unieron al Distrito Latino local de las AD. Una de esas iglesias, La Sinagoga, se inició en 1925. El reverendo Albelardo Berríos, que había sido pastor en Puerto Rico, fue llamado a pastorear esa iglesia en 1951. En medio de los debates sobre el estado de Puerto Rico y su relación con la sede de las AD en Estados Unidos, las iglesias puertorriqueñas en Nueva York a menudo tenían más afinidad con la iglesia en Puerto Rico que con las AD. En 1954 Berrios llevó su iglesia y algunas otras congregaciones a formar el Concilio Latinoamericano de la Iglesia de Dios Pentecostal de Nueva York (CLANY). Frederick Whitam, escribiendo en 1962, informó que CLANY tenía treinta y dos iglesias y 2,350 miembros adultos.

Las tensiones que se estaban gestando en ese momento se referían a la sede de las AD en Estados Unidos y su relación con las iglesias puertorriqueñas. ¿Deberían las iglesias en Puerto Rico ser tratadas como una iglesia "nacional" y convertirse en una denominación "hermana" de las AD de Estados Unidos, o deberían convertirse en un distrito dentro de las AD de Estados Unidos? Las implicaciones de esta decisión fueron muchas, incluido el papel que tendrían las iglesias puertorriqueñas entre los puertorriqueños que emigraban a los Estados Unidos. Si formaban un distrito de EE. UU., cualquier iglesia o distrito de la unión americana necesitaría unirse al distrito local y los pastores necesitarían transferir sus credenciales a ese distrito. Pero si los puertorriqueños fueran una iglesia nacional, podrían enviar a sus pastores y misioneros a formar iglesias entre los nuevos inmigrantes y esas iglesias podrían mantener vínculos con la isla. Otro tema involucró la eclesiología, con las AD de EE. UU. siguiendo un modelo congregacional y la iglesia puertorriqueña usando un modelo episcopal.

Debido a las tensiones con los líderes de las AD en los Estados Unidos, la mayoría de las iglesias en Puerto Rico finalmente decidieron convertirse en su propia denominación, y en 1957 se organizaron como la Iglesia de Dios Pentecostal, Movimiento Internacional (a menudo referido como MI). Sin embargo, algunas iglesias en Puerto Rico se quedaron con las AD, creando lo que eventualmente se convirtió en un distrito de las AD. CLANY mantuvo vínculos fraternales con las iglesias en Puerto Rico, pero nunca se unió a la nueva denominación. Eventualmente, MI comenzó a enviar pastores para organizar iglesias entre la población puertorriqueña y en otros lugares. Así que, hoy hay iglesias de las AD en Puerto Rico vinculadas a iglesias en el continente, e iglesias CLANY y MI en varias partes de los Estados Unidos. El estado poco claro de Puerto

Rico, combinado con el nacionalismo, las diferencias culturales y los diferentes estilos de liderazgo, creó dos nuevas denominaciones latinas dentro del pliegue pentecostal.[11]

El informe publicado más completo sobre el protestantismo latino en Nueva York apareció en *Christian Century* en 1962. En " New York's Spanish Protestants", Frederick Whitam informó sobre el crecimiento del protestantismo entre la población de habla hispana, en su mayoría puertorriqueña. El subtítulo describe la creciente influencia de esta población: "They Constitute a Community Not Peripheral and Transitory, but Vigorous and Firmly Established" [Constituyen una Comunidad no Periférica y Transitoria, sino Vigorosa y Firmemente Establecida]. El artículo describe el crecimiento de la comunidad protestante, que está estrechamente relacionada con la migración de puertorriqueños a la región. La cantidad de iglesias refleja el crecimiento. En 1937 había 55 iglesias protestantes hispanoparlantes en Nueva York, y en 1960 había 430.[12]

Este informe incluye información significativa sobre el ministerio protestante entre la población puertorriqueña, incluidos diferentes modelos de ministerio. Whitam menciona iglesias y ministerios hispanoparlantes en congregaciones e iglesias de habla inglesa que tenían miembros latinas. Según Whitam, las más exitosas, por mucho, eran las congregaciones hispanoparlantes. Alrededor de la mitad del artículo describe el número creciente de congregaciones pentecostales. Más de la mitad de las iglesias latinas en Nueva York (240) eran pentecostales, y las iglesias más grandes pertenecían a una de las denominaciones pentecostales. La iglesia latina más grande era Juan 3:16 en el Bronx, con setecientos miembros.[13] Aunque él no es pentecostal, Whitam reconoce que las iglesias que estaban creciendo más, que tenían el liderazgo local más fuerte y que eran autosuficientes eran las iglesias pentecostales.

Al final del artículo, Whitam señala una pregunta que continuará impactando a las iglesias protestantes latinas a medida que conducen con éxito a las personas hacia la fe y hacia un mejor estilo de vida.

> El protestantismo hispano ha agregado una dimensión nueva y vigorosa al protestantismo en Nueva York. Sin embargo, su futuro no está claro. A medida que aumente la proporción de puertorriqueños en la ciudad, el liderazgo será asumido cada vez más por los miembros del grupo, como lo asumieron en el pasado los hijos de inmigrantes italianos e irlandeses. Entonces, el protestante puertorriqueño se enfrentará no tanto a los persistentes problemas de la vivienda inadecuada y la discriminación racial como a los problemas engañosos de su progreso como ciudadano. Luego buscará descubrir si su religión es

---

[11] Véase Gastón Espinosa, *Latino Pentecostals in America: Faith and Politics in Action* (Cambridge, MA: Harvard University Press, 2014), 240–60.

[12] Frederick L. Whitam, "New York's Spanish Protestants," *Christian Century* 79, no. 6 (February 7, 1962): 162.

[13] Whitam, "New York's Spanish Protestants," 162.

relevante para las experiencias a las que da lugar su cambio de estatus. Y se le puede pedir que descubra su relevancia para los problemas de los nuevos inmigrantes que provienen de tierras aún no determinadas para trabajar en los empleos que sacaron a sus padres de sus hogares en la isla.[14]

Whitam plantea un problema importante relacionado con las necesidades cambiantes de la comunidad y cómo las iglesias protestantes responderán efectivamente a ellas, si en realidad lo hacen. Pero él actúa desde la perspectiva de la asimilación, sin tomar en cuenta tanto la migración constante de la isla como el racismo estructural que ha dificultado que los puertorriqueños asuman el liderazgo dentro de la ciudad. Sin embargo, la pregunta es crucial. ¿Cómo responderían las iglesias establecidas por los inmigrantes a los nuevos inmigrantes y las realidades cambiantes de sus miembros?

Aunque la mayoría de los puertorriqueños ingresaron a la Gran Nueva York, otros se establecieron en el noreste. Las iglesias protestantes también establecieron ministerios entre esta población, aunque hay información limitada sobre iglesias y ministerios fuera de la Gran Nueva York durante este período. Pero a fines de la década de 1950, había iglesias protestantes puertorriqueñas donde nuevos inmigrantes se habían establecido en el noreste.

El Crecimiento del Protestantismo Latino Hasta 1964

La migración alimentó el crecimiento de la comunidad latina después de la Segunda Guerra Mundial y fue una de las fuentes clave del crecimiento de los protestantes latinos. Pero un número cada vez mayor de católicos nominales también fueron llevados al redil protestante, tanto en los Estados Unidos como en América Latina. Los esfuerzos de evangelización de pastores protestantes, líderes laicos y misioneros en los Estados Unidos y en América Latina crearon pequeños pero claros cambios demográficos. A principios de la década de 1960, el protestantismo latino ya estaba desarrollando una identidad distintiva que era diferente del protestantismo estadounidense en general. Las "sectas guerrilleras" de las cuales se había quejado el Concilio Nacional de Misiones (ver el capítulo anterior) estaban ganando muchos más conversos que las denominaciones protestantes históricas. Los protestantes latinos ya eran más evangélicos y más pentecostales que la población protestante estadounidense, aunque la mayoría de los líderes en denominaciones históricas y estructuras eclesiásticas aún no habían comprendido completamente el alcance de esta diferencia, como se refleja en los pocos informes existentes sobre el protestantismo latino durante este período. Hay un gran estudio publicado sobre los protestantes "hispanos" durante este período. En el libro *The Mexican-American People: The Nation's Second Largest Minority* [El Pueblo Mexicano-estadounidense: la Segunda Minoría más Grande de la Nación] de los autores Leo Grebler, Joan Moore y Ralph Guzmán se incluye un capítulo sobre protestantes

---

[14] Whitam, "New York's Spanish Protestants," 164.

latinos (escrito por Joan Moore). Ellos comienzan la sección sobre estadísticas denominacionales con la afirmación de que "estadísticamente, el protestantismo no es importante en la población mexicano-estadounidense".[15] Concluyen esto porque en áreas urbanas como Los Ángeles y San Antonio, que tienen grandes poblaciones latinas, "solo el 5 por ciento de los que profesan una religión son protestantes", y en los Estados Unidos, solo el 3 por ciento de la población mexicano-estadounidense es protestante, según el estudio que citan.[16]

Ellos reconocen varios problemas con el estudio que usan. Por ejemplo, las estadísticas no distinguen a los mexico-estadounidenses de otros "hispanoamericanos". También incluyen solo a las personas en congregaciones segregadas y no a las que asisten a iglesias integradas (congregaciones anglas que tienen miembros latinas). Además, solo un cuerpo pentecostal, las Asambleas de Dios, se tiene en cuenta en el estudio. El cuadro publicado en el libro incluye la siguiente información:

	Miembros	Iglesias	Porcentaje de Iglesias en el Sudoeste
Asambleas de Dios	29,054	392	77
Metodista	28,000	221	81.7
Bautista del Sur	28,000	559	95.3
Bautista Americano	7,950	106	54.7
Presbiteriano (IPUSA)	6,604	94	74.5
Adventista del Séptimo Día	5,000	68	64.7
Presbiteriano (IPUS)	2,842	38	100
Discípulos de Cristo	1,851	18	50
Sínodo Luterano de Missouri	1,245	7	100
Hermanos Unidos	972	14	78.6
Iglesia Luterana Unida	604	4	0.0
Congregacional	543	7	71.4
Iglesia de Dios (Anderson)	465	7	100

El informe es bastante incompleto y se basa en una breve encuesta realizada por el Consejo Nacional de Iglesias (NCC, por sus siglas en inglés). El estudio deja fuera grupos pentecostales como la Iglesia de Dios, la Iglesia de Dios de la Profecía, la Iglesia Cuadrangular, CLANY y la Asamblea Apostólica, todos los cuales tienen más iglesias que algunas de las denominaciones señaladas. Tampoco incluye grupos no pentecostales como la Iglesia del Nazareno, los Amigos, la Alianza Cristiana y Misionera, las Iglesias de Cristo, los Metodistas Libres, los Menonitas y los Hermanos Menonitas, todos los cuales tenían más iglesias latinas en 1960 que algunos de los miembros de la NCC,

---

[15] Grebler, Moore, y Guzman, *The Mexican-American People*, 487.
[16] Grebler, Moore, and Guzman, *The Mexican-American People*, 487.

mencionados en el estudio. Además, los números de algunos de los grupos más grandes (particularmente los metodistas y bautistas) se basan en las estimaciones de los líderes denominacionales y no en los informes estadísticos. Dado otros informes para el período, es probable que los números metodistas sean demasiado altos.

Los datos sobre el porcentaje de ministerio en el sudoeste apuntan a la concentración geográfica de la población latina. La mayoría de los protestantes latinos están ubicados en el sudoeste porque allí es donde se encuentra la gran mayoría de la población latina. Como ya se mencionó, la otra región con una población latina significativa, en ese momento, era el noreste.

No obstante, este estudio da una imagen de la cara cambiante del protestantismo latino en este período. En ese momento, las Asambleas de Dios ya era la denominación protestante latina más grande en los Estados Unidos, y la única que era "totalmente autóctona" (totalmente autofinanciada y dirigida por pastores latinos, incluidos los superintendentes latinos de distritos latinas). Las congregaciones locales latinas no dependían de ningún apoyo denominacional de iglesias "anglo" o estructuras nacionales. Todas las otras denominaciones en el informe proporcionaron algún apoyo financiero para las iglesias "hispanas", aunque el estudio no tiene ningún número para los Adventistas del Séptimo Día.

El análisis de los autores apunta claramente apunta hacia una orientación de "integración" a las iglesis históricas. Estudian los tres grupos de iglesia más grandes (metodista, presbiteriana y bautista, sin incluir Asambleas de Dios) a través de los lentes de tres etapas de desarrollo: la etapa misionera, la etapa segregada y la etapa integrada. En esta visión, la evangelización y la americanización están muy claramente relacionadas. Las diversas etapas combinan la misión con la integración en las estructuras denominacionales de EE. UU. como la progresión que debería esperarse.

No obstante, los autores analizan el trabajo misionero protestante entre los "mexicanos" a través de los lentes conflictivos de la misión y de las normas sociales en los Estados Unidos. "Las denominaciones protestantes son simultáneamente instituciones de la sociedad dominante y también cuerpos religiosos". Esto es un problema porque los "mexicanos" han sido y siguen siendo vistos como "marginados" dentro de la sociedad estadounidense. La imagen presentada no es diferente a la situación que enfrentaron los misioneros del siglo XIX. Los objetivos vinculados de evangelización y americanización crean una tensión en la que, a menudo, ninguno de los dos es abordado de manera efectiva. Algunas denominaciones están dispuestas a evangelizar a los latinos pero los dejan en sus propias estructuras (denominaciones más conservadoras), mientras que otros (liberales) tratan de proporcionar servicios sociales. Los servicios sociales se convierten en el "paliativo de conciencia" para los protestantes más liberales. Pero si la mayoría de los protestantes ven a los "mexicanos" como "personas marginadas", entonces hay pocas esperanzas de que estos esfuerzos proporcionen la inclusión de los latinos en las estructuras sociales de la sociedad dominante al convertirse en protestantes.

Los autores concluyen que

Parece muy probable que los objetivos de "americanización" de los primeros misioneros hubieran requerido un gran esfuerzo por parte de las denominaciones para incluir a los mexico-estadounidenses. Ni el objetivo religioso original de extender el cristianismo al "sin iglesia" ni el secundario de aculturar a los extranjeros han sido o puede ser logrado sustancialmente por actividades [servicios sociales] que son periféricas a los objetivos de las organizaciones como estas actividades deben ser necesariamente. Las metas denominacionales están dentro de objetivos ecuménicos, lo que seguramente debilitará la estructura organizativa del cristianismo durante algunos años. Esta "nueva esperanza" de los liberales religiosos parece por lo tanto ofrecer posibilidades limitadas a las personas marginadas para su inclusión en la importante institución social de la sociedad dominante que alguna vez fue el protestantismo.[17]

Si bien los temas relacionados con la asimilación y la identidad religiosa latina aún no son grandes, este estudio también alude a la diferencia entre los latinos que asisten a iglesias protestantes predominantemente latinas y aquellos que asisten a congregaciones "integradas". Este es un problema que se desarrolló en el momento en que los protestantes anglos se acercaron a los latinos en el siglo XIX. Dado que tanto la evangelización como la americanización son metas, no está claro qué papel tendrían las iglesias protestantes latinas. Si los latinos desarrollan sus propias estructuras e identidad religiosa, ¿cómo encajan en la sociedad estadounidense? ¿El "objetivo final" debería ser la integración, el desarrollo de las congregaciones autóctonas, u otra cosa?

El estudio se centra en el desarrollo y el ministerio de lo que los autores denominan las principales denominaciones, presbiteriana, metodista y bautista. También usa el Ministerio de Migrantes del Consejo Nacional de Iglesias como un modelo de lo que las iglesias liberales están haciendo. Pero aparte de la Convención Bautista del Sur, son las denominaciones que están "fuera de la corriente principal", para tomar prestado el término utilizado en el libro,[18] las que ya están definiendo al protestantismo latino como significativamente diferente.

Los autores no ponen mucho énfasis en esto, pero sí reconocen que las iglesias pentecostales no dependen del apoyo financiero externo y que dirigen sus propias iglesias. Reconocen que las denominaciones más liberales están poniendo más énfasis en el trabajo social. Pero también abordan las complejidades de la misión protestante de los EE. UU., particularmente en lo relacionado con las principales denominaciones históricas. El vínculo entre la evangelización y la americanización ha dificultado que las iglesias logren ninguna de estas dos cosas. Y las "personas marginadas" como los

---

[17] Grebler, Moore, y Guzman, *The Mexican-American People*, 504.
[18] Grebler, Moore, y Guzman, *The Mexican-American People*, 504.

mexico-estadounidenses no pueden encontrar acceso a las estructuras sociales del protestantismo estadounidense.[19]

El estudio también aborda algunas de las complejidades y contradicciones que enfrentan las denominaciones que funcionaron entre los latinos durante este período. Afirma que las denominaciones tradicionales han creado el paternalismo y que las denominaciones pentecostales tienden a ser más exitosas para alcanzar a los "difíciles de alcanzar". Pero los autores señalan la dificultad de las relaciones reales entre los latinos y la población protestante en general. Ellos dividen las denominaciones en tres categorías principales sobre este tema. Los grupos a los que llaman "paternalistas", como los presbiterianos, brindan más servicios sociales pero tienden a excluir implícitamente a los mexico-estadounidenses de la participación de igual estatus en la vida de la iglesia. Las iglesias que brindan más espacio para el liderazgo latino, como los bautistas, tienden a luchar entre el paternalismo y la autodeterminación. Los grupos pentecostales latinos independientes del período resolvieron este problema a través de la exclusividad étnica. Los latinos estaban a cargo de sus propias iglesias, pero solo tenían conexiones marginales con los protestantes anglos. Los autores concluyen que este tipo de grupos estaban fuera de la corriente principal del protestantismo estadounidense, pero que pudieron ganar autonomía y apoyar a sus propias iglesias y líderes.[20]

Según este estudio, en 1960 las AD ya tenía la membresía latina más grande. No bajaría desde esa posición. La Convención Bautista del Sur finalmente se convertiría en la segunda en membresía latina, y la Iglesia Adventista del Séptimo Día en tercer lugar. Además, los autores se refieren a la Asamblea Apostólica en su análisis del pentecostalismo "hispano", pero no incluyen ninguna estadística al respecto. Este estudio se realizó antes de que las denominaciones históricas comenzaran su declive en los Estados Unidos, por lo que no es sorprendente que las denominaciones históricas tengan un papel prominente en este momento. Pero este sería el último estudio nacional en el que las denominaciones históricas se consideraban los principales grupos en la comunidad latina.

El Ministerio de las Principales Denominaciones

Los metodistas latinos describieron el período de 1914 a 1939 como los años críticos. Internamente, ni la MEC ni la MECS pudieron desarrollar estructuras que funcionaran para sus iglesias latinas. Externamente, las actitudes cambiantes hacia los mexicanos después de la Gran Depresión hicieron el ministerio más difícil. Había una sensación de que el ministerio entre la población hispanohablante no tenía una dirección clara. Esto cambió cuando las principales denominaciones metodistas se fusionaron en 1939. Las conferencias en Texas y Nuevo México se fusionaron en una sola, lo que creó tensiones debido a las diferencias culturales entre ellos y porque la conferencia de Texas

---

[19] Grebler, Moore, y Guzman, *The Mexican-American People*, 504.
[20] Grebler, Moore, y Guzman, *The Mexican-American People*, 505.

era mucho más grande que la de Nuevo México. Pero la fusión también creó un nuevo apoyo de la conferencia para los ministerios latinos. El período de 1940 a 1954 ha sido llamado la era dorada del metodismo latino. Se desarrollaron materiales en español y se establecieron varios ministerios laicos. Las iglesias de la nueva conferencia crecieron más del 50 por ciento durante este período, y un número creciente de iglesias latinas también se hicieron autosuficientes. Las iglesias en California y Arizona se organizaron en una Conferencia Provisional Latina y también experimentaron un crecimiento constante. "Todas estas medidas e informes estadísticos reflejan un vigor y una vitalidad rara vez igualados en el Metodismo Unido".[21] Según el Dr. Alfredo Náñez, este crecimiento no provino de planes estratégicos o metodologías, sino de un espíritu de renovación y avivamiento.[22]

Pero a principios de la década de 1950, la Conferencia Anual en el área de California/Arizona pidió la integración de las iglesias latinas en la conferencia más grande. El objetivo era proporcionar más apoyo financiero para estas iglesias. Las iglesias de la Conferencia Provisional se unieron al cuerpo más grande en 1956. Esto comenzó un declive en las iglesias latinas, ya que menos personas participaban en las actividades integradas, como el ministerio de la mujer o los campamentos juveniles. De 1957 a 1967, el número de iglesias latinas en la conferencia disminuyó de veintinueve a diecinueve, y la membresía disminuyó en un 20 por ciento. A fines de la década de 1960, tanto los anglos como los latinos habían comprendido claramente que la integración había fracasado. "La integración vista como angloización es un concepto pasado de moda entre los mexico-estadounidenses y ya no puede ser tolerado por nuestras iglesias latinas".[23]

Los presbiterianos vieron un crecimiento lento pero constante hasta alrededor de 1940. La IPUS y las iglesias en el sur de California también tuvieron una época dorada en la década de 1940 y principios de 1950. Pero la IPUS en Texas comenzó a declinar cuando el Presbiterio Tex-Mex se disolvió en 1955. El modelo paternalista descrito por Grebler, Moore y Guzmán se había aplicado al trabajo de la IPUS desde el comienzo del presbiterio en 1908. La denominación quería desarrollar iglesias latinas que tuvieran la misma base financiera y de liderazgo que las iglesias anglosajonas. También proporcionó apoyo financiero regular para las iglesias que no podían mantenerse a sí mismas de la misma manera que las congregaciones anglo, debido a la diferencia socioeconómica. El Sínodo de Texas hizo presión hacia la integración como una forma de abordar la disparidad, pero el esfuerzo falló. Así que en 1964 las iglesias presbiterianas latinas en

---

[21] Justo L. González, ed., *En nuestra propia lengua: Una historia del metodismo unido hispano* (Nashville: Abingdon, 1991), 54.
[22] Alfredo Náñez, *Historia de La Conferencia Río Grande de La Iglesia Metodista Unida* (Dallas: Bridwell Library, 1980), 106–7.
[23] González, *En nuestra propia lengua*, 81–82.

Texas se estaban reduciendo, incluso cuando la población latina estaba creciendo y otras denominaciones protestantes expandían su ministerio.[24]

La situación en Nuevo México/Colorado era similar. Las iglesias en la región no estaban creciendo, y los ministerios de servicio social estaban en declive. Las iglesias en el sur de California y Arizona también sufrieron los intentos de integrarlas, o sus ministerios, en los presbiterios más grandes. "Si bien este logro apoyó la meta de igualdad, debilitó el sentido de comunidad entre los presbiterianos hispanos".[25] A mediados de la década de 1960, los presbiterianos latinos también sentían que los esfuerzos de integración habían fallado y que era necesario un nuevo modelo para el futuro ministerio.[26]

Mientras los presbiterianos y los metodistas atravesaban un período de pérdidas, los bautistas en Texas estaban comenzando una etapa de crecimiento. Cuando la Convención Mexicana se reunió en San Antonio el 22 de junio de 1942, informaron que tenían 125 iglesias y misiones con un total de 8,606 miembros. Durante este período, la denominación estableció varios ministerios para niños y escuelas para preparar pastores. También estableció una revista de la convención, *El Bautista Mexicano*. Las iglesias "mexicanas" trabajaron estrechamente con las asociaciones bautistas en el estado y establecieron iglesias en todas partes. Las asociaciones anglo a menudo proveían subsidios para los ministerios en español. Debido a su estrecha asociación, la Convención Bautista Mexicana votó fusionarse con la Convención Bautista de Texas en 1964. Ese año la convención reportó 418 iglesias y 33,530 miembros.[27] Estos números fueron solo para Texas y no incluyeron a las iglesias latinas bautistas del sur en otras partes de los Estados Unidos, aunque el mayor número de iglesias latinas bautistas del sur se encontraba en ese estado.

La otra denominación principal mencionada por Grebler, Moore y Guzmán, las AD, también estaba experimentando un crecimiento. Las importantes divisiones de las décadas de 1930 y 1950 afectaron a los distritos latinos, en particular al distrito hispano de Nueva York. Pero las AD estaban listas para crecer entre los nuevos inmigrantes traídos por el Programa Bracero y la migración puertorriqueña. El primer superintendente latino del Distrito Latino, Demetrio Bazán, fue elegido en 1939. Fue superintendente durante veinte años y vio crecer los ministerios latinos sustancialmente. Cuando comenzó en 1939, las AD tenían 170 iglesias con 3,765 miembros.[28] Bazán fomentó un impulso evangelístico y una autonomía significativa entre las iglesias. Por ejemplo, alentó a las iglesias mayormente puertorriqueñas en el área de Nueva York a formar su propio distrito, en lugar de estar bajo el distrito

---

[24] R. Douglas Brackenridge y Francisco O. García-Treto, *Iglesia Presbiteriana: A History of Presbyterians and Mexican Americans in the Southwest* (San Antonio: Trinity University Press, 1974), 112–25.

[25] Jane Atkins-Vasquez, *Hispanic Presbyterians in Southern California: One Hundred Years of Ministry* (Los Angeles: Synod of Southern California and Hawaii, 1988), 5.

[26] Véase Brackenridge y García-Treto, *Iglesia Presbiteriana*, 197–225.

[27] Joshua Grijalva, *A History of Mexican Baptists in Texas, 1881–1981* (Dallas: Baptist General Convention of Texas, 1982), 69, 121.

[28] Espinosa, *Latino Pentecostals in America*, 169.

mayoritariamente mexicano-estadounidense que dirigía. Se convirtieron en el Distrito Hispano del Este en 1956. En 1957 las AD tenían 321 iglesias con 19,490 miembros en todo Estados Unidos.[29]

Tener a los latinos a la cabeza y apoyar a sus propias congregaciones les dio una gran autonomía en las AD. Los pastores a menudo tenían más de un trabajo porque sus iglesias no podían apoyarlos a tiempo completo. Pero también tenían más libertad para expandir el ministerio y plantar nuevas iglesias. Los líderes latinos de las AD también promovieron la educación a través de LABI y desarrollaron una creciente cantidad de literatura en español para las iglesias. Hacia el final de su ministerio público, Bazán animó a José Girón a servir como su secretario, y en 1959 Girón se convirtió en el superintendente.

Otras Denominaciones Protestantes hacia 1964

Si bien el enfoque de los estudios formales todavía estaba en las denominaciones protestantes más grandes, las otras denominaciones que tendrían un papel prominente a fines del siglo XX estaban expandiendo sus ministerios a nuevas áreas y creciendo a un ritmo constante. Su crecimiento no fue reportado fuera de los entornos denominacionales, pero demostraron los cambios que ocurren en el protestantismo latino. Varias de esas denominaciones habían comenzado su ministerio "latino" en el sudoeste estrechamente vinculado a México. De una forma u otra, la aculturación del mexico-estadounidense, el crecimiento del protestantismo en México y los cambios demográficos dentro de la comunidad latina en el sudoeste requirieron que las denominaciones que estaban creciendo reconsideraran cómo se conectaría el trabajo en los Estados Unidos y América Latina (o no).

Hasta 1945, el ministerio de la Iglesia del Nazareno en idioma español funcionó como un "distrito" a través de la frontera entre los Estados Unidos y México. En 1942, el trabajo "mexicano" se había dividido en dos distritos, cortando norte-sur, con ambos distritos trabajando en ambos lados de la frontera. En 1945, el distrito San Antonio-Monterrey se dividió utilizando la frontera nacional como límite, aunque el ministerio continuó cruzando la frontera. Esto creó dos distritos latinos con base en los Estados Unidos, el Distrito Texas-Mexicano y el Distrito Mexicano del Pacífico Sudoeste (que estuvo vinculado a México hasta 1972). La junta de misión envió a muchos misioneros a las áreas de habla hispana, fortaleciendo ambos distritos. En 1963, el Distrito del Pacífico nombró al primer superintendente latino, el reverendo Juan Madrid.[30] Cuando comenzó su ministerio en el Distrito Oeste, la Iglesia del Nazareno tenía catorce iglesias y 503 miembros.[31] Más tarde, la iglesia estableció un tercer distrito latino, y muchos distritos anglos también establecieron iglesias latinas.

---

[29] Espinosa, *Latino Pentecostals in America*, 173.
[30] Orlando Serrano, "Historia de la Iglesia del Nazareno Hispana" (manuscrito no publicado), 23.
[31] Serrano, "Historia de la Iglesia del Nazareno Hispana," 22.

Durante este período, la Iglesia de Dios también comenzó a expandir su ministerio latino. Estaba relacionado con su trabajo misionero en América Latina. Durante las décadas de 1940 y 1950, comenzó una editorial en español, que imprimió un currículo para la escuela dominical y estableció un instituto bíblico en San Antonio. Los estudiantes del instituto bíblico ayudaron a establecer y dirigir congregaciones en varias partes de Texas, incluso cuando la mayoría de ellos se estaba preparando para servir en América Latina. Durante este período, el trabajo en los Estados Unidos no se distinguió claramente de la misión en América Latina. En 1962, la Iglesia de Dios estableció un distrito separado para supervisar el trabajo latino al oeste del río Mississippi, lo que marcó la separación formal del trabajo en los Estados Unidos y el trabajo en América Latina.[32] En ese momento ya había iglesias en pequeños grupos en el sudoeste y el noreste. Estos distritos continuarían subdividiéndose a medida que el número de iglesias latinas continuara creciendo. Aunque Estados Unidos desarrollaría su propio liderazgo latino, los ministerios denominacionales continuarían trabajando estrechamente entre los latinos estadounidenses y América Latina a lo largo del siglo XX.

La Asamblea Apostólica refleja un problema diferente en este momento. En 1950, la asamblea eligió a un obispo presidente nacido en los Estados Unidos, Benjamín Cantú. Durante su mandato (hasta 1963) la denominación inició más de cuarenta nuevas iglesias y abrió iglesias en nuevos estados. Pero fue también durante su mandato que comenzaron a desarrollarse las diferencias entre las denominaciones apostólicas de los Estados Unidos y México.

Aunque las dos denominaciones habían comenzado juntas y estaban comprometidas a verse a sí mismas como una sola iglesia en dos países, comenzaron a desarrollarse claras diferencias. Aunque los pioneros de ambas se vieron a sí mismos como mexicanos, los mexico-estadounidenses nacidos en Estados Unidos eran diferentes de sus contrapartes mexicanas. La aculturación de la vida en los Estados Unidos y la educación de los EE. UU. exacerbaron las diferencias culturales entre los grupos. Cada grupo comenzó a desarrollar su propia identidad distintiva, acentuada por los diferentes sistemas legales en cada país y las diferencias culturales entre los mexicanos y los nacidos en los Estados Unidos de ascendencia mexicana.

A pesar de que las dos denominaciones compartían una historia común y raíces teológicas, y tenían el compromiso de trabajar juntas, con el tiempo las diferencias nacionales y culturales crearon tensiones crecientes. El problema se complicaría aún más con la migración. Los grupos habían acordado que los inmigrantes se unirían a la iglesia en su nuevo país. Pero la migración fue principalmente de México a los Estados Unidos. México casi siempre perdía miembros en este acuerdo. Además, debido a las crecientes diferencias culturales, los migrantes no siempre sentirían que estaban recibiendo el apoyo pastoral que habían recibido en México. Aunque la crisis fue evitada

---

[32] Esdras Betancourt, *En el espíritu y poder de Pentecostés: Historia de la Iglesia de Dios Hispana en Estados Unidos* (Cleveland, TN: Vida Publication y Centro Estudios Latinos Publicaciones, 2016), 60.

durante este período, la denominación mexicana (Iglesia Apostólica) finalmente decidió fundar iglesias en los Estados Unidos, y viceversa.[33]

Los Adventistas del Séptimo Día también experimentaron un crecimiento constante durante este período, siguiendo un patrón de expansión no muy diferente al de las AD. Las primeras iglesias latinas se desarrollaron en el sudoeste, pero en 1927 los adventistas comenzaron una iglesia latina en Denver, en 1928 en Nueva York y en 1930 en Chicago. Estas iglesias sirvieron como base para el ministerio en estas áreas. Su siguiente gran expansión fue en 1958 cuando establecieron iglesias entre latinas en Miami y Filadelfia. Debido a que tenían iglesias en Puerto Rico, también se beneficiaron directamente cuando las personas abandonaron la isla después de la Segunda Guerra Mundial. En la década de 1960 su presencia se concentró principalmente en el sudoeste (véase el cuadro de Grebler, Moore y Guzmán más arriba), pero continuarían expandiéndose a lo largo de los Estados Unidos.[34]

Una pequeña denominación como los Hermanos Menonitas (HM) presenta otro problema que comenzó a desarrollarse en todo el ministerio protestante. Los HM eran una denominación pequeña, principalmente rural. En 1937 enviaron a una pareja de misioneros de Kansas, Harry y Sarah Neufeld, a trabajar entre la gente de habla hispana del sur de Texas. Los Neufelds decidieron comenzar su trabajo en comunidades agrícolas muy pequeñas al oeste de McAllen, varias de las cuales tenían menos de quinientas personas. A través de la inversión de las iglesias en Kansas, varios misioneros se establecieron en estas comunidades y comenzaron pequeñas iglesias allí. En la década de 1950 tenían pequeñas iglesias en ocho comunidades y también habían comenzado una escuela cristiana.

Los costos de mantener este ministerio comenzaron a pesar mucho sobre los líderes denominacionales. Las personas en estas comunidades no podían mantener los ministerios establecidos por la denominación, y mucho menos apoyar una escuela privada. Además de eso, en la década de 1950 muchas personas de estas comunidades se unieron a la migración interna desde el sur de Texas a otras partes de los Estados Unidos, dejando a algunas de estas comunidades casi como pueblos fantasmas. Durante la década de 1960, la denominación cerró la escuela y retiró a la mayoría de los misioneros. Por un tiempo pareció que todas las iglesias podrían desaparecer por completo. Solo cuando las iglesias cambiaron su modelo de ministerio para que la población local pudiera apoyar a las iglesias, estas congregaciones pudieron encontrar su lugar.[35]

---

[33] Juan F. Martínez Guerra y Luis Scott, eds., *Iglesias peregrinas en busca de identidad: Cuadros del protestantismo latino en los Estados Unidos* (Buenos Aires: Kairos Ediciones, 2004), 106.

[34] Véase Manuel Vasquez, *La historia aun no contada: 100 años de Adventismo Hispano* (Nampa, ID: Pacific Press Publishing Association, 2000).

[35] Véase Juan Francisco Martínez, "Ministry among United States Hispanics by an EthnoReligious Minority: A Mennonite Brethren Case Study" (ThM thesis, Fuller Theological Seminary, School of World Mission, 1988).

La apreciación de Grebler, Moore y Guzmán en relación con el ministerio protestante de los latinos se mantuvo como cierta en todo el protestantismo. Con la excepción de los pentecostales, todas las denominaciones tendieron a desarrollar ministerios que dependían de un flujo constante de apoyo denominacional. La suposición de trabajo entre la mayoría de los protestantes, liberales o conservadores, era que el ministerio en la comunidad latina debía ser "para" la comunidad, algo previsto, desarrollado y apoyado desde el exterior. Los modelos de iglesia que se desarrollaron hicieron díficil, si no imposible, de mantener por sí mismas. Y la cantidad de dinero invertido en estas iglesias tendió a crear una dependencia que gradualmente se convirtió en una codependencia. Estos patrones serían muy difíciles de romper, pero comenzaron a ser abordados durante este período.

Al Borde del Movimiento por los Derechos Civiles

El entorno cambiante en los Estados Unidos estaba empezando a afectar el protestantismo latino. La cuestión de los derechos civiles también comenzó a tener un impacto en la creciente población latina. Algunos de los problemas tenían que ver con las necesidades sustanciales de la comunidad. Pero también estaban las cuestiones de representación y voz en estructuras sociales más grandes, incluidas las denominaciones protestantes. Aunque el problema tendría un mayor impacto después de 1965, muchas de estas preguntas ya estaban afectando el cómo los protestantes consideraban su papel en las comunidades latinas. Las respuestas de las diversas denominaciones tendieron a seguir las amplias categorías descritas en *The Mexican-American People* [El Pueblo Mexicano-estadounidense] de Grebler, Moore, y Guzmán.

Los presbiterianos, tanto la IPUS como la IPUSA, trabajaron para la integración. Buscaron resolver el problema de la desigualdad y la separación mediante la integración de las congregaciones latinas en las estructuras anglos existentes. La idea era que todos deberían tener acceso a los mismos recursos y que los latinos y los anglos deberían trabajar juntos mucho más de cerca. Pero los latinos generalmente terminaban en el exterior de las estructuras debido a la dinámica de poder desigual. Los anglos no iban a unirse a las estructuras latinas, y las latinas no eran bienvenidas en las estructuras anglos; como consecuencia, la membresía latina en las iglesias presbiterianas comenzó a disminuir incluso cuando la comunidad protestante latina estaba creciendo.

La situación con los metodistas era un poco más compleja, porque había integración en un área y autonomía en otra. La integración que ocurrió en el sudoeste tuvo el mismo impacto negativo que sucedió con los presbiterianos. Pero la autonomía y las posibilidades de otras estructuras hicieron posible que los metodistas siguieran creciendo, aunque a un ritmo más lento que otras denominaciones.

Las denominaciones que formaban parte del Concilio Nacional de Misiones se convirtieron en parte del Consejo Nacional de Iglesias (NCC, siglas en inglés) en la década de 1950. Este organismo puso mucho más énfasis en abordar los problemas sociales relacionados con los latinos que en la evangelización. Y a medida que estas iglesias desarrollaron un enfoque más ecuménico, también decidieron restar importancia a la evangelización a fin de minimizar las tensiones con el catolicismo romano.

Estas denominaciones vinculadas al NCC tendían a enfocar más sus energías en los problemas sociales que enfrentaban los latinos. Todavía estaban tratando de "levantar" a los latinos y socializarlos en la sociedad dominante. Si bien el impacto del evangelio social en el protestantismo liberal los impulsó a abordar los problemas sociales de los latinos, el objetivo de americanización los empujó hacia la integración.

La mayor parte del trabajo social abordó necesidades como educación y medicina o las necesidades inmediatas de los migrantes. El NCC también tuvo el Consejo en la obra hispanoamericana, que se centró en la evangelización. Pero el Ministerio de Migrantes del consejo fue más allá. Sus preocupaciones estaban mucho más orientadas hacia la justicia social que hacia la evangelización o la iglesia.[36]

Se dirá más en el próximo capítulo, pero está claro que las preocupaciones por los derechos civiles y la justicia social tendieron a orientar a las denominaciones protestantes históricas hacia acciones que afectaron adversamente sus esfuerzos de evangelización entre las latinas. La integración no elevó mucho a los latinos dentro de las estructuras protestantes. Un enfoque en los problemas sociales no atrajo a muchas latinas al protestantismo. Entonces, a medida que las denominaciones históricas se enfocaban más en temas de justicia social, tendían a hacerlo de tal manera que el evangelismo entre los latinos a menudo se veía negativamente afectado. No solo eso, sino que las iglesias protestantes latinas también sufrieron las buenas intenciones de los líderes anglosajones.

Las denominaciones evangélicas no vieron su papel como directamente abordando problemas sociales. Predicaron el evangelio y llamaron a las personas a la fe, pero solo brindaron servicios sociales como una preocupación secundaria, si es que lo hicieron. Ayudaron a personas necesitadas pero no abordaron los derechos civiles o la injusticia social. También hicieron más trabajo para atraer a las personas a la fe y otorgaron a las iglesias latinas cierto nivel de autonomía, pero por lo general no permitieron que los latinos tomaran el liderazgo dentro de las estructuras confesionales más grandes. Entonces vieron cierto nivel de crecimiento.

Los pentecostales les dieron a los latinos el mayor espacio para desarrollarse como líderes. Abordaron las necesidades inmediatas de sus miembros, pero también fueron las iglesias que estaban más al margen de la sociedad. Las latinas por lo general no tenían voz y apenas comenzaban a ver la importancia de las actividades cívicas, como votar. La mayoría de los pentecostales no se veían a sí mismos como agentes potenciales en el orden social. Sus necesidades eran inmediatas, y su esperanza estaba en el Dios que caminaría con ellos hoy y proporcionaría justicia en la vida eterna. La himnología de la mayoría de las iglesias señalaba un día futuro en el que habría descanso del trabajo, pero

---

[36] Grebler, Moore, y Guzman, *The Mexican-American People*, 500–504.

hoy se vivía en un mundo difícil. "El mundo no es mi hogar" fue una de esas canciones que ayudaron a las personas a interpretar su situación.

La mayoría de las iglesias protestantes latinas se desarrollaron al borde del movimiento por los derechos civiles. Muchos protestantes liberales lucharían por sus derechos, pero la mayoría de los latinos no se unirían a la lucha. Las iglesias protestantes latinas podrían ser un espacio para el desarrollo del liderazgo de los latinos, pero esta generación no era para los líderes que impactarían en el orden social. Aquellos que desarrollaron habilidades de liderazgo abordarían problemas sociales al margen de sus iglesias o se les "alentaría" a marcharse. Y así los líderes protestantes latinos se desarrollaron fuera del ámbito social, y los protestantes latinos que intentaron hacer un cambio a menudo se encontraron al margen de sus iglesias.

Una Visión Pentecostal para las Latinas

El libro *The Mexican-American People* [El Pueblo Mexicano-estadounidense] señala otro tema que continuaría diferenciando el ministerio de los latinos hechos por denominaciones históricas de los creados por las iglesias pentecostales. La suposición de trabajo de la mayoría de las denominaciones de EE. UU. era (y sigue siendo) que los latinos más pobres no podían asumir la responsabilidad total y completa de sus propias estructuras religiosas. Los ejecutivos de denominacionales supusieron que las iglesias latinas deberían parecerse a sus homólogas "anglo", a pesar de que las estructuras podrían reflejar un estilo de vida de clase media que la mayoría de los latinos no vivían. Debido a esto, los latinos podrían tomar el liderazgo inmediato de las congregaciones, pero generalmente bajo la tutela y el apoyo financiero de las denominaciones protestantes. Pocas iglesias latinas en las denominaciones de los EE. UU. llegaron a ser fuertes y saludables según los puntos de referencia denominacionales durante este período. Grebler, Moore y Guzmán lo reconocen cuando hablan del paternalismo que se observa en varias denominaciones de los Estados Unidos.

Los pentecostales trabajaron desde un conjunto diferente de suposiciones desde el primer día. Fueron líderes de entre la gente los que hicieron el ministerio. Los tipos de ministerios e iglesias que se establecieron se parecían a las personas. Los líderes provenían de la comunidad, por lo que pertenecían a la misma clase social y tenían suposiciones similares sobre lo que significaba para una iglesia apoyar financieramente a su pastor. La mayoría de las iglesias contaban con poco o ningún apoyo financiero del exterior. Este tipo de iglesias eran autosuficientes desde el principio y no dependían de personas externas para desarrollarse y crecer. Aun cuando muchas denominaciones gastaban una gran cantidad de dinero para hacer ministerio para los latinos, los pentecostales latinos hacían ministerio desde dentro y con la comunidad.

Estas iglesias rompieron la suposición implícita, y a veces explícita, de que la evangelización y la americanización iban juntas. Las iglesias pentecostales fueron iniciadas por latinos o por personas que estaban al margen de la estructura social. Entonces no tenían acceso al poder ni suponían que obtener ese acceso formaba parte de su tarea. Aunque hubo tensiones sobre el liderazgo y el control de las estructuras en las denominaciones pentecostales, los modelos de ministerio utilizados no crearon dependencia y permitieron que los latinos dirigieran sus propias iglesias. Estas iglesias se convirtieron en uno de los pocos lugares donde los latinos de clase trabajadora y pobres podían estar a cargo de sus propias estructuras y podían desarrollar iglesias que pudieran apoyar.[37]

Los Antecedentes en Expansión del Protestantismo Latino

A lo largo del siglo XIX y en la primera parte del siglo XX, la gran mayoría (más del 95 por ciento) de los latinos en los Estados Unidos rastrearon su linaje a México o al sudoeste del período colonial español. Hoy, un poco más del 60 por ciento tiene ese fondo. Ese cambio demográfico comenzó durante este período, con el importante crecimiento migratorio de latinos de otras partes de América Latina. La mayoría de los migrantes de las islas caribeñas de Puerto Rico, Cuba y Hispaniola se asentaron en la costa este, por lo que las distintas comunidades tendieron a estar bastante separadas unas de otras. A lo largo de este período, las iglesias latinas tendieron a ser iglesias de trasfondo nacional (es decir, "mexicanas" o "puertorriqueñas"). Pero debido a las nuevas migraciones, comenzarían a haber encuentros más significativos entre latinos de diferentes nacionalidades, creando el espacio para un término común, "hispano" o "latino", que sería debatido durante este período y se convertiría oficialmente en "normativo" con el censo de 1970.

Los encuentros de varios grupos latinos también comenzarían a influir en las iglesias protestantes latinas. Los pentecostales se encontraron primero a través de la migración y en el ministerio de evangelización. Aunque los mexicanos y los puertorriqueños tendían a estar en diferentes partes del país, se encontraban en situaciones migratorias de trabajo y en el ministerio. A medida que varias denominaciones comenzaron a funcionar en ambas comunidades, la presencia de ambas comunidades se expandió en sus iglesias.

Una contribución importante que se produjo a causa de la migración fue la llegada de clérigos educados de América Latina. El clero educado cumplió con las expectativas de las denominaciones históricas para la ordenación. Pero también proporcionaron un nivel de liderazgo en el protestantismo latino que antes no era común. La importación de pastores hizo posible que el ministerio se expandiera más rápidamente, particularmente a la luz de la nueva migración. Debido a estos líderes educados de diferentes países y antecedentes teológicos, los latinos, poco a poco, comenzaron a desarrollar una visión en expansión de su papel y su influencia en el protestantismo estadounidense.

---

[37] Véase Juan Francisco Martínez, "What Happens to Church When We Move *Latinamente* beyond Inherited Ecclesiologies?," en *Building Bridges, Doing Justice: Constructing a Latino/a Ecumenical Theology*, ed. Orlando O. Espín (Maryknoll, NY: Orbis, 2009), 167–82.

Rostros del Periodo

Gabino Rendón fue el rostro más prominente de la obra presbiteriana en el norte de Nuevo México y el sur de Colorado a fines del siglo XIX y principios del siglo XX. En cierto sentido, es representativo de lo que le sucedió a esa generación de líderes protestantes latinos de las denominaciones protestantes históricas. Rendón nació en el siglo XIX y se graduó del College of the Southwest [Colegio del Sudoeste] en Del Norte, Colorado. Fue pastor durante gran parte de la primera mitad del siglo XX. En 1953 escribió una autobiografía, *Hand on My Shoulder* [Mano en mi Hombro],[38] en la que habla sobre su trabajo, pero se centra principalmente en la primera parte del siglo XX. Hacia el final de su vida predicó un sermón sobre su vida y su ministerio, "Mientras miro los años pasar",[39] donde gran parte del mismo trata del trabajo presbiteriano temprano a fines del siglo XIX y principios del siglo XX. Está claro que los eventos más significativos de su vida y ministerio ocurrieron entonces y parece que no hay nada significativo de que contar después. A pesar de que el protestantismo latino estaba creciendo en el momento de escribir, parece que él solo puede contar la historia de lo que se había perdido y no de lo que podría venir. El presbiterianismo latino entre los neomejicanos estaba claramente en declive, lo que parece reflejado en sus memorias. Pero sus recuerdos son de compromiso y sacrificio. "Bendito y adorado Señor, has sido tan bueno conmigo que me permitiste presentar estas humildes palabras de tus fieles sirvientes que durante muchos años trabajaron duro para caminar y algunas veces se quedaron sin comida. Pero nosotros predicamos el evangelio y solo confiamos en tu poder para producir crecimiento".[40]

El contraste entre lo que sucedía entre los protestantes históricos y lo que sucedía con los pentecostales se destaca la diferencia entre Rendón y **José Girón**. Girón también creció en la Iglesia Presbiteriana Latina, en Del Norte, Colorado, pero tomó una ruta muy diferente a partir de entonces. El pastor de su iglesia, Manuel Sánchez, quien también estudió en el Colegio del Sudoeste en Del Norte, identificó a Girón como un potencial pastor e intentó que estudiara para el ministerio. En 1932 Girón asistió a un servicio pentecostal y recibió el bautismo en el Espíritu Santo. El evangelista que había predicado en el servicio pronto lo recomendó para la ordenación en las AD. Fue ordenado y comenzó una iglesia de las AD en Del Norte. Más tarde se convirtió en un evangelista itinerante y luego en un fundador de iglesias, estableciendo ocho iglesias en Nuevo México y Colorado. Mientras se desempeñaba como maestro sustituto en Taos, Nuevo México, estudió por correspondencia en un instituto bíblico. En 1947, el

---

[38] Gabino Rendón, as told to Edith Agnew, *Hand on My Shoulder* (New York: Board of National Missions PCUSA, 1953).

[39] Gabino Rendón, "Mientras miro los años pasar" (manuscrito inédito, predicado el 20 de agosto de 1961, o el 20 de septiembre de 1961, archivo de Gabino Rendón en la Menual Historical Library, Albuquerque).

[40] Rendón, "Mientras miro los años pasar," 13.

segundo superintendente del Distrito Latinoamericano, Demetrio Bazán, lo nombró como su secretario. Ocupó ese cargo hasta que fue nombrado el tercer superintendente en 1959. Durante su mandato (hasta 1971) alentó a cada una de las convenciones latinas de las AD a adoptar su propia constitución y estatutos. Al final de su mandato, las AD reportaron 403 iglesias latinas, 827 ministros y veinticinco mil miembros. Como parte de su visión, el distrito nacional latino se dividió en cuatro distritos latinos y fue aceptado por el Consejo General de las AD. Bazán se convirtió en superintendente del Distrito Latino Pacífico (hoy el Distrito Pacífico Sur). Debido a su influencia, las latinas ganaron un papel claro en el Consejo General de las AD.

Rev. Leoncia Rosado Rousseau, también conocida como **Mama Leo**, se mudó a la ciudad de Nueva York con su esposo, el reverendo Francisco Rosado, de Puerto Rico en 1935. Se desempeñaron como evangelistas de la población puertorriqueña y luego fundaron la Iglesia Cristiana Damasco. Fueron influenciados por el ministerio de Francisco Olazábal. Cuando su esposo fue reclutado en el ejército, Mama Leo se convirtió en la pastora, probablemente la primera pastora latina pentecostal en los Estados Unidos. El ministerio que ella y su esposo desarrollaron se centró en los miembros de pandillas y drogadictos. Uno de los conversos más conocidos de su ministerio fue Nicky Cruz (que se mencionará en el próximo capítulo).

El Concilio Latinoamericano de la Iglesia de Dios Pentecostal de Nueva York (CLANY) fue iniciado por un pastor puertorriqueño, **Abelardo Berríos**. Fue convertido en 1940 en la isla, donde comenzó a ministrar bajo el liderazgo de un pastor experimentado. Fue ordenado para el ministerio en 1947 y en 1951 recibió un llamado para pastorear una iglesia mayormente de inmigrantes puertorriqueños en Nueva York. Llegó allí en medio de las tensiones entre las AD y la Iglesia de Dios Pentecostal de Puerto Rico. Dirigió su iglesia y un grupo de otras iglesias para formar CLANY, y dirigió la nueva organización durante muchos años. Se convirtió en un modelo a seguir para una generación más joven al obtener títulos universitarios en las décadas de 1970 y 1980.[41]

A medida que los latinos tomaron el liderazgo de sus iglesias, que compartieron su fe con otros, y que se mudaban a nuevas áreas, desarrollaron una visión y una forma de ser protestante que eran exclusivas de las minorías en los Estados Unidos. En medio de las complejidades de ser latino en este país, estaban aprendiendo a ser cristianos protestantes, que aprendieron a servir a Jesús de maneras culturalmente específicas y apropiadas.

---

[41] "Nuestro Fundador", Concilio Latinoamericano de la Iglesia de Dios Pentecostal, Inc., consultado el 18 de Marzo, 2017, http://clany.org/index.php?option=com_content&view =article&id=7&Itemid=291.

CAPÍTULO 6
Rostros Nuevos entre los Protestantes Latinos (1965 – 1985)

Inmediatamente después de la Segunda Guerra Mundial y en la década de 1960, nuevas comunidades se unieron a la población latina en los Estados Unidos y así comenzó a poseer la diversidad que experimentamos hoy. La mayoría de los grupos con antecedentes nacionales que están bajo el paraguas "hispano" o "latino" comenzaron a tener una presencia significativa en los Estados Unidos durante este período, excepto los centroamericanos, que comenzarían a ingresar en números significativos en la década de 1970 y 1980, y los colombianos, que no ganarían una presencia significativa hasta los años noventa. La creciente diversidad de la comunidad latina después de 1965 también se reflejaría en la forma cada vez más diversa del protestantismo latino, tanto en el contexto nacional como a causa de las denominaciones y movimientos protestantes adicionales que comenzarían a trabajar entre los latinos. Algo significativo durante este período fue el creciente papel de los líderes protestantes inmigrantes de América Latina en las iglesias protestantes latinas. A medida que el protestantismo comenzaba un período de rápido crecimiento en América Latina, un mayor porcentaje de inmigrantes en los Estados Unidos ya era protestante. Pero lo más crucial durante este período fueron los pastores cubanos, puertorriqueños y luego centroamericanos que emigraron a los Estados Unidos. Además de hacer que la comunidad latina de los EE. UU. fuera más étnicamente diversa, estos nuevos inmigrantes asumieron importantes roles de liderazgo en las denominaciones de los EE. UU. y moldearon fuertemente el rostro del protestantismo latino durante el resto del siglo XX y hasta el siglo XXI.

Aunque la ley de inmigración de 1965 sería crucial para redefinir la migración latinoamericana, los patrones migratorios organizados como ley se establecieron antes de que se firmara el acto. En muchos sentidos, la ley simplemente estableció los parámetros legales de lo que ya estaba sucediendo. Esta ley reconocería legalmente la inmigración de América Latina, algo que no se había tenido en cuenta en la legislación anterior. Pero otras cuestiones también tendrían un papel en la ecuación de la inmigración. Debido a que Puerto Rico era parte de los Estados Unidos, la migración de la isla al continente estaría influenciada por su conjunto único de asuntos. Además, la ley no abordaba directamente los patrones migratorios establecidos debido al conflicto Este-Oeste, como los refugiados cubanos o dominicanos (esto sucedería a través de la legislación posterior). La continua intervención de los Estados Unidos en América Latina, a causa de la Guerra Fría, puso en marcha nuevos patrones migratorios desde

Centroamérica, algo que no se abordaría directamente hasta la ley de inmigración de 1986.

Cambiar el entendimiento de cómo los grupos raciales y étnicos deberían interactuar en los Estados Unidos también impactó el crecimiento o declive de las iglesias protestantes latinas. Las denominaciones que habían enfatizado la integración habían perdido miembros latinos, sin embargo, un pequeño pero creciente número de latinas estaba eligiendo adorar en inglés. La mayoría de las denominaciones históricas comenzaron a declinar en tamaño, algo que también afectó lentamente a las congregaciones latinas. Además, el crecimiento de las iglesias pentecostales y evangélicas alejó a algunas personas de las denominaciones históricas, ya que las personas buscaban expresiones de fe y de vida de la iglesia que parecían encontrar en la experiencia latina. Por otro lado, la nueva migración del Caribe, en particular, trajo nuevos miembros y nuevos líderes a algunas de las denominaciones históricas y grupos de iglesias, particularmente los presbiterianos y los Discípulos de Cristo.

Políticas Migratorias Cambiantes

La Ley de Inmigración y Nacionalidad de 1965 (también conocida como la Ley Hart-Celler) cambió el rostro de los Estados Unidos. Aunque creó profundos cambios en la composición demográfica del país, esa no era su intención original. Hasta ese momento, la inmigración se había basado en un sistema nacional de cuotas que favorecía a los países que ya tuviera inmigrantes en los Estados Unidos. El efecto práctico de la ley existente fue que las personas de los países del norte de Europa encontraron más fácil ingresar a los Estados Unidos, mientras que las personas de Asia estaban prácticamente excluidas. (La gente de México, en particular, y otras partes de América Latina no se habían contabilizado en las leyes anteriores de inmigración). La ley de 1965 reflejó los crecientes cambios en los Estados Unidos debido al movimiento por los derechos civiles. Hubo una creciente oposición a las leyes que se centraban en las cuotas o cupos nacionales, porque tenían un impacto discriminatorio, incluso contra personas del sur de Europa, de donde venían muchos nuevos inmigrantes. La nueva ley centró la atención en la reunificación familiar y la búsqueda de mano de obra calificada y puso fin al sistema nacional de cuotas.

Los defensores de la ley, incluido el presidente Lyndon Johnson, declararon que muy poco cambiaría, en términos prácticos, en la composición demográfica de los Estados Unidos. Pero esta ley tuvo el resultado opuesto. Las leyes anteriores prácticamente habían excluido a personas de África y Asia, pero esta ley permitió un crecimiento significativo de los inmigrantes de Filipinas y, después del final de la Guerra de Vietnam, una ola migratoria significativa de (lo que había sido) Vietnam del Sur

---

[1] Véase Paul Barton, *Hispanic Methodists, Presbyterians, and Baptists in Texas* (Austin: University of Texas Press, 2006), y Daisy L. Machado, *Of Borders and Margins: Hispanic Disciples in Texas*, 1888–1945 (Oxford: Oxford University Press, 2003).

También abrió la puerta, por primera vez en la historia de los EE. UU., a una migración significativa desde otras partes de Asia.

Pero el impacto más significativo, para nuestros propósitos, fue en la inmigración desde América Latina. Desde el momento que Estados Unidos tomó el sudoeste, había habido migración desde México, con un flujo constante que comenzó después de la Revolución Mexicana. Pero la migración permanente no se había contabilizado en leyes anteriores. La nueva ley permitió la reunificación familiar para personas de México, de modo que las familias pudieran usar los vínculos generacionales transfronterizos que ya existían para la nueva migración legal. Los eventos en Cuba y la República Dominicana que alentaron la migración fueron respaldados por la ley de 1965, la cual dio a las personas de esos países un acceso legal claramente definido a los Estados Unidos.

Los cambios demográficos traídos por la ley de inmigración se hicieron sentir en las siguientes tres décadas. De 1965 a 1995, más de 18 millones de personas emigraron legalmente a los Estados Unidos. Mientras que antes de 1965 más del 50 por ciento de los inmigrantes eran de Europa y 6 por ciento de Asia, tres décadas después, 31 por ciento eran de Asia (1.4 millones de Filipinas y 800,000 de Corea, India y Vietnam) y solo 16 por ciento eran de Europa. Pero el grupo más grande de nuevos inmigrantes era de América Latina: 4.3 millones legalmente de México y aproximadamente 800,000 de Cuba y República Dominicana. La ley también creó el ambiente para las migraciones posteriores desde Centroamérica.[2]

Aunque la migración más grande de América Latina se originó en México, los patrones migratorios desarrollados por la ley de 1965 fueron particularmente significativos para el protestantismo latino debido a los inmigrantes protestantes de Cuba y Puerto Rico. Muchos de los protestantes de Cuba estaban vinculados a denominaciones históricas, como los presbiterianos y metodistas, e incluían un pequeño pero importante número de pastores, teólogos y líderes que habían sido educados en instituciones y seminarios protestantes en la isla. Rápidamente se unieron a las filas del liderazgo en sus respectivas denominaciones, y los inmigrantes que ya eran protestantes se unieron a iglesias latinas existentes o se convirtieron en parte de nuevos proyectos eclesiales en las áreas en las que se asentaron.

Una situación similar sucedió con los pastores protestantes puertorriqueños. Debido a que no tenían que pasar por el proceso de inmigración, podían ser reclutados directamente por sus respectivas denominaciones en el continente para pastorear iglesias latinas. Por otro lado, varios grupos puertorriqueños pentecostales enviaron pastores y misioneros para comenzar nuevas iglesias entre los puertorriqueños de la diáspora y otros latinos. El movimiento entre la isla y el continente fortaleció a las iglesias latinas en los Estados Unidos y las mantuvo unidas a sus congregaciones hermanas en Puerto Rico.

---

[2] "U.S. Immigration Since 1965," History Channel, consultado el 20 de Marzo, 2017, http://www.history.com/topics/us-immigration-since-1965.

Crecimiento Protestante Latino en Cifras

Ya en este período el número de protestantes latinos se había expandido más allá de la posibilidad de ser contablizados fácilmente por reportes denominacionales. Las denominaciones históricas continuaron preparando informes detallados, pero muchas otras denominaciones no mantuvieron registros tan exactos. Además, aparte de los informes denominacionales y algunos estudios de regiones específicas, no hubo ningún estudio detallado del protestantismo latino durante este período que intentara mantener un registro de todas las denominaciones e iglesias que estaban comenzando iglesias latinas. Por lo tanto, es difícil tener una idea general del crecimiento y la diversificación de la comunidad desde 1965 hasta 1986, aunque se pueden ver patrones claros a través de los informes existentes. Otra dificultad fue que los registros denominacionales informaron solo el número de miembros adultos, con diversos grados de precisión. No dieron cuenta de aquellos que simplemente se identificaron como protestantes, incluidos los niños y los que no eran miembros.

Uno de los estudios más significativos de los protestantes latinos durante este período fue realizado por Clifton Holland, *The Religious Dimension in Hispanic Los Angeles: A Protestant Case Study*,[3] [La Dimensión Religiosa en los Hispanos de Los Ángeles: Un Caso de Estudio Protestante]. El objetivo del estudio fue determinar el tamaño de la población latina protestante del condado de Los Ángeles en 1970, en su mayoría mexicanos o mexicano-estadounidenses. El estudio es muy completo e incluye información demográfica general, historias cortas del ministerio latino de las principales denominaciones representadas en la región y una lista de todas las iglesias protestantes latinas conocidas en la región. Holland identificó 227 iglesias y treinta y ocho departamentos de habla hispana en las iglesias de lengua inglesa. Según los informes de esas iglesias y denominaciones, había 14,930 miembros adultos, con un tamaño promedio de iglesia de 71 miembros. Los grupos eclesiales con al menos diez iglesias latinas en el condado de Los Ángeles fueron los siguientes:

	Iglesias	Miembros
Iglesias Bautistas Americanas	28	2,390
Convención Bautista del Sur	24	1,600
Asambleas de Dios	18	1,080
Pentecostal Independiente	17	1,020
Concilio Latinoamericano de Iglesias Cristianas (CLADIC)	15	900
Iglesia Metodista Unida	14	1,540
Asamblea Apostólica	12	1,000
Iglesia Adventista del Séptimo Día	11	880

---

[3] Clifton L. Holland, *The Religious Dimension in Hispanic Los Angeles: A Protestant Case Study* (South Pasadena, CA: William Carey Library, 1974).

| Iglesia Presbiteriana USA (IPUSA) | 10 | 615 |
| Iglesia del Evangelio Cuadrangular | 10 | 600 |

Aunque los grupos más grandes eran bautistas, había más iglesias pentecostales entre los latinos en el condado de Los Ángeles que otras familias eclesiales (Holland identificó 80 iglesias). Lo que no parece claro es lo que se reportó en cuanto al número de iglesias de las AD. Ya había 142 iglesias en el Distrito Latino Pacífico en 1971, por lo que no está claro por qué Holland identificó solo 18 iglesias en el condado. Pero aparte de ese tema, esto parece una muy buena imagen del protestantismo latino en el condado durante ese período.

Holland analiza el estado del protestantismo latino en la región. Él concluye que

> Una serie de factores relacionados con el origen y desarrollo de la Iglesia Protestante Hispana ha contribuido en la creación de una multiplicidad de congregaciones introvertidas: (1) la hostilidad general contra los protestantes en los barrios mexicano-estadounidenses, especialmente de parientes y vecinos católicos; (2) la ideología fundamentalista —con su ascetismo, hiperindividualismo y anticatolicismo— que caracterizó a la mayoría de los "especialistas" de las misiones anglo mexicanas y que generalmente fue adoptada por los protestantes hispanos; (3) la exclusividad y competencia entre varios grupos protestantes, especialmente entre los pentecostales y entre los Adventistas del Séptimo Día y todos los demás grupos protestantes; (4) el imperialismo cultural y el paternalismo demostrado hacia la Iglesia Hispana tanto por la iglesia anglo de clase media como por el Establecimiento denominacional Anglo.[4]

Holland desarrolló PROLADES (Programa Latinoamericano de Estudios Sociorreligiosos), que se convirtió en un instituto de investigación que estudia la religión en América Latina y los latinos en los Estados Unidos. En 1983, Ildefonso Ortiz de World Team utilizó una metodología similar a la de Holland en el área de Miami-Dade y produjo un "Directorio de Iglesias, Organizaciones y Ministerios de las Iglesias Hispanas Evangélicas en Miami-Dade". El estudio identificó 222 iglesias y misiones protestantes latinas que fueron parte de los siguientes grupos: Convención Bautista del Sur (37), iglesias pentecostales independientes (31), Asambleas de Dios (17), otras iglesias independientes (15), Iglesia Metodista Unida (14), iglesias bautistas independientes (13), Iglesia de Dios (Cleveland, Tennessee) (9), iglesias luteranas (9), iglesias presbiterianas (8), iglesias episcopales (6) y la Iglesia de Dios Pentecostal (6).[5]

---

[4] Holland, *Religious Dimension*, 442–43.
[5] Clifton L. Holland, comp., "A Chronology of Significant Protestant Beginnings in Hispanic Ministry in the USA," PROLADES, última revisión el 31 de Julio, 2003, http://www.prolades.com/historical/usa-hisp-chron.pdf.

En 1986, PROLADES brindó asistencia técnica a AHET (Asociación Hispana para la Educación Teológica) para realizar un nuevo estudio en nueve condados del sur de California. Lou Córdova, que trabajó con el Centro de Misión Mundial de los EE. UU. (Pasadena, California), produjo el *Directory of Hispanic Protestant Churches in Southern California* [Directorio de Iglesias Protestantes Hispanas en el Sur de California]. Aunque cubre un área más grande que el estudio de Holland, uno puede comparar el número y los tipos de iglesias para darse cuenta de cuánto crecimiento y cambio ocurrieron durante este período. Según el directorio, había 1,048 iglesias protestantes latinas en la región de nueve condados.

Los Ángeles	687
Orange	80
San Diego	75
San Bernardino	65
Riverside	52
Ventura	29
Kern	26
Imperial	22
Santa Bárbara	12

La división de los grupos de iglesia fue la siguiente (enumerando solo los grupos más grandes):[6]

Asambleas de Dios	124
Asamblea Apostólica	108
Bautista Americana	97
Adventista del Séptimo Día	68
Bautista del Sur	67
Cuadrangular	48
Iglesia de Dios (Cleveland)	45
Iglesia del Nazareno	40
Bautista Conservadora	24
Metodista Unida	19
Presbiteriana (USA)	18
Asamblea de Iglesias Cristianas	16

Los puntos que más se destacan al comparar los dos estudios son: (1) El número de iglesias en el condado de Los Ángeles subió de 227 a 687 durante el período. (2) El número de iglesias pentecostales aumentó mucho más que los otros grupos. (3) Las denominaciones históricas (metodistas y presbiterianos) se estaban convirtiendo en una

---

[6] Lou Cordova, *Directory of Hispanic Protestant Churches in Southern California* (Pasadena, CA: AHET, 1986).

parte mucho más pequeña del todo en ese momento. (4) Cuatro de los cinco grupos protestantes latinos más grandes en los Estados Unidos hoy en día, ya eran parte de los cinco primeros en el sur de California en ese momento. Este estudio no incluye un análisis de las iglesias, ni ninguna historia. Es solo un directorio, como su nombre lo indica claramente.

Reportes de Denominaciones Específicas

Los patrones generales reflejados en los dos estudios se trasladaron a cada una de las denominaciones involucradas en el ministerio entre los latinos durante este período. El crecimiento significativo de la comunidad latina después de 1965 se reflejó en el crecimiento de la mayoría de las denominaciones, particularmente los grupos evangélicos y pentecostales. José Girón se desempeñó como superintendente nacional para el Distrito Latinoamericano de las **Asambleas de Dios** después de 1958. Debido al crecimiento de este distrito, en 1971 Girón guió la denominación a dividirlo en cuatro distritos.

- Distrito Pacífico Latinoamericano — comenzó con 142 iglesias en California, Nevada, Arizona, Oregón, Washington y Hawai (Girón—superintendente)
- Distrito Latinoamericano del Golfo — comenzó con 142 iglesias en Texas, Oklahoma, Louisiana y Arkansas (Josué Sánchez—superintendente)
- Distrito Latinoamericano Central — comenzó con 92 iglesias en Colorado, Utah, Idaho, Wyoming, Nuevo México y Montana (Néstor Bazán—superintendente)
- Distrito Latinoamericano de Medio Oeste — comenzó con 37 iglesias en Illinois, Iowa, Minnesota, Missouri, Kansas, Michigan, Indiana, Nebraska, Wisconsin, Dakota del Norte y Dakota del Sur (Zeferino Caballo—superintendente)

Estos fueron agregados a los dos distritos que ya existían, el Distrito de Puerto Rico (iniciado en 1921) y el Distrito Hispano del Este (iniciado en 1957). En 1981, el Distrito Sudeste Latinoamericano se estableció para iglesias en Florida, Carolina del Norte, Carolina del Sur, Georgia, Alabama y Mississippi. Más tarde (1998) el Distrito Latinoamericano del Pacífico se dividió en dos, con iglesias en Washington, Oregón y el centro y norte de California formando el Distrito Latinoamericano del Pacífico Norte.

Esta expansión estructural refleja el crecimiento de las iglesias latinas. En 1977 había 481 iglesias y 36,000 miembros. El crecimiento experimentado durante este período prepararía el terreno para un crecimiento más explosivo y un mayor impacto en la última parte del siglo XX. En cierto sentido, se estableció el escenario para ese nuevo rol en 1984 cuando Jesse Miranda fue nombrado superintendente del Distrito Latinoamericano del Pacífico (se dirá más en el próximo capítulo).[7]

Los **Bautistas del Sur** vieron un patrón de crecimiento similar, informando un crecimiento más rápido durante este período que las AD. El crecimiento más dramático ocurrió en Texas, pero establecieron iglesias latinas en la mayoría de las áreas donde los Bautistas del Sur y los latinos interactuaron. En 1980, Joshua Grijalva informó que había 115,000 bautistas hispanos en los Estados Unidos (40,000 en Texas) y que los Bautistas del Sur tenían 1,600 iglesias, 600 de las cuales estaban en Texas.[8]

La Convención Bautista Mexicana de Texas se había fusionado con la Convención Bautista General de Texas en 1964. Esto hizo posible coordinar los ministerios bautistas entre las latinas en el estado. Los bautistas americanos en Texas y en todos los Estados Unidos estuvieron muy dispuestos a proporcionar fondos para la evangelización y el desarrollo de la iglesia entre los latinos. El modelo Bautista del Sur para desarrollar y financiar ministerios se ubicaba entre las AD y las denominaciones históricas. A los nuevos ministerios se les proporcionó una buena cantidad de fondos, pero a los ministerios locales se les concedió una gran autonomía. Esto proporcionó amplias oportunidades para la expansión del ministerio, aunque también creó situaciones en las que las iglesias latinas recibieron financiamiento externo durante muchos años.[9] Pero el sentido entre los bautistas en ese momento era que

> La unificación ha sido probada. Es la respuesta de Dios a las necesidades de los miles de hispanos. Los problemas son muchos, pero las promesas de Dios son mayores cuando su pueblo intenta grandes cosas para Cristo. Algunos de los problemas son: oportunidades educativas para los niños hispanos, equidad e igualdad en la búsqueda de empleo, prejuicios continuados por parte de muchos, la continua inundación de personas indocumentadas en el estado, etc… [Pero] la unificación no significa descentralización o pérdida de identificación…. El ministerio puede que sea monolingüe o bilingüe. Y puede haber quienes se mezclen por completo con la cultura y la sociedad estadounidenses. Pero todos podemos trabajar juntos por el amor de Jesús.[10]

Los **Adventistas del Séptimo Día** experimentaron un patrón de crecimiento similar al de otros grupos. Estaban estableciendo iglesias latinas en cada uno de sus distritos (uniones), expandiéndose a nuevas partes de los Estados Unidos a medida que las latinas se mudaban a esas áreas. Para 1980, estaban reportando 28,400 miembros latinos en los

---

[7] Sergio Navarrete, "Los Distritos Latinos de las Asambleas de Dios en Los Estados Unidos," en *Iglesias peregrinas en busca de identidad: Cuadros del protestantismo latino en los Estados Unidos*, ed. Juan F. Martínez Guerra y Luis Scott (Buenos Aires: Kairos Ediciones, 2004), 84–85.

[8] Joshua Grijalva, *A History of Mexican Baptists in Texas, 1881–1981* (Dallas: Baptist General Convention of Texas, 1982), 171–72.

[9] Grijalva, *Mexican Baptists in Texas*, 171–72.

[10] Grijalva, *Mexican Baptists in Texas*, 184–85.

Estados Unidos.[11] La nueva migración también los benefició porque también estaban creciendo en América Latina. Específicamente, se beneficiaron del éxodo marítimo de Mariel. Uno de los objetivos del gobierno cubano en el éxodo marítimo era deshacerse de "indeseables". Desde la perspectiva de los cubanos, esto incluía a los Adventistas del Séptimo Día y los Testigos de Jehová. Decenas de miles de los que se fueron eran de estos grupos.[12] Esto le dio a la denominación un nuevo impulso de crecimiento que, cuando se agregaron a otros inmigrantes, el tamaño de la membresía latina quedó más que duplicado en 1990 a 65,402.[13]

Este período fue uno de expansión constante para la **Iglesia de Dios** (Cleveland, Tennessee). Su trabajo en los Estados Unidos continuó vinculado a su trabajo en América Latina, particularmente en lo relacionado con publicaciones. También se basó en su fundamento latinoamericano para muchos nuevos líderes. Debido al estrecho vínculo entre el trabajo en América Latina y el ministerio entre los latinos estadounidenses, la denominación pudo crecer a base de los nuevos inmigrantes. Durante este período, amplió el número de regiones hispanas, ya que estableció iglesias en nuevas áreas hasta llegar a las ocho regiones en que están ahora divididos.

La **Asamblea Apostólica de la Fe en Cristo Jesús** experimentó un período de crecimiento, consolidación y cambio durante este período. Al igual que otras denominaciones pentecostales, se benefició del crecimiento de la población latina a través de nuevas migraciones. Recibió miembros de su denominación hermana en México y también atrajo a nuevas personas a la fe. Internamente, consolidó su estructura organizacional nombrando obispos que a largo plazo proporcionaron estabilidad a la denominación. Pero fue también durante estos años que enfrentó las tensiones más significativas con su denominación hermana en México.

Si bien las denominaciones evangélicas y pentecostales estaban experimentando un gran crecimiento, las denominaciones históricas, con casi cien años de ministerio en la comunidad latina, buscaban nuevas formas de avanzar. La integración había debilitado la presencia latina en las iglesias presbiterianas y metodistas. En 1968, los latinos en la Conferencia del Sur de California-Arizona de la **Iglesia Metodista Unida** abordaron el impacto del modelo de integración en los metodistas latinos. El Comité de Estrategia Étnica de la conferencia afirmó que "la integración vista como anglización es un concepto anticuado entre los mexico-americanos, y nuestras iglesias ya no pueden tolerarlo…. Antes que aceptar un model anglo, el liderato hispano le presentó un reto a la visión fundamental de la iglesia y llamó a otros en la región a adaptarse a la realidad

---

[11] Clifton L. Holland, ed., comp., prod., "Historical Profiles of Protestant Denominations with Hispanic Ministries in the USA: Listed by Major Traditions and Denominational Families," PROLADES, última actualización el 15 de Agosto, 2012, http://www.hispanicchurchesusa.net/denominations/hsusa_historical_profiles_15August2012.pdf, 208.
[12] "Mariel Boatlift," Wikipedia, última modificación el 9 de Marzo, 2017, https://en.wikipedia.org/wiki/Mariel_boatlif
[13] Holland, "Historical Profiles," 208.

hispana. Es dentro de ese marco de referencias que ha de medirse la obra que ha tenido lugar desde entonces".[14]

En 1971, los líderes latinos en la denominación formaron MARCHA (Metodistas Representando a la Causa de los Hispanos Americanos) como un caucus o junta dentro de la denominación para asegurarse de que los asuntos relacionados con los latinos fueran abordados. En 1979 organizaron la Consulta Nacional Hispana, que sirvió para darle a los latinos una sensación de "poder y entusiasmo" dentro de la IMU.[15] Durante este período, los metodistas produjeron un himnario, *Himnario Metodista* (1973), y dos cancioneros más pequeños, *Celebremos* (1979) y *Celebremos II* (1983), que ayudó a traer un sentido de unidad a las iglesias latinas de la IMU. En 1973 la Escuela de Teología Perkins estableció el Programa México-Estadounidense (MAP, por sus siglas en inglés — ahora llamado Programa Hispano/Latin@) "para preparar a los líderes de la iglesia con conocimiento y habilidades para un ministerio efectivo en contextos y culturas de habla hispana". Este programa continúa brindando liderazgo en el pensamiento teológico y sirve como defensor en nombre de las iglesias y ministerios latinos.[16]

Las iglesias presbiterianas, **IPUSA** e **IPUS**, se encontraron en una situación difícil al comienzo de este período. El movimiento La Raza entre los chicanos hizo que las denominaciones reconsideraran el "paternalismo benéfico que había caracterizado de manera tan indeleble sus acciones misioneras durante más de un siglo".[17] "Al comenzar la década de 1960, tanto la iglesia IPUS como la IPUSA se dieron cuenta de que su respectivos programas de misión para los mexico-estadounidenses habían llegado a un callejón sin salida. En la iglesia del sur esto fue señalado por la disolución del presbiterio Texas-Mexicano y los esfuerzos infructuosos para integrar a las congregaciones de habla hispana en los presbiterios anglos. En las denominaciones del norte, la "reducción" de las misiones educativas en Nuevo México… indicó que el viejo orden lentamente cedía".[18]

A medida que ambas denominaciones comenzaron a coordinar sus esfuerzos ministeriales, trabajando para una posible fusión en 1983, en 1966 desarrollaron el Instituto Hispanoamericano con el Dr. Jorge Lara-Braud como director. En 1967, presentó un trabajo titulado "La Asociación de la Iglesia con los Mexico-estadounidenses: Una Propuesta para los Clérigos Protestantes Anglosajones", en el que describió cómo los presbiterianos podrían servir más eficazmente entre las latinas. La relación entre anglos y mexico-estadounidenses estaba cambiando en la sociedad estadounidense, y la actitud militante de muchos de estos últimos se sintió en la

---

[14] Justo L. González, editor, *En nuestra propia lengua Una historia del metodismo unido hispano* (Nashville: Abingdon, 1991), 82–83.

[15] González, *En nuestra propia lengua*, 156.

[16] "The Hispanic/Latin@ Ministries Program," SMU Perkins School of Theology, consultado el 30 de Marco, 2017, https://www.smu.edu/Perkins/PublicPrograms/MAP.

[17] R. Douglas Brackenridge y Francisco O. García-Treto, *Iglesia Presbiteriana: A History of Presbyterians and Mexican Americans in the Southwest* (San Antonio: Trinity University Press, 1974), 197.

[18] Brackenridge y García-Treto, *Iglesia Presbiteriana*, 197

Asamblea General de la IPUSA cuando se realizó en 1969. Militantes negros y latinos ocuparon las oficinas de Nueva York de la Junta de Misiones Nacionales y las oficinas del Seminario Teológico McCormick en Chicago. También se formó un grupo de clérigos de La Raza en el sur de California para tratar asuntos de interés en ese sínodo. A lo largo de la década de 1970, se hicieron otros esfuerzos para abordar los problemas de la comunidad dentro de la denominación más grande. Sin embargo, a mediados de la década de 1980, no estaba claro si los esfuerzos estaban produciendo resultados positivos en el ministerio presbiteriano latino. En 1987, Brackenridge y García-Treto preguntaban: "En la última década, las iglesias hispanas del sudoeste parecen haber tenido poco o ningún crecimiento. ¿Se puede decir que están defendiéndose, incluso dado el constante declive en la membresía de la iglesia en general?... [¿Existe] la emergencia de una nueva autocomprensión de la naturaleza y la misión de la iglesia hispana?".[19]

Otras Denominaciones

Durante los primeros años del pentecostalismo unicitario, cada una de las principales denominaciones se centró en un grupo étnico y alentó a las personas de otros grupos étnicos a unirse a sus denominaciones hermanas. En ese modelo, la Asamblea Apostólica se centró en los latinos, las Asambleas Pentecostales del Mundo se centraron en los afroamericanos, y la **Iglesia Pentecostal Unida** (IPU) se centró en los anglos. Esto comenzó a cambiar a medida que la IPU hacía su trabajo de misión en América Latina y algunos miembros latinos apostólicos insatisfechos recurrían a la IPU para obtener apoyo. En 1978, la IPU comenzó el ministerio entre los latinos en Nueva York con un grupo de personas de habla hispana y se expandiría desde allí. Anteriormente (1971) una división entre pentecostales unicitarios había servido como base para establecer la Iglesia Pentecostal Unida Hispana, Inc., en Houston en 1971.[20] Otro grupo de unicitarios se desarrolló a partir del trabajo misionero de la IPU en Colombia. A medida que la iglesia se desarrolló en ese país, se independizó del cuerpo eclesial de los EE. UU. Cuando los inmigrantes colombianos llegaron a los Estados Unidos, comenzaron la Iglesia Pentecostal Unida Latinoamericana en 1989.[21] A lo largo de los años, otras divisiones más pequeñas entre pentecostales unicitarios han producido un número más pequeño de ramificaciones apostólicas o pentecostales unidos entre los latinos. El pentecostalismo trinitario experimentó un tipo similar de situación, particularmente entre los puertorriqueños en el área metropolitana de Nueva York. El número de iglesias pentecostales latinas continuó creciendo, pero el trabajo no se consolidó en las denominaciones más grandes. Se desarrollaron muchos grupos más pequeños de

---

[19] Brackenridge y García-Treto, *Iglesia Presbiteriana*, 239.
[20] Véase el sitio Web de denominaciones en http://www.ipuh.us/.
[21] Véase el sitio Web de denominaciones en http://www.ipul.us/.

iglesias, como la Federación de Iglesias Pentecostales Alpha y Omega (1967).[22] Algunas se iniciaron en los Estados Unidos, mientras que otras fueron esfuerzos misioneros que comenzaron en Puerto Rico. Esto también se vio entre los latinos en el sudoeste, particularmente cuando los nuevos inmigrantes trajeron nuevas expresiones de fe pentecostal con ellos, como la Iglesia del Dios Vivo "Cristo Viene" (1974).[23] Esta tendencia reflejaría una tendencia similar en América Latina; el desarrollo de movimientos nuevos por líderes que deciden establecer algo por su propia cuenta, sintiendo el llamado de Dios para hacer algo nuevo.

Durante este período, algunas denominaciones más pequeñas también comenzaron o expandieron el trabajo entre los latinos. Algunos de estos no se separaron, sino que buscaron formas de trabajar juntos. Por ejemplo, tanto la Iglesia Menonita como los Hermanos Menonitas habían comenzado a trabajar entre los latinos en la década de 1930. Otros grupos anabautistas/menonitas, como los Hermanos en Cristo y la Iglesia Evangélica Menonita, comenzaron a trabajar entre los latinos en los años sesenta y setenta. A fines de la década de 1970 y principios de la década de 1980, estas denominaciones hermanas trabajaron juntas con iglesias de habla hispana en los Estados Unidos e iglesias en América Latina para desarrollar un currículo común de educación cristiana (Currículo Anabautista de Educación Bíblica Congregacional) y una revista conjunta con la sede de los Estados Unidos, *Ecos Menonitas*. Estos y otros esfuerzos conjuntos en América Latina reflejaron el crecimiento de las iglesias relacionadas con los anabautistas entre los latinos estadounidenses y en América Latina.

Se desarrollaron nuevos movimientos durante este período que demostraron que los latinos eran un grupo de personas cada vez más diverso. En 1967, Sonny Arguinzoni, un pastor ordenado de las AD, decidió centrar su ministerio en drogadictos y pandilleros en el área de Los Ángeles. Alcance Victoria nació entre los latinos y ha centrado la mayor parte de su ministerio dentro de la comunidad latina. A pesar de que tiene muchas congregaciones que ministran principalmente en español, nunca se ha visto a sí misma como una denominación latina y está claramente comprometida con el ministerio más allá de la comunidad latina. Sin embargo, es una denominación predominantemente latina que se ha extendido e impactado las vidas de los latinos que se han encontrado en medio de estilos de vida destructivos. Desarrolló un modelo de ministerio que ha logrado sacar a miles de personas de la adicción a las drogas y los estilos de vida de pandillas en todo el mundo. Aunque no es formalmente una denominación latina, reflejó la cara cambiante de la realidad latina y habló, y continúa hablando, a un segmento importante de la comunidad.

Un tipo diferente de diversificación entre los latinos destacó a medida que varias manifestaciones de renovación se desarrollaron en el sur de California. Tanto **Calvary Chapel** como **Vineyard** atrajeron a latinas desde un principio, y ambos desarrollaron ministerios en español durante este período. Pero también han atraído a muchos latinos

---

[22] Holland, "Historical Profiles," 273.
[23] Holland, "Historical Profiles," 306.

134

que preferían adorar en inglés. Estos movimientos han atraído a latinas en todo el espectro de la identidad latina. Hay personas en los servicios en inglés que hablan español una vez que salen de la iglesia, personas que prefieren adorar en español, líderes latinos que dirigen congregaciones en inglés y anglos que dirigen congregaciones que adoran en español.

Otras familias denominacionales también comenzaron congregaciones latinas, aunque su presencia no se sintió con tanta fuerza como las principales denominaciones. En la década de 1980 había iglesias latinas en la mayoría de las tradiciones teológicas protestantes. La mayoría tenían pequeños grupos de iglesias o congregaciones dispersas donde había iglesias anglo existiendo en medio de nuevas comunidades latinas.

La mayor parte del crecimiento reportado por las denominaciones existentes y los nuevos movimientos refleja una expansión directamente vinculada al crecimiento de la comunidad latina y al creciente impacto del protestantismo, tanto entre la población de habla hispana en los Estados Unidos como en toda América Latina. Pero los patrones de crecimiento también reflejaron la cara cambiante del protestantismo estadounidense. Fueron los grupos evangélicos y pentecostales los que crecieron, a menudo con bastante rapidez. Y fueron las denominaciones históricas, algunas de las cuales tenían una historia más larga entre los latinos, que no estaban creciendo o que les resultaba difícil expandir sus ministerios en medio de la expansión demográfica.

El Movimiento por los Derechos Civiles y Su Impacto en el Protestantismo Latino

El movimiento por los derechos civiles tuvo un impacto significativo en la comunidad latina. Aunque el enfoque de la legislación de derechos civiles de 1965 fue la comunidad afroamericana, los latinos también se levantaron para cuestionar el orden existente y para buscar sus derechos. Una de las áreas en las que sus esfuerzos produjeron un resultado positivo fue la legislación de inmigración de 1965. También abordaron cuestiones de educación, vivienda, vigilancia y derechos de los trabajadores.

Los problemas planteados por el movimiento de derechos civiles afectaron al protestantismo latino en varios niveles. Mientras los latinos buscaban el reconocimiento de sus derechos, las iglesias protestantes tenían que hacer preguntas difíciles sobre sus actitudes hacia los latinos y hacia las cuestiones sociales que planteaban los latinos en los Estados Unidos. Internamente, los latinos desafiaban las estructuras denominacionales existentes. También buscaban (o exigían) un lugar en la mesa de toma de decisiones. Los modelos anteriores de integración y asimilación habían fallado, y ahora se necesitaba un nuevo modelo. Algunas denominaciones formaron caucuses latinas en los cuales los líderes latinos buscaron una voz; otros nombraron a líderes latinos para encabezar ministerios étnicos orientados a los latinos. Los latinos estaban dejando las denominaciones para formar las suyas propias porque sentían que no tenían voz en lo que estaba sucediendo allí. Esto se complicó aún más por los diferentes tipos de necesidades que sentían los diversos grupos latinas en el país.

Pero los problemas planteados externamente también tuvieron un impacto. ¿Qué papel, si había alguno, deberían tener los protestantes latinos en los asuntos sociales directamente relacionados con ellos? La pregunta fue particularmente pertinente durante la lucha por los derechos de los trabajadores agrícolas y las protestas en varias ciudades importantes relacionadas con la vivienda, la educación y las oportunidades de empleo. Grupos como los Young Lords, los Brown Berets [Boinas Café] y el Partido de La Raza Unida buscaron incitar a los latinos hacia la toma de acciones. Uno de los más conocidos de estos esfuerzos fue el intento de los United Farm Workers (UFW) [Trabajadores Agrícolas Unidos] de César Chávez por organizar a los trabajadores agrícolas en el centro de California y en otros lugares. Las diferentes denominaciones respondieron de manera muy diferente a los esfuerzos organizativos de los UFW. Para muchos evangélicos esto era algo fuera de su entendimiento de lo que era el ministerio. No vieron un papel para la iglesia en el movimiento de trabajadores agrícolas. Si hablaban del tema, generalmente era negativo, asumiendo que los UFW representaban intereses de izquierda que no beneficiarían a los Estados Unidos en general.

Por otro lado, hubo un apoyo considerable para los UFW entre las denominaciones históricas. El Ministerio de Migrantes (más tarde el Ministerio Nacional de Trabajadores Agrícolas) del Consejo Nacional de Iglesias apoyó públicamente a los UFW. Chris Hartmire, un pastor presbiteriano ordenado, que se desempeñó como director ejecutivo del ministerio desde 1961 hasta 1981, apoyó firmemente a los UFW, un posición que fue vista como controvertida en muchos círculos. Más tarde renunció a este puesto para trabajar directamente con el sindicato. Hartmire trabajó arduamente para conectar el NCC con el movimiento de los UFW.[24] El NCC, los Discípulos de Cristo, la Iglesia Unida de Cristo y la Asociación Unitaria Universalista hicieron declaraciones a favor de los UFW en diferentes momentos.[25]

Estas declaraciones de apoyo público a los derechos de los latinos ocurrieron en medio de otros cambios externos dentro del protestantismo histórico. A medida que estas iglesias se interesaban más por las relaciones ecuménicas, estaban menos interesadas en invitar a los latinos a dejar el catolicismo, aunque solo fuera una fe nominal para ellos, y unirse a sus iglesias. Debido a que la mayoría de los conversos protestantes latinos eran antes católicos, así fuera solo de nombre, esto creó un dilema para las denominaciones protestantes principales que estaban fortaleciendo los vínculos con la Iglesia Católica

---

[24] Véase Ronald A. Wells, "Cesar Chavez's Protestant Allies: The California Migrant Ministry and the Farm Workers," *Journal of Presbyterian History* (Spring/Summer 2009): 5–16; Pat Hoffman, *Ministry of the Dispossessed: Learning from the Farm Worker Movement* (Los Angeles: Wallace Press, 1987); Frank Bardacke, Trampling Out the Vintage: Cesar Chavez and the Two Souls of the United Farm Workers (New York: Verso, 2011), 121–24.

[25] "Statements and Resolutions," National Farm Worker Ministry, 2017, http://nfwm.org/statements-resolutions/.

Romana en ese momento. Lo que siempre se había entendido como evangelización por los protestantes ahora era visto por muchos en las iglesias históricas como proselitismo. Así que, a pesar de que estaban trabajando por los derechos de los latinos entre los trabajadores agrícolas y más tarde protegiendo a los latinos a través del Movimiento Santuario, las denominaciones históricas no cosecharon un crecimiento significativo en la membresía latina. Debido a que este no era un problema para los pentecostales y evangélicos, ellos continuaron atrayendo a católicos romanos nominales a sus iglesias, mientras que las denominaciones históricas participaban en los esfuerzos por apoyar sus derechos civiles.

El asunto se complicó aún más porque las personas involucradas en este tipo de ministerios a menudo no reflejaban las actitudes de las personas en las bancas. La mayoría de los anglos en las iglesias históricas no apoyaban necesariamente al movimiento de los UFW o al Movimiento Santuario.

Pero el papel de los protestantes latinos en este tipo de movimientos también se vio complicado por la cambiante comprensión teológica de los pentecostales latinos sobre su papel en la sociedad. Históricamente, la mayoría había sido apolítica. Pero algunos comenzaron a trabajar en temas de justicia social. Reies López Tijerina, un pastor licenciado de las AD, trató temas de derechos a la tierra en Nuevo México durante la década de 1960. Aunque sus credenciales fueron revocadas por la denominación, se convirtió en una cara importante de las distintas luchas de los latinos por la justicia.

Hubo también algunos pastores latinos de las AD que participaron con César Chávez y que influyeron en sus esfuerzos de organización. Chávez fue influenciado por los pentecostales latinos cuando era niño y aprendió de su compromiso religioso. Las latinas pentecostales laicos participaron en la Community Service Organization (CSO) [Organización de Servicios Comunitarios] y más tarde en el movimiento de los UFW. El propio Chávez reconoció que aprendió del espíritu de los pentecostales latinos y que utilizó algunas de sus técnicas en su organización sindical. Chávez también se inspiró profundamente en su fe católica y en la fe de las personas, lo que tendió a crear tensiones con los aliados liberales no religiosos del movimiento. Pero Chávez también lamentó que a menudo recibiera un mejor apoyo de los pastores protestantes, mientras que los sacerdotes católicos a veces se mostraban reacios a apoyarlo abiertamente.[26]

Hubo un tipo diferente de compromiso social entre los protestantes con respecto a los refugiados cubanos que comenzaron a establecerse en los Estados Unidos en grandes cantidades durante la década de 1960. Debido a que algunos de los refugiados ya eran miembros de denominaciones hermanas en Cuba, los programas de reasentamiento de varios tipos ayudaron a vincularlos con las iglesias de su origen denominacional. Debido a que muchas de las primeras generaciones de refugiados cubanos habían estado en posiciones de poder e influencia en Cuba, estaban preparados para formar parte de la estructura de la sociedad. Una vez que se hicieron ciudadanos, comenzaron a votar y

---

[26] Gastón Espinosa, *Latino Pentecostals in America: Faith and Politics in Action* (Cambridge, MA: Harvard University Press, 2014), 334–39.

gradualmente se convirtieron en una importante fuerza política y económica en Miami y en otros lugares. También comenzaron a tener influencia en los medios de comunicación en español a nivel nacional y en el Partido Republicano. Este tipo de liderazgo también condujo a iglesias latinas fuertes y líderes en estructuras denominacionales. Pero, en general, los protestantes latinos no desempeñaron un papel significativo en el movimiento por los derechos civiles. Los latinos fueron marginados en las estructuras religiosas, ya fueran católicos o protestantes, y tenían poca influencia sobre ellas. La mayoría de los líderes latinos clave en la lucha se formaron fuera de las iglesias, en contraste con la mayoría de los líderes afroamericanos de la época. Y debido a que los protestantes latinos habían sido doblemente marginados, como una minoría dentro de una minoría, a la mayoría le resultaba difícil encontrar una voz en esta lucha. La teología de la mayoría de las iglesias invitó a los latinos a la transformación personal, pero asumió que la transformación social ocurriría solo cuando Jesús regresara. Durante este período, la mayoría de los protestantes latinos no se veían a sí mismos como posibles agentes de cambio en la sociedad estadounidense. Es por eso que la evaluación de Clifton Holland sobre la situación entre los protestantes hispanos en Los Ángeles en 1970 se habría aplicado a la mayoría de los protestantes latinos en los Estados Unidos.

> Muchos mexico-estadounidenses cuestionan seriamente la relevancia de las instituciones religiosas —católicas y protestantes— que se niegan a apoyar a las minorías reprimidas en sus luchas por la justicia social dentro de la sociedad estadounidense. ¿Han perdido las iglesias institucionales, ya sea la Iglesia Católica o las diversas denominaciones protestantes, su derecho a ser escuchadas debido a la falta de participación en la mejora de las condiciones socioeconómicas entre los mexico-estadounidenses y en llevar justicia social a los barrios del sur de California? El *servicio* social no es suficiente, se requiere *acción* social, es decir, *cambiar* las estructuras sociales injustas que han creado y que mantienen la injusticia para las minorías de la nación, especialmente los negros, los indios y los hispanoamericanos. Este tipo de acción correctiva es un imperativo bíblico y moral.[27]

Política Estadounidense en Centroamérica y una Nueva Ola Migratoria

Como se indicó en el capítulo 2, uno de los hilos clave para entender el protestantismo latino es la migración, particularmente los nuevos patrones migratorios creados por la intervención de los Estados Unidos en América Latina. Las guerras civiles en Centroamérica durante los años 1960-1990 crearon una gran agitación social en la región. Durante este tiempo de cambio rápido, muchas personas buscaron nuevas expresiones religiosas como una forma de abordar las dolorosas realidades que

---

[27] Holland, *Religious Dimension*, 415–16.

enfrentaban. El sistema religioso existente, el catolicismo romano, no parecía abordar sus necesidades. Para algunos, la Iglesia Católica parecía estar aliada con los poderes de la opresión. Algunas personas rechazaron la religión por completo, pero otras se sintieron atraídas por la teología de la liberación, que parecía ofrecerles una forma de aprovechar sus experiencias de fe para abordar la necesidad de un cambio social profundo.

Pero las guerras civiles y los conflictos internos ocurrían dentro del contexto global de la Guerra Fría. En los Estados Unidos, las guerras civiles se enmarcaron dentro de la lucha entre el capitalismo (o la fe cristiana) y el comunismo (ateo). Pero para muchos en América Latina, el problema era la injusticia. Para estas personas, la teología de la liberación parecía ofrecer un camino a seguir, porque les ayudaba a sacar provecho de su fe mientras luchaban por el cambio. Pero la mayoría de los pobres rechazó la teología de la liberación. Varios autores han citado la declaración atribuida a una monja Maryknoll en Guatemala: "La teología de la liberación optó por los pobres, pero los pobres optaron por el pentecostalismo".

La gente buscaba nuevas expresiones de fe en medio de su sufrimiento. El catolicismo, que había sido la religión oficial de la mayoría de los países de América Latina, no fue visto como una fuente de vida por muchas personas. El pentecostalismo había sido cada vez más atractivo para los pobres. Proporcionó un espacio para un encuentro con Dios, una transformación personal y un lugar donde los pobres podrían ser sujetos de misión e iglesia. La renovación carismática de las décadas de 1960 y 1970 creó nuevas expresiones religiosas en toda América Latina. Se desarrollaron nuevos movimientos religiosos que rápidamente dejaron atrás el protestantismo tradicional e incluso desafiaron algunos de los movimientos pentecostales.[28]

A medida que las personas se sentían atraídas por estas nuevas expresiones de fe, algunas personas intentaban establecer un vínculo con el trabajo de la CIA en la región. Está claro que algunos de los misioneros estadounidenses compartieron la interpretación de la Guerra Fría de la situación, y que algunos de los nuevos movimientos fueron influenciados por líderes en los Estados Unidos. Pero la situación era mucho más compleja. Las personas se sentían atraídas por las nuevas expresiones de fe y experiencia con Dios en medio de la violencia y el desorden social. En el transcurso de un par de décadas, los protestantes pasaron de ser una minoría minúscula a convertirse en una presencia significativa en muchos países de América Latina.

Fue en medio de la violencia y el reordenamiento religioso que la gente comenzó a huir de América Central durante la primera parte de los años ochenta. Debido a que muchas personas y políticos en Estados Unidos vieron las guerras civiles como parte del conflicto Este-Oeste, creyeron que todas y cada una de las acciones de los gobiernos militares para detener el avance del comunismo estaban justificadas, incluyendo un

---
[28] Véase Jean-Pierre Bastian, *La mutación religiosa de América Latina para una sociología del cambio social en la modernidad periférica* (Mexico City: Fondo de Cultura Económica, 1997), para un análisis del desarrollo de los nuevos movimientos religiosos.

número creciente de masacres. El presidente Jimmy Carter había intentado controlar el apoyo militar a estos regímenes, pero la administración Reagan proporcionó un fuerte apoyo político, financiero y militar a medida que estos gobiernos oprimían a su pueblo y mataban a cientos de miles de civiles. Cualquiera que cuestionara sus acciones era tratado como un simpatizante izquierdista. Debido a la violencia creciente a medida que los gobiernos usaban cualquier medio para aplastar a los movimientos guerrilleros, muchas personas huyeron de sus países y llegaron a la frontera estadounidense en busca de asilo político. Pero debido a que Estados Unidos estaba apoyando a los gobiernos de los que huían, rara vez se reconocían como refugiados políticos, a pesar de que la violencia de la que huían era mucho más destructiva de lo que los cubanos habían huido unos años antes.

Como resultado de la política del gobierno de los EE. UU., muchas iglesias protestantes históricas comenzaron el Movimiento Santuario. Las iglesias, en su mayoría iglesias protestantes históricas, ofrecieron sus edificios a los refugiados como refugios seguros a la luz de las políticas restrictivas de inmigración del gobierno de los Estados Unidos. Algunas de estas iglesias ayudaron a personas a llegar a Canadá, donde el gobierno estaba aceptando refugiados centroamericanos si podían probar que sus vidas estaban en peligro. Más de quinientas iglesias ofrecieron protección directa a las personas que huían de la violencia, y muchas más apoyaron su trabajo indirectamente.

El Movimiento Santuario fue otro ejemplo del rostro cambiante del ministerio protestante principal entre los latinos. Las iglesias proporcionaron este tipo de apoyo, pero, en su mayor parte, no intentaron atraer a los refugiados centroamericanos hacia ellos. Algunas iglesias proporcionaron apoyo espiritual para aquellos que se quedaban en su edificio, incluyendo consejería y servicios religiosos. Pero hubo pocos esfuerzos por organizarlos en congregaciones eclesiales. Muchos se beneficiaron de estos esfuerzos, pero en su mayoría, los que fueron ayudados no miraron hacia estas iglesias para un apoyo espiritual a largo plazo. Muchos de los que eran católicos miraban a la Iglesia Católica como su comunidad espiritual. Pero muchos eran de iglesias pentecostales o evangélicas y por eso buscaban una iglesia entre ellos.

Así que la década de 1980 resultó ser un momento de crecimiento significativo para las iglesias pentecostales y evangélicas latinas, que refleja patrones de crecimiento similares a los que ocurrían en los países de origen de los nuevos inmigrantes. Debido a que un porcentaje creciente de los migrantes centroamericanos ya eran protestantes, tendían a unirse a las iglesias latinas existentes, a menudo trayendo nueva vitalidad espiritual a esas iglesias.

Pero algunos centroamericanos también llevaron sus propias iglesias a Estados Unidos. Algunos grupos, como Elim (Guatemala) y Elim (El Salvador), establecieron iglesias donde los centroamericanos de estas iglesias se estaban estableciendo. A medida que estas iglesias crecieron, se expandieron más allá de la base centroamericana y comenzaron a atraer a los latinos de otros orígenes nacionales. Otros movimientos, como Amor Viviente (Honduras), se asociaron con denominaciones existentes para establecer iglesias en los Estados Unidos. Aún otros, como Llamada Final, se iniciaron en los Estados Unidos, pero con líderes y personas de iglesias que vinieron de Guatemala y otras partes de Centroamérica.

Las iglesias latinas, particularmente en el sudoeste, recibieron nueva energía de los nuevos inmigrantes y desarrollaron nuevos esfuerzos de acercamiento hacia otros migrantes. Aunque la mayoría de los inmigrantes protestantes eran de origen pentecostal, muchos protestantes de movimientos no pentecostales se unieron a iglesias de su propia tradición denominacional o fundaron iglesias con marcos teológicos similares. Protestantes como los de Iglesias Centroamericanas, una denominación centroamericana sin un vínculo denominacional directo con los Estados Unidos, por lo general se unieron a las iglesias evangélicas conservadoras no pentecostales existentes, aunque más tarde, algunas iglesias con un vínculo directo a esa denominación se iniciaron en los Estados Unidos. Estados. Debido a que las denominaciones principales tenían una presencia muy limitada en América Central, las iglesias latinas de esas denominaciones no se beneficiaron directamente de esta ola migratoria.

Para cuando el problema de los refugiados centroamericanos se resolvió parcialmente con la ley de inmigración de 1986 (véase el próximo capítulo), las iglesias pentecostales y neopentecostales latinas habían experimentado un nuevo crecimiento y el fortalecimiento de las iglesias existentes debido a esta nueva ola de inmigrantes. El crecimiento de las iglesias protestantes latinas en el sudoeste durante este período se debió en gran parte a la afluencia de centroamericanos.

Las Nuevas Olas del Caribe

La inmigración desde Cuba se había ralentizado después de que terminó el puente "aéreo" de la década de 1960. Pero Estados Unidos continuó otorgando el estatus de refugiado inmediato a cualquier cubano que llegara a Estados Unidos continental. Esa política se puso a prueba cuando cubanos disidentes invadieron varias embajadas en La Habana y el gobierno cubano permitió que cualquiera que quisiera abandonar Cuba lo hiciera, si otro país los recibía. En abril de 1980, el gobierno cubano abrió el puerto de Mariel para embarcaciones de los Estados Unidos que querían recoger personas. Desde ese momento hasta que las dos naciones llegaron a un acuerdo y Cuba cerró el puerto, alrededor de 125,000 personas fueron llevadas a los Estados Unidos desde Cuba (y algunas desde Haití). Esta ola impactó al protestantismo latino porque muchas iglesias respondieron a la necesidad, pero también porque el gobierno cubano utilizó el éxodo para deshacerse de personas "indeseables", incluidos miles de Adventistas del Séptimo Día y Testigos de Jehová. Los "Marielitos", como se les llamó, eran diferentes en clase y educación de muchos de los inmigrantes cubanos anteriores y crearon nuevos desafíos para las iglesias protestantes cubanas, pero también un crecimiento para los Adventistas del Séptimo Día.[29]

---

[29] "Mariel Boatlift," *Wikipedia*.

Pero el país caribeño que envió la mayor cantidad de inmigrantes a los Estados Unidos durante la década de 1980 fue República Dominicana. Aunque la migración dominicana comenzó seriamente después de la invasión estadounidense de Santo Domingo en 1963, el número de inmigrantes no fue muy grande hasta la década de 1980. Durante esa década, más de 250,000 dominicanos fueron admitidos legalmente en el país. Para el censo de 1990, la mayoría de la población dominicana en los Estados Unidos había nacido en el extranjero. La mayoría de ellos se establecieron en el noreste (más del 80 por ciento), como los puertorriqueños.[30]

Rostros Cambiantes del Protestantismo Latino

Mientras que algunas de las denominaciones con una presencia histórica en la comunidad latina luchaban por obtener una nueva base para la misión, los latinos optaban por convertirse en evangélicos y pentecostales. A pesar de que las denominaciones históricas se preocuparon más por cuestiones relacionadas con los latinos, como los derechos civiles, el movimiento de trabajadores agrícolas o, más tarde, el Movimiento Santuario, los latinos se unieron cada vez más a iglesias pentecostales o evangélicas. En parte, esto se debe a que el enfoque de las denominaciones históricas en temas de justicia restó importancia a los esfuerzos de evangelismo y establecimiento de iglesias. Además, trabajar junto a los católicos generó preguntas sobre si deberían sacar a las personas del catolicismo para llevarlos a las iglesias protestantes. Algunas iglesias protestantes históricas intentaron abordar este problema estableciendo iglesias más "atractivas" a los católicos, incluyendo santos y vírgenes católicas en iglesias protestantes. Aunque los anglicanos en Latinoamérica se han enfocado históricamente en el hecho de que son protestantes, muchos episcopales en los Estados Unidos que querían acercarse a los latinos se centraron en un estilo de adoración "católico".

Entonces, mientras las denominaciones históricas expandieron su enfoque en proporcionar servicios sociales a los latinos y apoyaron a los centroamericanos a través del Movimiento Santuario, los pentecostales y evangélicos latinos comenzaron muchas iglesias nuevas entre estos mismos inmigrantes. Además, el crecimiento del protestantismo, particularmente el pentecostalismo, en América Latina significó que muchos de los nuevos inmigrantes ya eran protestantes. Algunos de ellos trajeron sus propias iglesias y movimientos con ellos, mientras que otros llegaron a los Estados Unidos y comenzaron nuevos movimientos.

En la década de 1980, el protestantismo latina se veía diferente del protestantismo latinoamericano o estadounidense, a pesar de que ambos influían claramente en él. Aunque el protestantismo estadounidense aún tenía una fuerte presencia de iglesias históricas, para esta época el protestantismo latino ya era mayoritariamente pentecostal,

---

[30] Sean T. Buffington, "Dominican Americans," Countries and Their Cultures, consultado el 20 de Marzo, 2017, http://www.everyculture.com/multi/Bu-Dr/Dominican-Americans.html.

con la significativa excepción de Texas. Pero el protestantismo latino también fue diferente al de algunos en lugares latinoamericanos que lo nutrieron, porque esos lugares, en particular Guatemala, El Salvador y Puerto Rico, ya eran más protestantes, y estaban viendo más conversiones al protestantismo, que las latinas estadounidenses en general.

Otro cambio importante durante este período fue el creciente reconocimiento de la influencia de la asimilación en las tendencias religiosas de los protestantes latinos. Un número creciente de ellos estaban adorando en inglés. Tradicionalmente, muchos habían asumido que convertirse en protestante era parte del proceso de adaptación a la vida en los Estados Unidos. Pero este no es necesariamente el caso. Sin embargo, los jóvenes latinos se sentían atraídos por los ministerios que se veían diferentes de la iglesia protestante latina "tradicional". Así que el protestantismo latino estaba comenzando claramente a reflejar las complejas identidades de los latinos en los Estados Unidos. Los nuevos inmigrantes estaban trayendo vida y florecimiento a las iglesias. Pero los latinos nacidos en Estados Unidos también estaban buscando nuevos ministerios. Los protestantes latinos miraban hacia América Latina, hacia el protestantismo estadounidense y hacia movimientos de renovación pentecostal, todo al mismo tiempo que buscaban definir lo que significa ser protestante latina. En medio de todo eso, los líderes latinos estaban empezando a encontrar una voz en el protestantismo estadounidense, incluso si esa voz no siempre se escuchaba.

Voces y Personas de este Periodo

A medida que el protestantismo latino continuó diversificándose, sus líderes asumieron roles muy diferentes y tuvieron un impacto cada vez más diverso. Algunos eran conocidos por su liderazgo dentro de la comunidad protestante latina, mientras que otros ganaron una plataforma más allá de la comunidad. Pero todos eran líderes protestantes latinos que entendieron intencionalmente que su papel provenía de ser líderes protestantes latinos.

Si a los protestantes estadounidenses de este período se les hubiera pedido que nombraran a un protestante latino, probablemente habrían nombrado al nuyoricano **Nicky Cruz**. Su historia de conversión de un estilo de vida de pandillas a un predicador de las Asambleas de Dios se narra en el *best seller* de 1962 *La Cruz y el Puñal*. David Wilkerson contó la historia de su trabajo entre miembros de pandillas en Nueva York, en el que Cruz fue uno de los conversos clave. (El libro se convirtió en una película en 1970). Cruz también escribió *¡Corre Nicky!, ¡Corre!* que se centra en su conversión. Fue fuertemente influenciado por Mama Leo y el ministerio de la Iglesia Cristiana Damasco (mencionado en el capítulo anterior).

Aunque la historia se puede leer como una versión cristiana de *West Side Story*, el testimonio de Cruz es un reflejo de cómo se vería el pentecostalismo latina. Las buenas nuevas del evangelio podrían cambiar la vida de un miembro de la pandilla y convertirlo en un predicador que ayudaría a otros a abandonar ese estilo de vida. Cruz es un ejemplo clave de crear cambio social a través de la conversión de un individuo. Luego siguió una trayectoria común entre los líderes de las AD. Después de su conversión fue al LABI en La Puente, California. Luego se convirtió en evangelista y predicador de TV. Continuó ministrando a miembros de pandillas a través de Nicky Cruz Outreach.

Podría decirse que el predicador pentecostal latino más controvertido de la época fue **Reies López Tijerina**. Nació en Texas, donde se unió a una iglesia de las AD. Estudió en el LABI en Texas y obtuvo su licencia como evangelista. Predicó en todo el sudoeste, pero le revocaron sus credenciales debido a su estilo de predicación cada vez más fanático y su mensaje apocalíptico. En la década de 1950 intentó comenzar una comuna cristiana en Arizona, pero tuvo que abandonar el proyecto debido a la oposición local. Después de este período, se dio cuenta de los problemas relacionados con las concesiones de tierras en Nuevo México y ayudó a organizar a las personas para abordar este tema. Durante la década de 1960, organizó a las personas en un movimiento político que se apoderó de tierra en Nuevo México e intentó organizar un pueblo en esa tierra. Después de que fuera arrestado y sacado de la tierra, él y sus seguidores intentaron realizar un arresto ciudadano del fiscal de distrito que estuvo involucrado en el arresto. La redada en el juzgado del condado en Tierra Amarilla en 1967 lo convirtió en una figura nacional. Más tarde se unió a otros líderes de derechos civiles para abordar el tema más amplio de los derechos de las minorías. Su influencia disminuyó con el tiempo, aunque continuó luchando por los derechos de los latinos. Aunque más tarde se convirtió oficialmente en católico (nunca fue una parte importante de su trabajo), su estilo y su compromiso se formaron gracias a su educación en las AD. Siempre mantuvo la pasión de un evangelista pentecostal en sus preocupaciones por la justicia social.

Probablemente el teólogo latino más conocido en los Estados Unidos y Latinoamérica sea **Justo González**. Nació en Cuba, y sus padres fueron misioneros en América Latina. Vino a estudiar a los Estados Unidos justo antes de la Revolución Cubana, y terminó quedándose allí. Aunque es metodista, es uno de los líderes latinos con una gran influencia en los círculos históricos, evangélicos y pentecostales. Es por excelencia un ejemplo de un exiliado cubano que se convirtió en un líder importante del protestantismo latino cuando comenzó un crecimiento acelerado durante este período.

González es conocido en muchos círculos protestantes debido a su extensa erudición y su amplia contribución a la teología y la historia de la iglesia. Muchos estudiantes de teología han leído sus libros (en inglés, en español y traducidos a otros idiomas) sobre la historia de la iglesia y la historia del pensamiento cristiano. También fue una de las voces clave en el desarrollo de la teología latina. Él ha escrito ampliamente, y su influencia se ha sentido en todo el mundo protestante latina.

Debido a su amplia influencia, González desarrolló una plataforma que utilizó a través del resto del siglo XX y aún utiliza en el siglo XXI. Durante la década de 1980, alentó a los seminarios de los EE. UU. a tener en cuenta las necesidades de los estudiantes latinos. Durante la década de 1990 ayudó a iniciar tres organizaciones que continúan abordando la educación teológica hasta el día de hoy. El Hispanic Summer Program (HSP) [Programa Hispano de Verano], la Hispanic Theological Initiative (HTI)

[Iniciativa Teológica Hispana] y la Asociación para la Educación Teológica Hispana (AETH) son todos programas iniciados por González que se describirán en el próximo capítulo. Debido a que es un líder confiable tanto en comunidades latinas como anglos, se ha convertido en un importante agente de poder en el mundo protestante latino y en relación con el mundo protestante en general, particularmente en las iglesias y estructuras históricas.

Joshua (Josué) Grijalva se desempeñó como presidente de la Convención Bautista Mexicana de Texas de 1953 a 1955 y de 1964 a 1966. Fue reconocido como un líder importante por los bautistas en Texas, y en 1977 se le pidió que escribiera *A History of Mexican Baptists in Texas* [Una Historia de los Bautistas Mexicanos en Texas] en preparación para la celebración del centenario del ministerio bautista mexicano en Texas. Este libro se convirtió en el repaso más completo del trabajo de los bautistas latinos en el estado. Aunque el libro fue principalmente una reseña, también abordó algunos problemas que enfrentaban los bautistas anglos y latinos mientras trabajaban juntos en el ministerio. En 1980 habló a los bautistas anglos sobre el papel que los latinos tendrían entre los Bautistas del Sur (y otros grupos de iglesias). Incluso hoy sus palabras suenan proféticas.

> Los evangélicos no hispanos necesitan experimentar lo que los latinos llaman concientización, una conciencia de las necesidades de los hispanos a la luz de su cultura, costumbres y tradiciones. Mientras que el inmigrante hispano en este país acepta la economía, la educación y la vida social, muchas veces ha dejado su religión en su país. Esto ofrece oportunidades para ser testigos de nuestra parte. Los hispanos a menudo critican la artificialidad de los angloamericanos. Lo que los bautistas dicen que creen no es siempre lo que practican. Tales "dobles estándares" a menudo confunden a las etnias. La mayoría de los conversos étnicos generalmente adoptan el cristianismo del Nuevo Testamento en un sentido más puro de la palabra que la mayoría de los practicantes protestantes tradicionales. Llevar a las etnias al redil bautista puede revitalizar nuestras iglesias.[31]

Otro inmigrante cubano que tuvo una influencia importante en el desarrollo del pentecostalismo latino, particularmente en el sur de California, fue **Lázaro Santana**. Cuando se estableció en el sur de California, se convirtió en un evangelista vinculado con la Iglesia de Dios. Su testimonio del poder de Dios presentó un mensaje que fue muy atractivo y pudo cruzar fronteras étnicas y nacionales en el sur de California. No solo tuvo un impacto directo, sino que varios de sus hijos se convirtieron en líderes importantes dentro de la Iglesia de Dios.

Alberto Motessi, originario de Argentina, es más conocido como un evangelista latinoamericano. Pero desde la década de 1970 se ha basado en el área de Los Ángeles.

---

[31] Grijalva, *Mexican Baptists in Texas*, 187

Aunque América Latina ha sido su foco principal, los latinos hispanoparlantes en los Estados Unidos también han sido una parte importante de su alcance. Su trabajo cruza fronteras y sus ministerios hacen lo mismo. Su ministerio desarrolló una serie de programas de televisión que se transmiten por aire, o por cable, en la mayoría de los países de América Latina y en los Estados Unidos de habla hispana. Sus programas de capacitación de líderes se basan en el área de Los Ángeles y tienen extensiones en todo el mundo de habla hispana. Aunque su primer impacto fue durante los años setenta y ochenta en los Estados Unidos, todavía es visto como un importante evangelista, el Billy Graham del mundo de habla hispana.

Jorge Lara-Braud nació en México en 1931. Vino a los Estados Unidos para asistir a la escuela secundaria en la Escuela Panamericana Presbiteriana en Kingsville, Texas. Él tuvo una experiencia de conversión allí y se unió a la iglesia presbiteriana. Estudió en el Seminario Presbiteriano de Austin y completó su doctorado en Princeton. Estuvo en la facultad del Seminario de Austin cuando fue invitado a formar y dirigir un instituto hispanoamericano con sede en el seminario en 1966. Usó esa plataforma para abordar cuestiones clave relacionadas con la forma en que los presbiterianos deberían trabajar entre las latinas en Texas y en otros lugares, aunque renunció en 1972, frustrado porque la denominación no parecía dispuesta a seguir adelante con sus recomendaciones. A pesar de esto, él era verdaderamente un líder transnacional. Después de servir en Austin, se convirtió en el decano del seminario presbiteriano en México, enseñó en el Seminario Teológico de San Francisco y fue director de Fe y Orden para el Consejo Nacional de Iglesias (NCC). Su impacto se sintió en los círculos presbiterianos durante la última parte del siglo XX.[32]

La afluencia de nuevos líderes protestantes inmigrantes hizo posible que los ministerios se desarrollaran más rápidamente. El grupo de liderazgo creado por nuevos inmigrantes benefició a la mayoría de las denominaciones que querían trabajar en la comunidad latina. Pero este flujo también retrasó la cuestión de cómo preparar mejor a los líderes dentro de la comunidad latina para la creciente diversidad de la comunidad.

Durante la mayor parte del siglo XX, los diversos grupos bajo el paraguas latino o hispano fueron vistos como grupos separados. El censo de 1970 trajo oficialmente a todas estas comunidades bajo la categoría hispana. Incluso cuando la comunidad se estaba expandiendo y volviéndose más diversa, el gobierno de los EEUU buscó unirlos bajo un término que definiera a todos. Lo que unía el ministerio entre todos estos grupos había sido un lenguaje común. Ahora sería una unidad étnica/racial percibida. La Convención Bautista Mexicana de Texas se convertiría en la Convención Hispana. Las diferencias nacionales se incluirían en este nuevo término. Pero cada vez más, también lo harían los problemas relacionados con la participación en la cultura mayoritaria de EE. UU. Debido a la nueva migración, los latinos también se les etiquetaría como

---

[32] Brackenridge y García-Treto, *Iglesia Presbiteriana*, 203–25; Jerry L. Van Marter, "Jorge Lara-Braud, Pastor, Theologian, Fighter for the Poor Dies at 77," *Presbyterian Outlook*, July 2, 2008, https://pres-outlook.org/2008/07/jorge-lara-braud-pastor-theologian-fighter-for-the-poor-dies-at-77/.

"eternamente extranjeros", sin importar cuantas generaciones podían trazar su linaje. Pero también —ya sea como hispanos o latinas— tendrían dificultades para encontrar un lugar a la mesa del protestantismo estadounidense.

Cómo el Protestantismo Latino de EE. UU. se Convirtió en Centroamericano y Puertorriqueño (Caribeño)

Una importante nota al margen sobre el protestantismo latino es que demográficamente no se parece a la comunidad latina en general. Si bien los mexicanos y los mexico-estadounidenses constituyen más del 60 por ciento de la población latina, este número no se refleja la membresía de la iglesia protestante latina y es mucho menor para los líderes protestantes latinos reconocidos a nivel nacional. Esto se debe a una serie de factores, algunos de los cuales se desarrollaron durante este período.

Como se mencionó a lo largo del capítulo, un factor clave en el crecimiento del protestantismo latino durante este período fue la migración de protestantes latinos a los Estados Unidos. Hubo una migración significativa de localidades que tenían una creciente presencia protestante y lugares que ya tenían pastores protestantes entrenados y experimentados. Primero fue Puerto Rico y Cuba, y luego fueron los países de Centroamérica. Aunque México ha enviado la mayoría de los inmigrantes a los Estados Unidos, también es el país más católico del mundo. Tiene el porcentaje más pequeño de creyentes protestantes de cualquiera de los principales países de emigrantes de América Latina.

Esto crea una situación en la que los puertorriqueños y centroamericanos están "sobrerrepresentados" como porcentaje de la población protestante latina, pero también están "sobrerrepresentados" entre los líderes protestantes latinos. A medida que la comunidad protestante latina maduró en la última parte del siglo XX y en el siglo XXI, dos de los líderes protestantes latinos más conocidos, Sammy Rodríguez de la NHCLC y Luis Cortés de Esperanza USA, son de ascendencia puertorriqueña, como lo es Gabriel Salguero de la National Latino Evangelical Coalition [Coalición Evangélica Nacional Latina] (NaLEC). Y el teólogo protestante latino más conocido, Justo González, nació en Cuba. Jesse Miranda es uno de los pocos mexicano-estadounidenses cuyo nombre podría conocerse al mismo nivel que estos líderes.

Este no fue siempre el caso, ya que los primeros conversos protestantes en el sudoeste eran todos descendientes de mexicanos y la gran mayoría de todos los protestantes latinos eran de ascendencia mexicana hasta la década de 1970. Pero, mientras algunos países en América Latina, como Puerto Rico, Guatemala y El Salvador, se volvieron más protestantes que la población latina de Estados Unidos y también enviaron más inmigrantes a los Estados Unidos, esta "sobrerrepresentación" se hizo más pronunciada. Antes de 1965, solo los puertorriqueños estaban "sobrerrepresentados". Pero a medida que los cubanos y, más tarde, los centroamericanos se volvieron parte de la comunidad latina, se sumaron a esta situación. Estos lugares también enviaron a clérigos protestantes más experimentados para servir a las iglesias latinas en los Estados Unidos.

Teniendo en cuenta los patrones de migración actuales de América Latina, es probable que el protestantismo latina siga siendo más puertorriqueño y centroamericano que la población latina en general. Es probable que los líderes protestantes latinos continúen reflejando esa realidad. Pero también es probable que los latinos estadounidenses continúen teniendo un porcentaje menor de protestantes que un número creciente de países en América Latina.

CAPÍTULO 7
Los Protestantes Latinos son al fin "Descubiertos" (1986 – 2000)

La Ley de Reforma y Control de la Inmigración de 1986 legalizó a alrededor de 2.7 millones de personas, incluidos muchos protestantes latinos. Su presencia legalizada proporcionó estabilidad para el creciente número de iglesias protestantes latinas y también la oportunidad para estos inmigrantes legales de solicitar que sus familias ingresaran a los Estados Unidos. Pero la ley también creó otras presiones políticas. En la década de 1990, la administración Clinton comenzó la creciente militarización de la frontera entre Estados Unidos y México. Esto cambió los patrones migratorios a menudo temporales de muchas personas y tuvo una consecuencia no deseada: un porcentaje creciente de personas indocumentadas ya no se movería de un lado a otro de la frontera, sino que elegirían permanecer en los Estados Unidos y traer a sus familias. Durante este mismo período, el Tratado de Libre Comercio de América del Norte (TLCAN) creó nuevas presiones sobre la población mexicana, particularmente los agricultores de subsistencia rural, que no pudieron competir contra la producción agrícola industrializada y, en ocasiones, subsidiada de los Estados Unidos. Entonces, una nueva generación de mexicanos abandonó sus tierras de cultivo y emigró al norte.

Pero este es también el período en el cual el protestantismo latino comenzó a encontrar una voz y ser reconocido por tener algo que decir al mundo en general. El desarrollo de una teología latina más claramente definida, libros de latinas sobre el ministerio de los latinos y el comienzo de las organizaciones protestantes latinas nacionales, todo esto representó un rol en expansión para los protestantes latinos dentro del protestantismo estadounidense.

Ley de Reforma y Control de la Inmigración de 1986

La siguiente gran ley de reforma migratoria que tuvo un impacto significativo en la comunidad latina fue la Ley Simpson-Mazzoli de 1986. Esta ley buscaba abordar dos cuestiones principales: el estado de una creciente población indocumentada y la necesidad de controlar el mercado de trabajo que atraía estas personas a los Estados Unidos. Sobre el último tema, esta nueva ley hizo obligatorio que los empleadores verificaran el estado legal de cualquier nuevo empleado e hizo ilegal que los empleadores contrataran a trabajadores indocumentados a sabiendas.

La ley también proporcionó una amnistía (cuando esta palabra era aprobada incluso por los republicanos) para dos grupos de personas, trabajadores agrícolas y aquellos que habían estado en los Estados Unidos continuamente durante al menos cuatro años. En su declaración pública al firmar el proyecto de ley, el presidente Ronald Reagan dijo que esta amnistía debería favorecer a aquellos que se habían convertido en parte de la estructura de los Estados Unidos. Las personas que calificaron para esta amnistía tuvieron que demostrar que no tenían antecedentes penales, y que tenían algún conocimiento de la historia de los Estados Unidos y del idioma inglés. También tuvieron que admitir su culpa por estar ilegalmente en el país, pagar una multa y pagar cualquier impuesto atrasado que pudieran deber.

La amnistía de 1986 comenzó a dirigirse al creciente número de refugiados centroamericanos y al gran número de mexicanos que habían ingresado al país debido a las oportunidades de empleo pero que no habían ingresado legalmente. Proporcionó estabilidad legal a quienes trabajaban aquí y querían poder hacerlo sin miedo. Al igual que con otras leyes anteriores, la ley de 1986 no abordó adecuadamente el flujo futuro de trabajadores migrantes. La demanda de trabajadores en el extremo inferior del mercado laboral continuó. La ley no respondía a la pregunta: ¿Cómo encontrarían los futuros trabajadores una forma legal de ingresar a los Estados Unidos? Tampoco se trató realmente con los empleadores que contrataban a los indocumentados. Muchos empleadores usaron subcontratistas para eludir la ley, mientras que otros contrataban personas sin procesamiento legal. También creó una proliferación de "documentación creativa", que a menudo era suficiente para eludir el proceso de verificación.

Debido a la naturaleza del proceso de legalización, la ley de 1986 permitió a las iglesias y otras agencias sin fines de lucro ayudar a las personas a completar la documentación de la solicitud. Muchas iglesias latinas se convirtieron en parte de este proceso, tanto para ayudar a su propia iglesia como para servir a la comunidad. Los miembros de la iglesia que legalizaron su estado proporcionaron a sus iglesias una mayor estabilidad. Estas iglesias ahora tenían miembros más propensos a permanecer en los Estados Unidos y una base de ingresos más estable sobre la cual apoyar sus ministerios. Como resultado, muchas iglesias protestantes latinas vieron un beneficio directo en la amnistía de 1986.

Al igual que con la ley de 1965, la ley de 1986 simplemente reconoció lo que ya estaba sucediendo e intentó proporcionar un marco legal para abordarlo. Los patrones migratorios anteriores no habían cambiado. La parte nueva era que ahora también había centroamericanos en la mezcla debido a la intervención de los Estados Unidos en las guerras civiles en la región. Pero su presencia y su crecimiento como parte de la comunidad latina cambiaron, una vez más, la faz de la comunidad latina y del protestantismo latino.

La ley de 1986 tuvo una serie de resultados imprevistos. En primer lugar, el proceso de legalización permitió a aquellos que ahora tenían un estatus legal solicitar la inmigración de miembros de la familia, creando un flujo constante de inmigración durante varios años. En segundo lugar, los dos millones de personas que no calificaban para la amnistía ahora se encontraban en una situación legal más precaria. Quienes escribieron la ley supusieron que estas personas se irían. Pero debido a que su trabajo todavía era necesario, desarrollaron nuevas formas de vivir y trabajar en los Estados Unidos a pesar

150

de la nueva ley. Tercero, la amnistía de 1986 creó la expectativa de otra amnistía dentro de unos años. Dado que la ley no abordó el flujo futuro, las personas ingresaron a los Estados Unidos indocumentados, asumiendo que Estados Unidos abordaría el tema a través de amnistías ya que no lo hizo a través de visas de trabajo. Otra nota interesante es que las personas no necesariamente optaron por convertirse en ciudadanos después de la amnistía, en particular los de México. Parecía que querían un estatus legal para trabajar con seguridad en los Estados Unidos, pero aún esperaban regresar a México, por lo que no se convirtieron en ciudadanos estadounidenses en grandes cantidades.[1]

La ley de 1986 también marcó una visión cambiante de la migración indocumentada. Una ley aprobada en 1990 elevó el límite del número de personas que podían emigrar a los Estados Unidos. Pero una política de inmigración más abierta no creó una actitud positiva hacia la frontera. Había una sensación en la administración Clinton de que la frontera tenía que estar más segura. Así que el trabajo para construir y reforzar la valla fronteriza comenzó durante la década de 1990. Además, en 1996, la ley de inmigración que fue aprobada por el Congreso y firmada por el presidente Clinton aumentó las penas para aquellos en los Estados Unidos sin la debida autorización. El cruce fronterizo sin pasar por un punto de control legal, que había sido relativamente fácil en el pasado, se convirtió en una proposición mortal. Las vallas y el aumento de las patrullas cerca de las zonas urbanas empujaron a los indocumentados a zonas desérticas más peligrosas. Cruzar la frontera se convirtió en el negocio de las mismas mafias que transportaban drogas hacia el norte y hacia el sur. Morir en la frontera se convirtió en una nueva realidad para quienes intentaban ingresar a los Estados Unidos sin documentación legal. Cuando el presidente George W. Bush fue elegido en el año 2000, estaba convencido de la importancia de una nueva relación entre los Estados Unidos y México. Entonces, buscó crear un proceso más positivo para el movimiento de personas entre los dos países. Como parte del compromiso de trabajar para una solución a largo plazo para la reforma migratoria, se reunió varias veces con el presidente Fox de México. Pero los acontecimientos del 11 de septiembre de 2001 cambiaron su enfoque y la posibilidad de una reforma migratoria a largo plazo se perdió una vez más.

El Tratado de Libre Comercio de América del Norte (TLCAN) sucedió en medio de todo esto. Firmado el 17 de diciembre de 1992, abrió mercados pero también cambió las demandas laborales. Del lado mexicano, atrajo a mucha gente a la frontera, donde las maquiladoras fabricaban productos para el mercado estadounidense. Creó mercados más libres para los productos estadounidenses en México. Pero también creó un nuevo éxodo de las granjas mexicanas a las ciudades y a los Estados Unidos.

---

[1] Nancy Rytina, "IRCA Legalization Effects: Lawful Permanent Residence and Naturalization through 2001" (ponencia presentada en la conferencia sobre los Efectos de los Programas de Legalización de Inmigrantes en los Estados Unidos, the Cloister, Mary Woodward Lasker Center, NIH Main Campus, Bethesda, MD, 25 de octubre de 2002), https://www.dhs.gov/xlibrary/assets/statistics/publications/irca0114int.pdf

Otra Década de Crecimiento para la Población Latina

Mientras que el TLCAN y la seguridad fronteriza estaban afectando la migración desde México y América Central, un país de América del Sur comenzó a enviar inmigrantes hacia el norte en cantidades significativas durante este período. Pequeños grupos de colombianos, a menudo profesionales, habían emigrado a los Estados Unidos a lo largo del siglo XX. Pero el aumento de la violencia relacionada con la guerra civil a largo plazo, vinculada al narcotráfico y la intervención estadounidense en Colombia para enfrentarlo, creó una dislocación masiva de personas dentro de Colombia y una emigración significativa de ese país. Colombia se convirtió en uno de los líderes mundiales en poblaciones desplazadas internamente. Durante los años ochenta y noventa, estos factores generaron una migración significativa desde Colombia, convirtiéndose en el principal país de América del Sur en enviar migrantes a los Estados Unidos; se ubica en el número catorce en migrantes nacidos en el extranjero en los Estados Unidos y en el número siete en el contexto nacional entre las latinas.[2]

La migración mantuvo a la población latina en un modo de crecimiento durante la mayor parte de este período. La migración legal a este país desde principios de la década de 1990 ha sido de alrededor de 1 millón de personas al año, y la mayoría de los migrantes provienen de América Latina. Pero el mayor crecimiento en la comunidad latina durante este tiempo provino del crecimiento interno: nacimientos entre los latinos que ya estaban en los Estados Unidos. Desde 1980 al 2000, la comunidad latina creció de 14 millones a más de 35 millones.[3] La mayoría de las latinas en los Estados Unidos siempre han nacido en los Estados Unidos, pero cada nueva ola de inmigrantes mantuvo el enfoque en los recién llegados. Esto ha creado tradicionalmente un sentir de que los latinos como eternos extranjeros o extranjeros en su propia tierra. Pero la realidad de los latinos de múltiples generaciones nacidos en Estados Unidos les ha permitido ser más prominentes en el pensamiento de los protestantes estadounidenses y entre los protestantes latinos.

---

[2] Sharon R. Ennis, Merarys Rios-Vargas, y Nora G. Albert, "The Hispanic Population: 2010," Resumen del Censo 2010, Oficina del Censo de los Estados Unidos, mayo de 2011, http://www.census.gov/prod/cen2010/briefs/c2010br-04.pdf; "The Colombian Diaspora in the United States," Instituto de Política de Migración, consultado en Mayo 2015, http://www.migrationpolicy.org/sites/default/files/publi cations/RAD-ColombiaII.pdf.

[3] Véase Campbell Gibson y Kay Jung, "Historical Census Statistics on Population Totals by Race, 1790 to 1990, and by Hispanic Origin, 1970 to 1990, for Large Cities and Other Urban Places in the United States," Oficina del Censo de los Estados Unidos, División de Población, documento de trabajo núm. 76, febrero de 2005, https://www.census.gov/population/www/documentation/twps0076/twps0076.pdf; Ennis, Rios-Vargas, and Albert, "The Hispanic Population: 2010."

Crecimiento y Desarrollo a Nivel Nacional

El crecimiento sustancial de la comunidad latina durante este periodo brindó nuevas oportunidades de difusión para los protestantes. Los nuevos inmigrantes proporcionaron a los protestantes nuevas personas para servir y también nuevas personas para invitar a la fe cristiana, al estilo protestante. Pero estos nuevos inmigrantes también fortalecieron a las iglesias protestantes latinas, porque muchas de ellas ya eran protestantes. Algunos de ellos también crearon nuevas denominaciones y movimientos en los Estados Unidos. Su presencia ayudó a vigorizar las iglesias latinas existentes y sirvió de base para muchas nuevas congregaciones latinas. Pero su creciente presencia también ayudó al protestantismo latino a expandir la plataforma desde la cual los líderes protestantes latinos podían desarrollar su propia voz a medida que ingresaban a la escena nacional.

Pero la población nacida en EE. UU. proporcionó sus propias oportunidades y desafíos. Protestantes latinos nacidos en los Estados Unidos crecían en iglesias latinas y eran parte del crecimiento. Pero también hacían nuevas preguntas e invitaban a los protestantes a pensar de nuevas maneras sobre el ministerio en la comunidad latina.

Clifton Holland y PROLADES continuaron desarrollando o patrocinando estudios de iglesias protestantes latinas en diferentes regiones de los Estados Unidos. En 1988 patrocinaron un estudio en el Área de la Bahía de San Francisco que identificó 157 iglesias latinas en el área de seis condados.[4] Este trabajo continuó usándose en diferentes partes de los Estados Unidos, mientras Holland trabajaba para lograr una base de datos nacional de iglesias protestantes latinas.

PROLADES utilizó la misma metodología en conjunto con HABBM (en español, Asociación Hispana de Ministerios Bilingües Biculturales) y en 1993 desarrolló la primera base de datos nacional de iglesias protestantes latinas desde principios del siglo XX (cuando había muy pocas iglesias para tomar en cuenta). La base de datos de 1993 enumeró a 6,837 congregaciones, distribuidas geográficamente de la siguiente manera (ocho estados principales):

California	2,388
Texas	1,799
Florida	643
Nueva York	353
Illinois	277
Arizona	231
Nuevo México	173
Nueva Jersey	118

---

[4] Clifton L. Holland, comp., "A Chronology of Significant Protestant Beginnings in Hispanic Ministry in the USA," PROLADES, última actualización el 31 de Julio, 2003, http://www.prolades.com/historical/usa-hisp-chron.pdf.

Estas iglesias eran parte de los siguientes grupos:

Asambleas de Dios	1,268
Convención Bautista del Sur	759
Otros Bautistas	447
Asamblea Apostólica	444
Adventistas del Séptimo Día	283
Iglesias de Cristo	248
Iglesia de Dios (Cleveland, TN)	227
Iglesia Metodista Unida	199
Iglesia Presbiteriana USA	143
Iglesia del Nazareno	129
Iglesias Bautistas Americanas	124
Evangelio Cuadrangular	113
Luterana Evangélica	111
Alianza Cristiana y Misionera	102

Holland estimó que en 1993 había más de diez mil congregaciones latinas en los Estados Unidos, aunque fue capaz de identificar claramente solo el total que informó.[5] Si hubiera alguna duda sobre el enfoque teológico de la mayoría de las iglesias latinas, este estudio demostró que la dirección era claramente hacia las iglesias evangélicas o pentecostales. Las denominaciones históricas que dominaron fuertemente a las latinas estadounidenses en la primera parte del siglo XX siguieron disminuyendo en membresía y como porcentaje de la comunidad protestante latina. Pero aunque la mayoría de los protestantes latinos encajaban en la categoría de evangélicos, eran muy diferentes de los evangélicos de cultura dominante. El protestantismo latino había adquirido una apariencia propia; tenía muchas similitudes con el protestantismo latinoamericano, pero también tenía sus propias singularidades. No obstante, definitivamente no se parecía al protestantismo estadounidense.

No habría otro estudio nacional del protestantismo latino hasta la primera parte del siglo XXI, por lo que es difícil dar cifras exactas a fines del siglo XX. Pero los primeros estudios importantes en el siglo XXI apuntan a un crecimiento constante en las iglesias protestantes latinas durante todo el período. La mayor parte sucedió en las denominaciones crecientes enumeradas en el estudio de 1993. Pero también aumentó el número de denominaciones que comenzaron iglesias latinas; se iniciaron nuevos movimientos liderados por latinas; y también creció el número de movimientos y denominaciones con sede en América Latina que se expandieron a los Estados Unidos.

---

[5] Clifton L. Holland, "Table of 20 Largest Hispanic Denominations in the USA: By Number of Congregations, 1993," PROLADES, 1993, http://www.hispanicchurchesusa.net/hsusa2.htm.

El crecimiento numérico de la comunidad latina durante este período estuvo claramente acompañado por un crecimiento significativo en iglesias y miembros protestantes latinos. Las cifras reflejan un crecimiento significativo en los inmigrantes protestantes de América Latina, muchos conversos de entre los católicos nominales y el crecimiento biológico dentro de las iglesias.

A medida que la comunidad latina continuaba creciendo, sus tendencias religiosas atrajeron el interés de los académicos. Uno de los principales estudios del período fue realizado por el Program for the Analysis of Religion among Latinos (PARAL) [Programa para el Análisis de la Religión entre los Latinos], desarrollado por el Centro Bildner para Estudios del Hemisferio Occidental de la Universidad de la Ciudad de Nueva York. En 1993, el proyecto PARAL organizó una gran conferencia de académicos que analizaron diversos aspectos de la religión latina en los Estados Unidos. Luego publicó cuatro volúmenes sobre diversos aspectos de la religión latina, incluida una extensa bibliografía. La serie fue editada por Anthony M. Stevens-Arroyo.

El proyecto no se enfocó mucho en el protestantismo, pero reconoció la creciente importancia de entender las tendencias religiosas latinas. Hay un par de capítulos que abordan cuestiones del protestantismo y conversiones de católicos latinos al protestantismo.

En "Brevia from the Hispanic Shift: Continuity Rather Than Conversion?" [Brevia del Cambio Hispano: ¿Continuidad en vez de Conversión?] Kenneth Davis, un sacerdote franciscano, sugiere que la religión popular latina, tanto católica como protestante, brinda a las latinas el apoyo que necesitan y una forma de ver la fe que las iglesias estadounidenses, católicas y protestante, necesitan. "El pentecostalismo puede representar un recurso percibido para la supervivencia psicológica, cultural y social de un hispano que experimenta la sociedad dominante y la autoridad de la Iglesia como una amenaza para esa supervivencia…. No sabemos la consecuencia completa del éxodo hispano… pero estoy convencido de una cosa. Las iglesias históricas en los Estados Unidos serán espiritualmente más pobres (así como numéricamente más pequeñas y más antiguas) si desperdician esta oportunidad de recuperar esas intuiciones antiguas y vibrantes tan a menudo preservadas por nuestras hermanas y hermanos hispanos".[6]

En otro capítulo importante, "Assumptions, Theories and Methods in the Study of Latino Religion after 25 Years" [Suposiciones, Teorías y Métodos en el Estudio de la Religión Latina después de 25 Años], Patrick McNamara repasa los capítulos sobre religión en el libro *The Mexican-American People* [El Pueblo Mexicano-estadounidense] (citado en el capítulo 5) treinta años después de su publicación.[7] El autor fue uno de los

---

[6] Kenneth Davis, "Brevia from the Hispanic Shift: Continuity Rather Than Conversion?" en *An Enduring Flame: Studies on Latino Popular Religiosity*, ed. Antonio M. Stevens Arroyo y Ana Maria Diaz-Stevens, PARAL Studies Series, vol. 1 (New York: Bildner Center for Western Hemisphere Studies, 1995), 207–9.

[7] Patrick McNamara, "Assumptions, Theories and Methods in the Study of Latino Religion after 25 Years," in Old Masks, New Faces: Religion and Latino Identities, ed. Antonio M. Stevens Arroyo y

estudiantes de posgrado que participaron en el estudio. Él reconoce que el libro funcionó desde una suposición asimilacionista. En esa perspectiva, "las iglesias pueden ser importantes como instituciones adaptativas que ayudan a los miembros de grupos étnicos a ajustarse a la sociedad estadounidense", por lo que el estudio se centró en el papel de las iglesias en alentar "cambios sociales que eliminen los obstáculos al avance socioeconómico".[8] Pero no tomaron en cuenta que los latinos han desarrollado su fe y sus identidades étnicas independientemente de las estructuras oficiales de la iglesia. McNamara concluye afirmando que "un paradigma reconstruido hoy, entonces, equilibraría el análisis institucional con un enfoque cultural centrado en elementos perdurables de la religiosidad popular tanto católica como protestante".[9]

En 1998, Larry Hunt de la Universidad de Maryland observó el impacto que la conversión del catolicismo al protestantismo estaba teniendo en las latinas. Una de las preguntas que intentó responder fue si convertirse en protestante era un camino hacia la asimilación a la cultura dominante y la pérdida de la identidad latina. Hunt hizo una referencia cruzada de los datos de las Encuestas Sociales Generales (GSS) para determinar si la conversión al protestantismo estaba relacionada con la movilidad superior y la asimilación de los latinos a la sociedad dominante. Él concluyó que

> Si bien hay un alejamiento del catolicismo y una creciente diversidad de la población hispana, el hallazgo más básico de este estudio es que hay pocas señales de que el protestantismo esté emergiendo como una fuerza mayor que define a una clase media hispana en ascenso. Solo en el caso del protestantismo histórico hay evidencia de un factor religioso que modela los patrones de movilidad que implican asimilación y movilidad ascendente. El hecho de que tales dinámicas estén asociadas con tipos de afiliación protestante que no son ni numéricamente fuertes, ni donde las principales líneas de deserción del catolicismo han estado liderando, sugiere un papel limitado para el apartarse del catolicismo como un factor en la movilidad social de los hispanos.[10]

Los investigadores comenzaron a notar la creciente realidad de las conversiones al protestantismo, la adaptación cultural de los latinos en los Estados Unidos y la pérdida de la identidad latina entre algunos latinos. La suposición implícita siempre había sido que ser católico era un signo de mantener la identidad latina y que convertirse en protestante era una señal de asimilación. Pero el estudio demostró que los pentecostales latinos tendían a tener un sentido más fuerte de identidad latina que los católicos latinos.

Gilbert Cadena, PARAL Studies Series, vol. 2 (New York: Bildner Center for Western Hemisphere Studies, 1995), 23–32.

[8] McNamara, "Assumptions, Theories and Methods," 27.

[9] McNamara, "Assumptions, Theories and Methods," 31.

[10] Larry L. Hunt, "The Spirit of Hispanic Protestantism in the United States: National Survey Comparisons of Catholics and Non-Catholics," *Social Science Quarterly* 79, no. 4 (December 1998): 844.

Las cuestiones planteadas por estos estudios apuntaban a una realidad que finalmente estaba llamando la atención. Había una relación entre la fe y la conservación de la identidad étnica entre los latinos, pero esa relación no estaba clara. También hubo un número creciente de latinas adorando en inglés y latinos que se identificaban como personas no afiliadas a la religión. ¿Cómo interactuaron estos problemas entre los latinos?

Expansión al Nivel Denominacional

El crecimiento de la comunidad latina durante este período tuvo un impacto positivo en la mayoría de las denominaciones y movimientos protestantes en la comunidad, incluidas las denominaciones históricas que se habían visto negativamente afectadas anteriormente. Aunque la mayor parte del crecimiento se produjo entre evangélicos y pentecostales, otras denominaciones también se beneficiaron de las nuevas migraciones y la movilidad ascendente de algunos latinos.

Las **Asambleas de Dios** informaron crecimiento masivo durante este período. En 1993, la denominación había reportado 1,268 iglesias latinas. El siguiente informe completo no estuvo disponible sino hasta 2002. Para entonces, el Distrito Latinoamericano del Pacífico se había dividido en dos (1998) al agregar el Distrito Latinoamericano del Pacífico Norte. La denominación reportó 1,758 iglesias latinas con 439,866 miembros. De 1984 a 1992, el Distrito Latinoamericano del Pacífico tuvo a Jesse Miranda como su superintendente. Miranda guió al Distrito a través de un crecimiento sustancial, pero también utilizó esa plataforma para convertirse en un líder nacional entre los protestantes latinos (sobre lo cual hablaré más adelante).[11]

La **Convención Bautista del Sur** experimentó un nivel similar de crecimiento en número de iglesias y miembros. La Convención Bautista Mexicana de Texas se había convertido en una parte formal de la Convención Bautista General de Texas y estaba recibiendo un apoyo sustancial para la plantación de iglesias y el desarrollo de liderazgo de la convención estatal. Al comienzo de este período, los bautistas latinos contribuían $500,000 al año al ministerio de los latinos, mientras que la Convención de Texas contribuía $3,000,000.[12] A medida que la población latina en Texas comenzaba a diversificarse, los líderes decidieron cambiar el nombre a la Convención Bautista Hispana. Los Bautistas del Sur en otros lugares de los Estados Unidos continuaron trabajando donde los latinos se estaban conformando, comenzando nuevas iglesias latinas en muchas comunidades, incluso en muchas partes del sur.

---

[11] Sergio Navarrete, "Los Distritos Latinos de las Asambleas de Dios en Los Estados Unidos," en *Iglesias peregrinas en busca de identidad: Cuadros del protestantismo latino en los Estados Unidos*, ed. Juan F. Martínez Guerra y Luis Scott (Buenos Aires: Kairos Ediciones, 2004), 84–85.

[12] Alberto Reyes, "Unification to Integration: A Brief History of the Hispanic Baptist Convention of Texas," *Baptist History and Heritage 40, no. 1* (Winter 2005): 50.

La **Iglesia Adventista del Séptimo Día** experimentó el crecimiento más significativo de las principales denominaciones durante este período. Aunque el crecimiento no está cuidadosamente documentado, uno puede notar una trayectoria clara. En 1980 reportó 28,400 miembros latinos. Para 1990 tenía 65,402 miembros. Y para el 2001 reclamó 115,244 miembros, un crecimiento del 400 por ciento en veintiún años.[13] Este crecimiento fue tanto más significativo cuanto que la denominación provenía de muchos grupos étnicos, lo que la convirtió en una de las denominaciones étnicamente más diversas de los Estados Unidos.

A medida que la **Iglesia de Dios** (Cleveland, Tennessee) continuaba creciendo durante este período, expandió su estructura de liderazgo y servicios de apoyo para el creciente número de iglesias y pastores latinos. En 1992 estableció una Oficina Nacional de Ministerios Hispanos. En 1994 estableció una nueva región latina en el Noroeste y también comenzó un Instituto Ministerial Hispano para preparar mejor a sus pastores para el ministerio.[14]

La **Asamblea Apostólica de Fe en Cristo Jesús** continuó creciendo en los Estados Unidos, pero debido a que parte de ese crecimiento provino de miembros que emigraron hacia el norte desde su denominación hermana en México, las tensiones continuaron aumentando entre los dos cuerpos. A medida que cada iglesia nacional desarrollaba su propia identidad, se hizo evidente que tenían diferentes entendimientos sobre cómo ministrar a los mexicanos que migraban hacia el norte. Muchas personas de México sentían que la iglesia de los EE. UU. no abordaba adecuadamente sus necesidades. Entonces, en 1990, la Iglesia Apostólica en México se organizó en los Estados Unidos y comenzó a establecer iglesias entre los inmigrantes. Dentro de un par de años, la Asamblea Apostólica en los Estados Unidos se estableció legalmente en México y estableció iglesias en ese país. Como resultado, las dos denominaciones hermanas se convirtieron en cuatro denominaciones nacionales. A pesar de esta situación, la denominación continuó creciendo. En 1994 reportó 49,000 miembros en 431 iglesias. Ese crecimiento continuó a lo largo de la década, y en 2004 tenía 700 iglesias y 80,000 miembros. En ese momento también tenía 600 iglesias fuera de los Estados Unidos con 50,000 miembros.[15]

Un problema que se destacó por el crecimiento de las denominaciones fue la inadecuación de las estructuras existentes para manejar las cosas nuevas que sucedían en la comunidad latina. Por ejemplo, la **Iglesia del Nazareno** había desarrollado distritos latinos como una forma de organizar sus iglesias latinas. Pero durante este

---

[13] Clifton L. Holland, ed., comp., producer, "Historical Profiles of Protestant Denominations with Hispanic Ministries in the USA: Listed by Major Traditions and Denominational Families," PROLADES, última actualización el 15 de Agosto, 2012, http://www.hispanicchurchesusa.net/denominations/hsusa_historical_profiles_15August2012.pdf, 208.

[14] Esdras Betancourt, *En el espíritu y poder de Pentecostés: Historia de la Iglesia de Dios Hispana en Estados Unidos* (Cleveland, TN: Vida Publication y Centro Estudios Latinos Publicaciones, 2016), 183–84, 193.

[15] Ismael Martín del Campo, "Asamblea Apostólica de la Fe en Cristo Jesús," en Martínez Guerra y Scott, *Iglesias peregrinas en busca de identidad*, 112–14.

período las congregaciones anglo existentes apoyaron el establecimiento de nuevas iglesias latinas que estaban vinculadas a los distritos "anglos" existentes. Según lo descrito por el director de la Oficina de Ministerios Hispanos, Roberto Hodgson,

> La inmigración masiva de latinoamericanos en las décadas de 1980 y 1990 en todo Estados Unidos motivó a los distritos e iglesias de habla inglesa a adoptar una nueva visión en la evangelización entre los hispanos y otros grupos étnicos, como lo hicieron los pioneros de la iglesia. Los distritos y las iglesias comenzaron a desarrollar iniciativas misioneras de evangelismo hacia los millones de hispanos que llegaron a los Estados Unidos por varias razones. Durante estas dos décadas, se desarrolló el movimiento de los modelos de iglesias y distritos multicongregacionales y multiculturales. Las iglesias multicongregacionales compartieron instalaciones y algunas de las estructuras gubernamentales y financieras. Esta nueva modalidad ha experimentado el mayor crecimiento de las iglesias hispanas a partir de más de 150 nuevas congregaciones en una década.[16]

Esto nunca fue una estrategia planificada, sino las acciones de las iglesias que respondieron a las necesidades a su alrededor. Las iglesias trajeron pastores y líderes de América Latina para dirigir muchos de los nuevos esfuerzos. Como resultado, el nuevo crecimiento superó a los distritos hispanos existentes. Hoy, la Iglesia del Nazareno tiene muchas más iglesias latinas fuera de los distritos hispanos que dentro de ellos.

Esta realidad de crecimiento afectó a todas las denominaciones. Las principales iglesias que habían perdido miembros latinas e iglesias en los años 1960 y 1970 ganaron nuevos miembros de América Latina y expandieron sus ministerios en los cambiantes vecindarios urbanos. Esto revitalizó muchas iglesias y también produjo nuevas iglesias. Los inmigrantes de América Latina también trajeron sus iglesias con ellos o comenzaron nuevas iglesias y movimientos una vez que estuvieron en los Estados Unidos. Y las denominaciones que no habían funcionado entre los latinos comenzaron ministerios al darse cuenta de que los latinos estaban entre ellos. A medida que la comunidad latina creció, los protestantes latinos también encontraron un nuevo crecimiento expansivo.

El Siguiente Conjunto de Publicaciones Ministeriales y Teológicas

Una de las señales de que los protestantes latinos habían sido "descubiertos" por la comunidad protestante general fue el crecimiento de publicaciones y conferencias relacionadas con el ministerio en la comunidad latina o con la teología latina. Varias

---

[16] Roberto Hodgson, "History of the Hispanic Church of the Nazarene in the United States and Canada" (ponencia presentada en la Conferencia Teológica Iberoamericana, San José, Costa Rica, 18 de octubre de 2004), http://didache.nazarene.org/index.php/regiontheoconf /ibero-amer-theo-conf/507-iberoam04-eng-24-usa-canada/file.

denominaciones habían publicado panfletos u otros documentos pequeños relacionados con el ministerio latino en generaciones anteriores. Pero, por primera vez, durante este período se organizaron grandes eventos y se publicó material centrado en el ministerio en la comunidad latina; hubo un aumento también en materiales y actividades enfocados en los protestantes latinos en particular.

Una gran conferencia evangélica, Evangelizing Ethnic America [Evangelizando la América Étnica], celebrada en 1985, creó una nueva visión de orientación nacional entre los protestantes evangélicos y se centró en la creciente diversificación étnica de los Estados Unidos, en particular debido a las nuevas migraciones de todo el mundo. Fue descrito como "estratégico porque esta es la primera vez en la vida del protestantismo norteamericano que se convoca este tipo de reunión de alto nivel enfocada *completamente* en los grupos étnicos no evangelizados aquí en nuestro propio país". Los organizadores de la conferencia cuestionaron la perspectiva de la "olla de crisol" en los Estados Unidos y exhortaron a las iglesias a tener una opinión diferente. En palabras del Dr. C. Peter Wagner, uno de los organizadores de la conferencia: "Si los Estados Unidos reales son una multitud de seres humanos multicolor, multilingües y multiculturales, la visión espiritual para los Estados Unidos reales se resume en una tarea evangelística extraordinariamente desafiante. Estados Unidos es una multitud que se ganará para Jesucristo". El comité organizador tenía un latino como presidente, el líder bautista Oscar Romo; como un reconocimiento de la importancia de este grupo étnico de rápido crecimiento, aunque muchos grupos étnicos estuvieron representados en la conferencia.[17] Esta conferencia creó gran entusiasmo entre las denominaciones y las organizaciones paraeclesiásticas y también puso de relieve la realidad de la creciente comunidad latina.

Durante este período se publicaron varios libros para encender (o reavivar) el interés en el ministerio latino entre las iglesias protestantes, como *Los Hispanos en los Estados Unidos: Un reto y una oportunidad para la iglesia* (1985), *Hispanic Ministry in North America* [Ministerio Hispano en América del Norte] (1987), *The Hispanic Challenge: Opportunities Confronting the Church* [El Desafío Hispano: Oportunidades para Enfrentar a la Iglesia] (1993), *Who Comes in the Name of the Lord? Jesus at the Margins* [¿Y Quién Viene en el Nombre del Señor? Jesús en los Márgenes] (1997).[18] Cada libro analizó la creciente comunidad latina, pero los libros diferían sobre cómo los protestantes deberían responder. Un líder latino pentecostal escribió el primer libro para latinos pentecostales. El segundo y el tercer libro presentan una perspectiva evangélica más general, y este último libro presenta una visión más amplia de lo que los latinos podrían

---

[17] Houston 85: La Convocatoria Nacional sobre la Evangelización de la América Étnica, del 15 al 18 de abril de 1985, documentos de la conferencia.

[18] José Reyes, *Los Hispanos en los Estados Unidos: Un reto y una oportunidad para la iglesia* (Cleveland, TN: White Wing Publishing House, 1985); Alex Montoya, *Hispanic Ministry in North America* (Grand Rapids: Zondervan, 1987); Manuel Ortiz, The *Hispanic Challenge: Opportunities Confronting the Church* (Downers Grove: InterVarsity, 1993); Harold J. Recinos, Who *Comes in the Name of the Lord? Jesus at the Margins* (Nashville: Abingdon, 1997).

lograr en las áreas urbanas. El último libro está escrito desde una perspectiva histórica y llama a las iglesias históricas a tener una visión progresista de los márgenes en contraste con la visión ortodoxa de otras iglesias.

Durante este tiempo, la teología latina también comenzó a encontrar una voz pública en seminarios y escuelas de religión. Los protestantes latinos, particularmente los pentecostales, habían estado reflexionando sobre su experiencia con Dios, particularmente a través de las narrativas (testimonios) y las canciones escritas originalmente en español. Algunos de los primeros líderes mencionados en capítulos anteriores abogaron por expresiones latinas de fe y desarrollaron expresiones de adoración que reflejaban las experiencias religiosas particulares de los latinos. Y las expresiones pentecostales de fe en la comunidad latina tendían a reflejar las influencias culturales de la realidad latina, mientras que otras expresiones protestantes tendían a ser traducciones de lo que se enseñaba y practicaba en inglés.

Un cambio importante durante este período es que los pensadores protestantes latinos comenzaron a publicar sus obras en inglés. Dos de las primeras voces que tuvieron el mayor impacto fueron Orlando Costas y Justo González. Ambos líderes ganaron un lugar en la academia teológica, lo que les brindó una plataforma desde la cual reflexionar teológicamente desde una perspectiva latina. Costas planteó importantes preguntas misiológicas. Tanto *Christ outside the Gate* [Cristo Fuera de la Puerta] (1982) como *Liberating News* [Noticias Liberadoras] (1989) presentaron una versión latina del evangelio y sus implicaciones entre las comunidades minoritarias.[19] La prematura muerte de Costas en 1987 dejó incompleto su trabajo pero le abrió las puertas a conversaciones importantes.

González es ampliamente conocido en los círculos cristianos como historiador de la iglesia. Ha escrito varios libros sobre la historia de la iglesia y el pensamiento cristiano que se utilizan en muchos seminarios estadounidenses y en toda América Latina. Su impacto más directo en la reflexión teológica latina vino con su libro *Teología Liberadora: Enfoque Desde la Opresión en Una Tierra Extraña*.[20] Varios autores católicos ya habían escrito sobre teología latina en los años ochenta. Pero para los protestantes las puertas se abrieron ampliamente después de la publicación de *Mañana*.

La década de 1990 se convirtió en la década de la teología latina. Se publicó una gran cantidad de libros tanto desde el punto de vista católico como protestante, centrándose en la singularidad de vivir la fe cristiana como un protestante latino. Los dos libros que resumieron el protestantismo latino fueron escritos o editados por González. *Santa Biblia: The Bible through Hispanic Eyes* [Santa Biblia: La Biblia a través de Ojos Hispanos][21] se enfoca en cómo la ubicación social afecta la lectura de la Biblia y la contribución que

---

[19] Orlando E. Costas, *Christ outside the Gate: Mission beyond Christendom* (Maryknoll, NY: Orbis, 1982); Orlando E. Costas, *Liberating News: A Theology of Contextual Evangelization* (Grand Rapids: Eerdmans, 1989).

[20] Justo L. González, *Teología Liberadora: Enfoque Desde la Opresión en Una Tierra Extraña* (Ediciones Kairos, 2005).

[21] Justo L. González, *Santa Biblia: The Bible through Hispanic Eyes* (Nashville: Abingdon, 1996).

los latinos pueden hacer a las iglesias de EE. UU. mientras buscan entender el mensaje de las Escrituras para hoy. *¡Alabadle! Hispanic Christian Worship* [¡Alabadle! Adoración Cristiana Hispana][22] analiza varios estilos de adoración en la comunidad latina, reconociendo que la mayoría de las latinas, protestantes o católicos comparten aspectos comunes sobre cómo acercarse a Dios en la adoración. Estos dos libros reflejan una literatura creciente que maduraría a lo largo de los años noventa y en el siglo XXI.[23]

A medida que se desarrolló la teología latina, extrajo agua de varias fuentes. Claramente fue influenciada por la teología de la liberación latinoamericana. Pero fue escrita desde la experiencia de los Estados Unidos. La teología protestante latina reconoció temprano que el pentecostalismo era un componente clave para comprender la fe de los latinos; un texto clave que describía esa relación era el trabajo de Eldin Villafañe, *El Espíritu Liberador*.[24] Además, no se podía hablar de teología latina sin abordar las complejas y variadas experiencias de lo que significaba ser latino.

Pero debido a la naturaleza de las iglesias y el papel de la academia teológica, la teología latina tendió a desarrollarse en los círculos históricos. La mayoría de las primeras voces provenían de tradiciones históricas. Pero a pesar de que algunos pentecostales y evangélicos también publicaron sus voces, las reflexiones no siempre salieron de las congregaciones. Aun cuando las voces latinas de orientación académica escribían teología latina, las iglesias protestantes latinas escribían su propia teología a través de himnos y canciones de adoración que se desarrollaron durante este período. Si Justo González era la voz de la academia latina, Marcos Witt se convirtió en la voz del culto popular. Durante la década de 1990, un estilo de adoración nuevo y más vivo impregnó a las iglesias de todo el mundo de habla hispana. CanZion Music influyó en la adoración, y el Instituto CanZion, también iniciado por Witt, enseñó este nuevo estilo de adoración a miles de líderes de adoración de toda América Latina y entre los latinos de EE. UU. Witt se convirtió en el catalizador de una importante renovación de la adoración e influenció iglesias mucho más allá de las iglesias pentecostales que fueron influenciadas más directamente por su estilo.

Otra área en la que los protestantes latinos comenzaron a encontrar una voz se relacionó con la forma de leer su propia historia. La mayoría de lo que se había escrito antes sobre la historia del protestantismo latino era testimonial y centrada en la denominación. Proporcionó detalles sobre quién había hecho qué y cuándo y sobre los resultados de esos esfuerzos. Muchas denominaciones escribieron narraciones sobre su trabajo entre las latinas, particularmente cuando se preparaban para celebrar cien años de ministerio. Varias denominaciones también publicaron narrativas relacionadas con iglesias específicas, líderes o áreas del ministerio. Lo que cambió durante este período

---

[22] Justo L. González, ed., *¡Alabadle! Hispanic Christian Worship* (Nashville: Abingdon, 1996).
[23] Para una bibliografía más completa de los libros de teología latina de este período, vea Miguel A. De La Torre y Edwin David Aponte, *Introducing Latino/a Theologies* (Maryknoll, NY: Orbis, 2001).
[24] Eldin Villafañe, *El Espiritu Liberador: Hacia una Ttica social pentecostal hispanoamericana* (Grand Rapids: Eerdmans, 1997).

es que algunas iglesias no solo registraron lo que había sucedido, sino que incluyeron un análisis histórico de los eventos. Tanto *Iglesia Presbiteriana*[25] como *En nuestra propia lengua*[26] analizaron la historia de sus respectivas tradiciones denominacionales, yendo mucho más allá de una mera narración de los eventos hacia un intento de ubicar estas historias dentro de la experiencia más amplia del protestantismo estadounidense dentro de sus respectivas familias denominacionales.

El primer intento existente publicado para comprender el protestantismo latino en perspectiva histórica, *Republican Protestantism in Atzlán* [Protestantismo Republicano en Atzlán], fue escrito para "demostrar" por qué los chicanos rechazaban el protestantismo.[27] Dos esfuerzos iniciales de los protestantes latinos por desarrollar una historia más amplia del protestantismo latino comenzaron en la década de 1990. La Asociación Hispana para la Educación Teológica (AHET) publicó *Hacia una historia de la iglesia evangélica Hispana de California del Sur* en 1993.[28] Fue "el primer esfuerzo unido de los cristianos evangélicos de poner en orden la historia de la obra hispana en los Estados Unidos de América", de acuerdo a la introducción del Dr. José Arreguín.[29] Fue una colección de narraciones de las denominaciones sobre su trabajo entre las latinas en el sur de California. Este esfuerzo buscó ayudar a las tradiciones denominacionales a entender por qué las iglesias protestantes latinas habían ganado o perdido miembros a través de los años. Los autores esperaban expandir este esfuerzo para incluir todo el sudoeste, particularmente aquellas áreas donde había habido una presencia latina desde el período colonial español.

El otro esfuerzo principal del período se publicó en 1994. *Hidden Stories: Unveiling the History of the Latino Church* [Historias Ocultas: Develando la Historia de la Iglesia Latina][30] también fue una colección de ensayos. Daniel Rodríguez-Díaz, uno de los editores, trabajó con su escuela, McCormick Theological Seminary, para escribir una propuesta de subvención a Pew Charitable Trusts para reunir académicos y líderes que estuvieran involucrados en "trabajar en la historia de la iglesia protestante latina, para intercambiar información, para evaluar las necesidades y comenzar a planificar pasos futuros".[31] La preocupación de los participantes fue que "mientras que los latinos o los estadounidenses de descendencia hispana se han unido a una variedad de denominaciones protestantes por más de ciento cincuenta años, poco se ha hecho para

---

[25] R. Douglas Brackenridge y Francisco O. García-Treto, *Iglesia Presbiteriana: A History of Presbyterians and Mexican Americans in the Southwest* (San Antonio: Trinity University Press, 1974).

[26] Justo L. González, ed., *En Nuestra Propia Lengua: Una Historia del Metodismo Hipano Unido* (Nashville: Abingdon, 1991).

[27] E. C. Orozco, *Republican Protestantism in Aztlán: The Encounter between Mexicanism and Anglo-Saxon Secular Humanism in the United States Southwest* (Glendale, CA: Petereins Press, 1980).

[28] Rodelo Wilson, ed., *Hacia una historia de la iglesia evangélica hispana de California del Sur* (Montebello, CA: AHET, 1993).

[29] Wilson, *Hacia una historia de la iglesia evangélica hispana de California del Sur*, 7.

[30] Daniel R. Rodríguez-Díaz y David Cortés-Fuentes, eds., *Hidden Stories: Unveiling the History of the Latino Church* (Decatur, GA: AETH, 1994).

[31] Rodríguez-Díaz y Cortés-Fuentes, *Hidden Stories*, xi.

documentar su historia. Los materiales de archivo están dispersos, a menudo se conservan en condiciones menos que óptimas y generalmente son inaccesibles. Existe una necesidad urgente de preservar la historia oral que se está perdiendo, y el material de archivo que se está destruyendo a través de una conservación inadecuada".[32] Los académicos que se reunieron abordaron cuestiones metodológicas y la relación de la cultura y la religión. También fueron parte de un esfuerzo inicial para comenzar una asociación de historiadores de iglesias que luego se fusionó con la recientemente creada Asociación para la Educación Teológica Hispana (AETH).

La educación teológica formal también se desarrolló durante este período, cuando los seminarios, la Asociación de Escuelas Teológicas (ATS) y las instituciones denominacionales comenzaron a tomar más en serio las necesidades de la educación teológica latina.

El primer esfuerzo para abordar estos problemas se estableció en 1974. La Asociación Teológica para la Educación Hispana (ATEH, ahora Asociación Teológica Hispana-ATH) nació en el sur de California cuando las instituciones locales reconocieron la necesidad de abordar las necesidades de capacitación de una población protestante latina en crecimiento. El Seminario Teológico Fuller comenzó un programa para pastores hispanos en 1974. Varias instituciones teológicas regionales y cuerpos de iglesias trabajaron juntos para formar ATH en conjunto con ATS. Con los años, ha fortalecido sus lazos regionales con institutos bíblicos latinos y les ha ofrecido un proceso de certificación que les permite mantener programas rigurosos que han sido reconocidos por varias escuelas ATS.[33]

A fines de la década de 1980 y durante la década de 1990, Justo González influyó directa o indirectamente en el establecimiento de tres organizaciones que se ocuparon de la tarea de la educación teológica entre los latinos. Cada uno comenzó a tratar problemas específicos relacionados con esta tarea. A medida que cada uno se desarrollaba, tendía a adquirir una "personalidad" propia.

El **Hispanic Summer Program** (HSP) [Programa Hispano de Verano] nació de varios esfuerzos para promover "la educación teológica y el liderazgo pastoral de la Iglesia Hispanoamericana en constante crecimiento". ATS contrató al Dr. Cecilio Arrastía para ayudar a las instituciones teológicas de denominaciones históricas a responder efectivamente a las necesidades de sus estudiantes latinas. Su trabajo inicial fue seguido por un estudio nacional financiado por Pew Charitable Trusts sobre las necesidades de la educación teológica latina. González dirigió el estudio y concluyó que, debido a la "ausencia de un seminario hispano completo o un programa hispano de educación y capacitación ministerial, se decidió tener un programa de verano de dos semanas cuyo carácter sería tal que serviría como un seminario latino por un corto período de tiempo". Comenzado en 1989, ha proporcionado un programa ecuménico de cursos a nivel de seminario impartido por profesores latinos que se enfoca en los problemas y

---

[32] Rodríguez-Díaz y Cortés-Fuentes, *Hidden Stories*, xi.
[33] Véase, http://athispana.com/.

necesidades específicos de la comunidad latina. Más de cuarenta instituciones son patrocinadores del HSP.[34]

La **Asociación para la Educación Teológica Hispana** (AETH) fue fundada en 1991 "para estimular el diálogo y la colaboración entre educadores teológicos, administradores de instituciones para la formación ministerial y estudiantes cristianos ministeriales dentro y fuera de los Estados Unidos".[35] A lo largo de su historia ha promovido el diálogo entre aquellos comprometidos con la educación teológica latina en varios niveles, desde institutos bíblicos hasta seminarios, y es el único lugar donde eso sucede de manera regular. Ha producido textos básicos para usar en institutos bíblicos y ha servido como una editorial para libros de interés específico para los latinos. Sus proyectos más recientes incluyen el establecimiento del Centro Justo González en Asbury Seminary-Orlando, que patrocina una conferencia anual sobre temas de interés para la comunidad protestante latina. También está trabajando con ATS para desarrollar un sistema de certificación mediante el cual los institutos bíblicos latinos puedan funcionar a nivel de bachillerato. Los graduados de instituciones que cumplen con los criterios pueden inscribirse en programas de maestría en las escuelas ATS que estén dispuestos a reconocer esta certificación.[36]

Hispanic Theological Initiative (HTI) [Iniciativa Teológica Hispana] fue la tercera organización nacional formada para abordar temas de educación teológica latina (1996). Su enfoque es apoyar a estudiantes latinos de doctorado comprometidos a servir en la academia y la iglesia. Proporciona apoyo financiero y de tutoría a estos estudiantes con el fin de aumentar el número de profesores latinos en la educación teológica y, por lo tanto, "equipar mejor a las instituciones de los Estados Unidos para servir a la creciente población hispana".[37]

Organizaciones Protestantes Latinas

La mayoría de las denominaciones habían desarrollado conferencias internas "latinas" de iglesias. Pero a menudo tenían poca voz dentro de las estructuras más grandes y a menudo se consideraban marginales a la vida de la denominación. A medida que el número de protestantes latinos continuó creciendo, los líderes latinos buscaron nuevas formas de tener voz en sus denominaciones. Los primeros esfuerzos incluyeron caucus o redes de líderes latinos que se organizaron para abordar asuntos de interés común dentro de las estructuras de la iglesia. Este tipo de redes se desarrollaron en la mayoría

---

[34] "Who We Are, and What We Do," Hispanic Summer Program, consultado el 21 de Marzo, 2017, http://hispanicsummerprogram.org/whoweare/.

[35] "About Us," Asociación para la Educación Teológica Hispana, 2015, http://www.aeth.org/en/about-us/.

[36] "Certification of Bible Institutes," Asociación para la Educación Teológica Hispana, 2015, http://www.aeth.org/en/certification-bible-institutes/.

[37] "About Us," Perspectivas, consultado el 21 de Marzo, 2017, http://perspectivasonline.com/about/about-hispanic-theological-initiative-hti/.

de las denominaciones protestantes. Muchas fueron efímeras y con frecuencia se reorganizaron a medida que nuevas olas migratorias ponían en primer plano a los nuevos líderes. Las denominaciones respondieron al crecimiento en el número de latinos por medio de expandir sus oficinas "hispanas o abrir algunas posiciones de liderazgo denominacional a los líderes latinos.

Durante este período, los protestantes latinos, cuando encontraron su propia voz, también comenzaron a desarrollar sus propias organizaciones que cruzaban líneas confesionales. Descubrieron que tendrían que trabajar a través de líneas denominacionales y tradiciones teológicas si iban a abordar con éxito asuntos de interés común.

El cambio más significativo durante esta era fue en el reconocimiento del crecimiento de la población latina nacida en los Estados Unidos. Hasta este punto, cada ola de inmigrantes tendía a reorientar el ministerio protestante hacia la población inmigrante. La mayoría de la población latina siempre había nacido en los EE. UU., pero cada ola inmigrante subsiguiente mantuvo el enfoque del ministerio en aquellos que habían llegado más recientemente. Pero en las décadas de 1980 y 1990, los protestantes latinos se centraron en la población nacida en los Estados Unidos de formas que anteriormente no se había considerado tan importantes.

Una clara señal de este cambio fue el desarrollo de la Asociación Hispana de Ministerios Bilingües Biculturales (HABBM) en el sur de California en 1985, uno de los primeros esfuerzos organizacionales transdenominacionales nacionales. Su público objetivo eran líderes protestantes latinos de segunda y tercera generación. Danny de León, del **Templo Calvario** (AD) en Santa Ana, California, ganó una plataforma nacional e invitó a los líderes latinos a unirse con él en este esfuerzo. Aunque de corta duración, este grupo creó el entorno y se convirtió en el precursor de las organizaciones posteriores. Se hizo evidente que se necesitaría un líder pentecostal carismático para reunir a un círculo de pastores y líderes para que se organizaran en asuntos de interés mutuo.

En 1992, el Dr. Jesse Miranda, otro líder de las AD, organizó a pastores y líderes latinos en la **Alianza Ministerial Evangélica Nacional** (AMEN). En muchos sentidos, este fue el siguiente paso después de la HABBM. Reunió a líderes de más de veinte denominaciones protestantes y más de setenta organizaciones paraeclesiásticas de los Estados Unidos, Canadá, Puerto Rico y México para formar el principal grupo latino protestante de abogacía del período. Se unieron para representar a la creciente comunidad protestante latina, promover la unidad entre los líderes protestantes latinos, fortalecer su trabajo común y desarrollar una voz pública para los protestantes latinos. De 1992 a 2006, AMEN fue la voz principal del protestantismo latino. AMEN fue la primera organización protestante latina en obtener prominencia nacional. Debido a la influencia del Dr. Miranda, los líderes protestantes latinos se han reunido con todos los presidentes de los Estados Unidos desde Ronald Reagan.

AMEN ayudó a organizar una serie de conferencias e intercambios nacionales con la comunidad protestante general de los Estados Unidos. Debido al trabajo del Dr.

Miranda y el impacto de AMEN, fue invitado por Pew Charitable Trusts para dirigir un estudio nacional llamado **Hispanic Churches in American Public Life** [Iglesias Hispanas en la Vida Pública Estadounidense] (HCAPL) de 1999 a 2002. Él y Virgilio Elizondo, sacerdote católico mexicano-estadounidense y latino teólogo, codirigió este proyecto que analizaba el creciente papel público de las iglesias hispanas, tanto protestantes como católicas. Este estudio se convirtió en el cuadro más completo, hasta ese momento, de las tendencias religiosas de los latinos de Estados Unidos.[38]

AMEN sirvió como una plataforma para protestantes latinos y como una plataforma de lanzamiento para una nueva generación de líderes protestantes latinos. Muchos líderes encontraron su voz y un espacio para un ministerio más amplio a través de AMEN. Se desarrollaron varios ministerios nuevos, mientras que otros crecieron a medida que se conectaban en red a través de AMEN. El descendiente más directo de AMEN es la **National Hispanic Christian Leadership Conference** [Conferencia Nacional de Liderazgo Cristiano Hispano] (NHCLC), de la cual se hablará más en el próximo capítulo.

Niveles Crecientes de Diversificación

Al igual que con las expansiones anteriores de la comunidad, un tema que se destaca durante este período es la creciente diversificación de la comunidad latina. Las organizaciones nacionales hablaban del creciente tamaño e influencia del protestantismo latino y de la importancia de desarrollar plataformas nacionales para abordar problemas comunes. A pesar de que algunas organizaciones estaban reuniendo a protestantes latinos, la expansión del ministerio estaba creando niveles crecientes de diversificación.

En primer lugar, a medida que la comunidad latina continuaba creciendo, más y más denominaciones protestantes se involucraron en el ministerio dentro de la comunidad latina. Por lo tanto, a pesar de que un número relativamente pequeño de denominaciones representa la mayor parte del protestantismo latino, hubo una proliferación de esfuerzos más pequeños a lo largo de este período. Algunos ministerios fueron iniciados por pequeñas denominaciones que establecieron un pequeño número de iglesias, mientras que otros esfuerzos fueron hechos por denominaciones que tradicionalmente no habían hecho ministerio en la comunidad latina, como las denominaciones predominantemente afroamericanas. Además, las iglesias y movimientos protestantes más nuevos en los Estados Unidos también iniciaron ministerios o congregaciones latinas. Muchos de los movimientos carismáticos o neocarismáticos más nuevos y muchas iglesias independientes más grandes desarrollaron algún tipo de alcance específico hacia las latinas. Y a medida que las iglesias y denominaciones con sede en América Latina vieron a más de sus miembros emigrar al norte, muchos de ellos comenzaron iglesias en los Estados Unidos. También existe el

---

[38] Gastón Espinosa, *Latino Pentecostals in America: Faith and Politics in Action* (Cambridge, MA: Harvard University Press, 2014), 343–45.

crecimiento de varios tipos de ministerios independientes iniciados por los mismos latinos.

Este tipo de diversificación no debería sorprender dada la naturaleza del protestantismo que estaba creciendo entre los latinos y los diversos segmentos de la comunidad latina. Esta tendencia fue, y es, un reflejo de los movimientos protestantes de iglesias libres, que son los tipos de iglesias y denominaciones que más crecen entre los latinos de EE. UU. A medida que los latinos se mudaron a nuevas partes de los Estados Unidos, también entraron en contacto con denominaciones que quizás no se habían encontrado con los latinos en el pasado. Pero esta diversificación denominacional y teológica también refleja el deseo de muchos latinos de encontrar a Dios y lo espiritual de nuevas formas.

A medida que la comunidad latina continuó creciendo, sus expresiones religiosas predominantes fueron en una dirección carismática pentecostal. La mayoría de las denominaciones protestantes más grandes con presencia latina son pentecostales. Pero la mayoría de las iglesias latinas protestantes tienen un estilo de adoración pentecostal o carismático. Lo que estaba sucediendo en América Latina también estaba sucediendo entre los latinos: el protestantismo se había convertido en gran medida pentecostal o pentecostalizado. Y esa influencia había ido más allá del protestantismo, ya que también había una fuerte tendencia carismática en el catolicismo latino.

Otro tipo importante de diversificación durante este período estuvo relacionado con la aculturación. A pesar de las importantes olas migratorias, la mayoría de las latinas siempre han nacido en los Estados Unidos. Y la aculturación siempre ha sido un asunto clave en la comunidad latina. Como se dijo anteriormente, incluso a fines del siglo XIX, algunos protestantes latinos más jóvenes estaban más interesados en formar parte de las congregaciones "blancas" que en permanecer en las iglesias latinas en las que crecieron. Hubo muchas razones por esta atracción. Ciertamente, algunos latinos vieron a las iglesias protestantes anglosajonas como lugares que podrían nutrir o apoyar la movilidad ascendente y la asimilación a la cultura dominante. Otros estaban allí porque la educación y un cambio en el dominio del idioma al inglés hizo que esas iglesias fueran más atractivas. Estos latinos se habían criado como protestantes, y querían seguir siendo parte de una iglesia protestante. Pero una congregación en idioma inglés parecía tener más sentido para ellos.

Pero un número creciente de latinos también se sintieron atraídos por las grandes iglesias carismáticas o neopentecostales que comenzaron a desarrollarse en los años setenta y ochenta. Muchos de ellos escucharon por primera vez el mensaje protestante en inglés, incluso si dominaban el español, generalmente a través de este tipo de ministerios. Por lo tanto, muchos no abandonaban las iglesias protestantes latinas para unirse a las iglesias anglas —nunca habían sido parte de una iglesia protestante latina, incluso aquellos que dominaban el español.

El estudio de Hunt demostró que convertirse en protestante y unirse a una iglesia protestante latina no era necesariamente un signo de asimilación a la sociedad dominante. Pero solo en el 2007 quedaría claro que, mientras más protestantes latinos adoraban en inglés, la gran mayoría se sentía atraído por las iglesias que tenían algún tipo de identidad latina. Un estudio de Pew de ese año, *Changing Faiths*, descubrió que la gran mayoría de los latinos, católicos, protestantes y demás asistían a iglesias que tenían algún tipo de identidad latina clara. Se encontró que el 80 por ciento de los feligreses latinos asistía a una iglesia que tenía clérigos latinos; el 87 por ciento iba a una iglesia que ofrecía servicios en español; y el 74 por ciento asistía a una iglesia que era mayoritariamente latina. El 65 por ciento de los latinos asistía a iglesias que tenían las tres características; otro 21 por ciento iba a iglesias que tenían dos; y el 8 por ciento a iglesias que tenían una de estas características. Aunque esta tendencia es menos pronunciada entre los latinos estadounidenses que han estado en los Estados Unidos durante varias generaciones, los latinos todavía muestran una fuerte tendencia a asistir a iglesias que tienen algunas características étnicas latinas bien claras. Incluso los latinos que adoran en inglés parecen preferir los lugares de culto donde su etnicidad está representada en el liderazgo o en la comunidad.[39]

¿Qué Aspecto Tiene un Protestante Latino?

Si la asimilación de los latinos había sido la suposición implícita a largo plazo o la meta de algunas de las denominaciones protestantes, esa suposición estaba perdiendo el favor en este momento. Pero también parecía claro que iglesias y denominaciones completamente separadas no eran el futuro. Algunas denominaciones continuaron haciendo ministerio desde una suposición asimilacionista y establecieron ministerios de "una generación". Otros comenzaron a ver un rol a largo plazo de las iglesias protestantes latinas. Pero no estaba claro en ese momento si esas iglesias latinas adorarían completamente en español, en inglés o en algún tipo de formato bilingüe.

Las nuevas iglesias y ministerios latinos reflejaron la intersección de la fe, la minorización, la comprensión de la asimilación, la conservación de la identidad étnica, la teología y la eclesiología. Diferentes iglesias y ministerios respondieron de maneras muy diferentes a estos desafíos. Lo que complicó aún más el problema fue que los ministerios latinos se estaban desarrollando de maneras muy diferentes y que uno podía comenzar con éxito una iglesia protestante latina sin importar las suposiciones que uno hiciera sobre el futuro de la comunidad latina.

Entre los muchos desafíos planteados por estas diferencias se encontraba que muchos parecían suponer que su experiencia en la comunidad latina era "normativa". Aquellos involucrados en el ministerio querían tener la sensación de estar apuntando hacia el futuro, pero no consideraron que podrían haber varios futuros. A medida que la perspectiva asimilacionista perdía terreno, no había otros marcos interpretativos que proporcionaran un único camino para el ministerio entre los latinos.

---

[39] *Changing Faiths: Latinos and the Transformation of American Religion* (Washington, DC: Pew Research Center, 2007), http://www.pewforum.org/files/2007/04/hispanics-religion-07-final-mar08.pdf.

En medio de esto, los líderes que surgieron durante este período a menudo buscaban un paraguas amplio que pudiera incluir a todos los protestantes latinos, aun cuando enfrentaban la creciente diversificación dentro de la comunidad. Algunos de los líderes trabajaron por una unidad amplia, mientras que la mayoría trabajó en sus contextos específicos pero tuvieron un impacto más amplio.

El líder protestante latino más prominente de este período fue **Jesse Miranda**. Nació en Nuevo México y se unió a una iglesia de las AD después de que su madre fue sanada milagrosamente. Estudió en una de las extensiones de LABI y obtuvo títulos en Vanguard University, Talbot Theological Seminary y Fuller Theological Seminary. También estudió en la Universidad del Sur de California. A medida que se desarrolló como líder dentro de las AD, asumió un papel más prominente dentro de la denominación. En 1985 se convirtió en el primer latino en ser orador principal en una convención nacional de las AD. Se ha desempeñado como superintendente de distrito (Pacific Latin American District) y como presbítero ejecutivo para su denominación. Él ha utilizado estas plataformas para promover asuntos latinos y abordar temas relacionados al papel de los latinos protestantes en la sociedad.

Miranda se convirtió en el portavoz clave de los protestantes latinos durante este período. Se reunió con funcionarios públicos, incluidos presidentes de EE. UU., y alentó a los líderes protestantes latinos a abordar los asuntos públicos. Escribió sobre la difícil situación de los latinos y ayudó a organizarlos formando AMEN. Su papel se convirtió en un punto de inflexión para alentar a los latinos de las AD y a otros protestantes latinos a participar en acciones políticas, cívicas y sociales.[40] Fue por causa de esta plataforma que Pew lo invitó a dirigir su primer gran estudio de la religión latina, las Hispanic Churches in American Public Life [Iglesias Hispanas en la Vida Pública Estadounidense] (HCAPL, de lo cual hablaré más adelante en el próximo capítulo). Continúa involucrado en estos temas a través del Centro Jesse Miranda para el Liderazgo Hispano, con sede en Vanguard University, una universidad de las AD con sede en el sur de California.

Danny de León es originario de Texas. Se convirtió en pastor de la Iglesia Templo Calvario de las AD en Santa Ana, California, en 1976 y condujo a la congregación a un período de gran crecimiento. Desde esta plataforma, reunió a un grupo de líderes y desarrolló HABBM. Cuando AMEN y NHCLC ya estaban organizados, de León se enfocó en la congregación local y su impacto regional a través de su Community Development Corporation [Corporación de Desarrollo Comunitario]. Templo Calvario es actualmente reconocido como una de las cinco iglesias de las AD más grandes en los Estados Unidos.

Ray Rivera ha sido pastor, profesor y organizador comunitario en Nueva York desde 1964. Es pastor ordenado de la Iglesia Reformada en América y se desempeñó como ejecutivo nacional del Consejo Hispano de esa denominación desde 1975 hasta 1984. Ha estado involucrado en varios tipos de servicio comunitario y ministerio a lo largo de

---

[40] Espinosa, *Latino Pentecostals in America*, 342–45.

los años y fundó el Latino Pastoral Action Center (LPAC) [Centro Latino de Acción Pastoral] en Nueva York en 1992. Rivera ha utilizado esa plataforma para trabajar hacia una comprensión holística del evangelio y el servicio comunitario basado en la fe. Escribió *Liberty to the Captives: Our Call to Minister in a Captive World* [Libertad a los Cautivos: Nuestro Llamado a Ministrar en un Mundo Cautivo] como guía para el ministerio urbano.[41] Fue uno de los fundadores de NaLEC (de lo cual hablaré más en el próximo capítulo).

Marcos Witt nació de padres misioneros que trabajaban en México. Se convirtió en cantante de gospel y grabó su primer importante álbum en 1986. Fundó CanZion Producciones, que se convirtió en el escenario de su música y la de otros músicos que compartían su estilo y visión. Fundó el Instituto CanZion para entrenar líderes de adoración y ha escrito varios libros sobre la adoración en el contexto protestante latino y de Latinoamérica. Durante la década de 1990 se convirtió en el rostro del movimiento que trabajó para renovar el culto en el mundo de habla hispana. Ha utilizado la música para apoyar temáticas de los protestantes latinos, incluida la reforma migratoria, y de 2002 a 2012 pastoreó la congregación en español de Lakewood Church en Houston, Texas.

Ha habido varios líderes importantes en la Convención Bautista Hispana. **Rudy Sánchez** se destaca durante este período debido a su compromiso a largo plazo y el reconocimiento que recibió. Sirvió como pastor de varias iglesias bautistas latinas de gran tamaño en Texas (en Houston, Dallas y Corpus Christi) y sirvió dos veces como presidente de la Convención Bautista Hispana. También sirvió en varios consejos y comités de la Convención General Bautista de Texas. Su servicio y liderazgo fueron reconocidos por todos los bautistas en Texas cuando se convirtió en el primer presidente latino de la junta ejecutiva de la convención estatal en el año 2000.[42]

Otto René Azurdia, un inmigrante guatemalteco, inició Ministerios Llamada Final, un movimiento latino con raíces latinoamericanas, en 1990. El pastor guatemalteco se mudó al área de Los Ángeles en 1987 para pastorear una pequeña iglesia. A medida que la iglesia creció, decidieron convertirse en la base de este nuevo movimiento. Llamada Final ahora tiene iglesias en los Estados Unidos y en América Latina, todas dirigidas por el Apóstol Azurdia. Este modelo de emprendimiento de iglesias libres continúa siendo una de las formas en que el pentecostalismo latina está creciendo.

Cuando los protestantes latinos finalmente fueron descubiertos, había un gran interés en el ministerio entre ellos. Pero no estaba claro si podrían encontrar un lugar a la mesa del protestantismo estadounidense. Había una sensación de que su creciente presencia ya estaba creando temor entre algunos líderes protestantes anglosajones.

---

[41] Raymond Rivera, *Liberty to the Captives: Our Call to Minister in a Captive World* (Grand Rapids: Eerdmans, 2012).
[42] "Pastor Rudy Sanchez," obituario, *Dallas Morning News*, 10 de Febrero, 2009, http://www.legacy.com/obituaries/dallasmorningnews/obituary.aspx?n=rudy-sanchez&pid=123965119.

CAPÍTULO 8
Encontrando un Lugar a la Mesa
(2001 – Presente)

A lo largo de la primera parte del siglo XXI, el número de protestantes latinos y el número de iglesias protestantes latinas han seguido creciendo. También hay más latinos en las iglesias protestantes que no se identifican como latinas. Este crecimiento tiene tres fuentes principales: crecimiento biológico interno, crecimiento de conversión y nuevas migraciones desde América Latina. La mayor parte del crecimiento está ocurriendo en las denominaciones y movimientos más grandes, pero actualmente hay iglesias latinas y miembros de iglesias en la mayoría de las denominaciones en los Estados Unidos. Dada la creciente diversidad en la comunidad, no siempre es claro qué se debe contar como una iglesia protestante latina (o incluso a quién se debe contar como un protestante latino). Las diferentes denominaciones usan diferentes criterios para decidir estas cosas. Por otro lado, las encuestas nacionales y regionales utilizan diferentes métodos de encuesta. Eso hace que sea difícil traducir los resultados de la encuesta en números concretos de iglesias y miembros. Sin embargo, todos los estudios apuntan al hecho de que el protestantismo latino está creciendo. Lo que todavía no está claro es el papel que tendrá esta creciente comunidad dentro de la comunidad protestante general de los Estados Unidos.

Tasas de Natalidad, Proyecciones de Crecimiento y Cambios en los Patrones de Migración

El Censo de los Estados Unidos de 2010 informó que la población latina había alcanzado los 50.5 millones, o el 16.3 por ciento de la población de los Estados Unidos. Esto representó un crecimiento del 43 por ciento desde el año 2000. Los latinos representaron el 56 por ciento del crecimiento de la población en los Estados Unidos durante esta década. Entre los jóvenes de diecisiete años y menos, los latinos crecieron 39 por ciento durante la década, y en 2010 eran 23 por ciento de esta población[1].

---

[1] Jeffrey S. Passel, D'Vera Cohn, y Mark Hugo Lopez, "Hispanics Account for More Than Half of Nation's Growth in Past Decade," Pew Research Center, Marzo 24, 2011, http://www.pewhispanic.org/2011/03/24/hispanics-account-for-more-than-half-of-nations-growth -in-past-decade/.

Durante esta década, el Censo de EE. UU. también proyectó que los latinos continuarían creciendo como un porcentaje de la población de EE. UU. y que, alrededor de 2044, los diversos grupos minoritarios se convertirían en la mayoría de la población de EE. UU. con los latinos liderando el camino. Aunque las proyecciones de crecimiento de la comunidad latina se han reducido un poco, la expectativa actual es de 109 millones de latinos en los Estados Unidos en 2050.

La década presenció cambios importantes en cuestiones relacionadas con la inmigración. Cuando el presidente Bush fue elegido, prometió trabajar para la reforma migratoria. Aunque sus prioridades cambiaron después de los acontecimientos del 11 de septiembre de 2001, siguió existiendo la sensación de que el Congreso podría aprobar una ley integral de reforma migratoria que abordaría a los aproximadamente 12 millones de extranjeros indocumentados en el país. Esas esperanzas alcanzaron una cúspide cuando el Senado aprobó un proyecto de ley en 2006. Pero el proyecto de ley nunca avanzó en la Cámara. Después de eso, las actitudes políticas continuaron endureciéndose contra los indocumentados. Cuando el presidente Obama fue elegido en 2008, también declaró que trabajaría para la reforma migratoria. Pero también trabajó fuertemente para deportar a los extranjeros indocumentados. Al final de su administración, se lo llamó el "Deportador en Jefe" porque alrededor de 2.5 millones de personas fueron deportadas durante su mandato, más que en las administraciones anteriores.[3]

La cambiante situación política y social también cambió los patrones de migración de América Latina. La migración desde México se desaceleró hasta el punto de que México ya no era el país que enviaba más inmigrantes legales. Sin embargo, otros países de América Latina continuaron enviando números significativos, particularmente El Salvador, Guatemala, Honduras, Colombia y la República Dominicana. La migración desde Puerto Rico también aumentó debido al deterioro de la situación económica en la isla. Pero debido a la desaceleración de la inmigración, América Latina ya no era la región que enviaba la mayor cantidad de inmigrantes legales a los Estados Unidos.[4]

En los últimos años, el entorno político también se ha vuelto más negativo para los inmigrantes. Debido a que los latinos son la parte más grande de la población inmigrante y de la población de inmigrantes indocumentados, se han convertido en los "íconos" para los opositores a la reforma migratoria. Durante la campaña presidencial de 2016, Donald Trump, ahora el presidente, se refirió a los "mexicanos" indocumentados como violadores y asesinos, creando una fuerte postura anti-latina y

---

[2] Jens Manuel Krogstad, "With Fewer New Arrivals, Census Lowers Hispanic Population Projections," Pew Research Center, Deciembre 16, 2014, http://www.pewresearch.org/fact-tank/2014/12/16/with-fewer-new-arrivals-census-lowers-hispanic-population-projections-2/.

[3] Ana Gonzalez-Barrera y Jens Manuel Krogstad, "U.S. Deportations of Immigrants Reach Record High in 2013," Pew Research Center, Octubre 2, 2014, http://www.pewresearch.org/fact-tank/2014/10/02/u-s-deportations-of-immigrants-reach-record-high-in-2013/.

[4] Jie Zong y Jeanne Batalova, "Asian Immigrants in the United States," Migration Policy Institute, Enero 6, 2016, http://www.migrationpolicy.org/article/asian-immigrants-united-states.

anti-inmigrante entre muchos en los Estados Unidos. Todavía está por verse cómo esa retórica se traducirá en decisiones políticas de la nueva administración.

¿Cómo Contamos, Qué Contamos y Qué aprendemos al Contar?

Durante los primeros años del siglo XXI se llevaron a cabo varios estudios importantes sobre el estado de la religión latina en los Estados Unidos. Hubo tres estudios en el Pew Hispanic Center y uno en el Trinity College como parte del proyecto de estudio ARIS (American Religious Identification Survey - Encuesta de Identificación Religiosa Estadounidense). Debido a que usaron diferentes metodologías, no siempre es fácil comparar sus resultados o tener una idea clara de los cambios que están ocurriendo. Pero nos dan una vista panorámica de la comunidad protestante latina.

Pew Charitable Trusts financió el primer amplio estudio nacional de la religión hispana en los Estados Unidos. *Hispanic Churches in American Public Life* [Iglesias Hispanas en la Vida Pública Estadounidense] (2003)[5] estudió el papel de la fe en la participación de los latinos en la sociedad estadounidense. El Dr. Gastón Espinosa dirigió el estudio, codirigido por el Dr. Jesse Miranda y el Dr. Virgilio Elizondo. El estudio comenzó reconociendo que había pocos estudios de las tendencias religiosas en la comunidad latina, algo que el estudio esperaba abordar de manera efectiva. Entre los hallazgos importantes para nuestros propósitos se encuentran los siguientes:

- El 23 por ciento de los latinos se identificaron como protestantes, el 70 por ciento como católicos, el 1 por ciento como miembros de otras religiones mundiales (particularmente el Islam) y el 6 por ciento no tenía preferencias religiosas (u otras); menos de la mitad del 1 por ciento se identificó como agnóstico o ateo.
- Parecía haber una tendencia generacional en el cambio hacia el protestantismo. Los latinos estaban dejando la Iglesia Católica en números bastante significativos, pero las nuevas migraciones mantuvieron alto el porcentaje de católicos latinos.
- "Para poner estos hallazgos en perspectiva nacional, ahora hay más protestantes latinos en los Estados Unidos que judíos o musulmanes o episcopales y presbiterianos combinados".[6]
- Las latinas tienden a sentirse atraídos por una fe más carismática o pentecostal. Esto es cierto tanto para protestantes como para católicos.

---

[5] Gastón Espinosa, Virgilio P. Elizondo, y Jesse Miranda, *Hispanic Churches in American Public Life: Summary of Findings* (Notre Dame: Institute for Latino Studies, University of Notre Dame, 2003). Un archivo pdf está disponible en http://www.hispanicchurchesusa.net/hcapl-rpt-1.pdf
[6] Espinosa, Elizondo, y Miranda, *Hispanic Churches*, 16.

- El número de católicos romanos latinos continúa creciendo numéricamente, incluso cuando se están reduciendo como un porcentaje de la población latina.
- Los grupos cristianos marginales, como los mormones y los Testigos de Jehová, son atractivos para los latinos.
- El 37 por ciento de los latinos se autoidentifica como "nacido de nuevo", lo que significa que un porcentaje significativo de católicos usa ese término para describirse a sí mismos.
- Políticamente, los latinos parecen ocupar un espacio intermedio entre los afroamericanos y la mayoría blanca. En algunos temas se parecen más a los primeros, y en otros más a los últimos.

Este estudio estableció el marco para otros estudios importantes financiados por Pew y para otros estudios que analizaron la religión dentro de la comunidad latina. Los principales patrones que se verían en cada uno de los estudios fueron la deserción de los latinos de la Iglesia Católica y el crecimiento del protestantismo. Otro patrón que no se abordó en este primer estudio pero que se destacó en encuestas posteriores fue la cantidad de latinos que no se identificaron como protestantes o católicos.

El segundo estudio importante de Pew, *Changing Faiths: Latinos and the Transformation of American Religion* [Fe Cambiante: los Latinos y la Transformación de la Religión Estadounidense], se publicó en 2007.[7] Este trabajo se basó en el estudio de 2003 pero abordó una serie de cuestiones importantes que ayudaron a describir el protestantismo de forma más compacta. Se encontró que el 20 por ciento de la población latina se identifica como protestante—el 15 por ciento como evangélica o pentecostal, y el 5 por ciento como perteneciente a una denominación histórica. El estudio correlacionó estos números por país de nacimiento, uso del idioma y generaciones en los Estados Unidos. De acuerdo con el estudio:

- El 45 por ciento de los evangélicos/pentecostales nació en los Estados Unidos y el 55 por ciento en América Latina.
- El 65 por ciento de los miembros históricos nació en los Estados Unidos y el 35 por ciento en América Latina.
- Por generaciones, el 55 por ciento de los evangélicos/pentecostales eran de primera generación, el 23 por ciento de segunda generación y el 21 por ciento de tercera generación o más. Entre los miembros de las denominaciones históricas, las cifras fueron 35 por ciento de primera generación, 37 por ciento de segunda generación y 28 por ciento de tercera o más.
- Según el uso del idioma, el 31 por ciento de los pentecostales/evangélicos dominaba el inglés, el 32 por ciento era bilingüe y el 38 por ciento dominaba el

---

[7] *Changing Faiths: Latinos and the Transformation of American Religion* (Washington, DC: Pew Research Center, 2007), http://www.pewforum.org/files/2007/04/hispanics-religion-07-final-mar08.pdf.

español. Entre los que se identificaron con las denominaciones históricas, las cifras fueron del 45 por ciento, 28 por ciento y 26 por ciento.

- Por lugar de origen entre los latinos de denominaciones históricas: Puerto Rico 16 por ciento, México 56 por ciento, Cuba 6 por ciento, República Dominicana 3 por ciento, América Central 6 por ciento, América del Sur 4 por ciento y Otro 8 por ciento. Entre los evangélicos/pentecostales: Puerto Rico 16 por ciento, México 50 por ciento, Cuba 4 por ciento, República Dominicana 1 por ciento, América Central 14 por ciento, América del Sur 6 por ciento y Otro 8 por ciento.

El estudio "U.S. Latino Religious Identification, 1990–2008: Growth, Diversity and Transformation" [Identificación Religiosa Latina de EE. UU., 1990-2008: Crecimiento, Diversidad y Transformación] del Trinity College/ARIS es difícil de comparar con otros estudios porque usa categorías que los protestantes no usan comúnmente, ni otros investigadores. Las categorías utilizadas para los cristianos no católicos son bautistas, cristianos genéricos, pentecostales y sectas protestantes. El estudio separa a los mormones, pero incluye a los Testigos de Jehová en sectas protestantes con Menonitas, Iglesias del Pacto Evangélico, Iglesias de Cristo, Adventistas y otros grupos. Este tipo de categorización hace que sea difícil comparar y contrastar los datos de este estudio con los de otros estudios, y extrapolar información que tendría sentido para el protestante latino promedio o para aquellos que estudian religión en la comunidad latina.[8]

Según el informe Pew 2014 sobre la religión latina, "The Shifting Religious Identity of Latinos in the United States" [La identidad religiosa cambiante de los latinos en los Estados Unidos], el 22 por ciento de las latinas se identifican como protestantes.[9] El 16 por ciento son evangélicos/pentecostales, y alrededor del 5 por ciento son parte de las denominaciones históricas. El énfasis de este informe es la cantidad de latinas que ya no se identifican como católicos romanos. Los porcentajes protestantes no son significativamente diferentes de los informes anteriores, pero el número de personas que afirman no tener afiliación religiosa ha aumentado. Según este informe, solo el 55 por ciento de los latinos se identifican como católicos y el 18 por ciento afirma no tener afiliación. Refleja los resultados de los estudios anteriores, que el 3 por ciento se identifica como otro tipo de cristiano, generalmente se asume que son en su mayoría mormones y Testigos de Jehová.

Basado en los números reportados por el informe de 2014 y el uso de los datos del censo de 2010, se puede concluir que alrededor de 12 millones de latinos se identifican

---

[8] Juhem Navarro-Rivera, Barry A. Kosmin, and Ariela Keysar, "U.S. Latino Religious Identification 1990–2008: Growth, Diversity and Transformation" (Hartford, CT: Program on Public Values, Trinity College, 2010), http://commons.trincoll.edu/aris/files/2011/08/latinos2008.pdf.

[9] "The Shifting Religious Identity of Latinos in the United States," Pew Research Center, Mayo 7, 2014, http://www.pewforum.org/2014/05/07/the-shifting-religious-identity-of-latinos -in-the-united-states/.

como protestantes (22 por ciento de 55 millones) en este momento. Alrededor de 8.8 millones son evangélicos/pentecostales, y el resto proviene de iglesias históricas. Esa parte parece algo fácil de entender.

Una de las complejidades al describir a los protestantes latinos hoy comienza cuando uno trata de traducir esos números a personas en iglesias y denominaciones. La mayoría de las iglesias y denominaciones informan el número de miembros adultos, que se enfoca en aquellos con un claro compromiso con la vida de la iglesia. Por supuesto, nadie esperaría que el número de miembros adultos se sumaría al porcentaje de personas que se autoidentifican como protestantes. Pero varios problemas hacen que la correlación sea difícil. Por un lado, no hay una definición clara de lo que constituye una iglesia latina. ¿Una iglesia predominantemente latina que no se llama a sí misma latina cuenta? ¿Qué tal una congregación angloparlante que tiene servicios en español pero como tal no tiene una "iglesia" separada en español? Por otro lado, las denominaciones generalmente no realizan un censo detallado del origen étnico de sus miembros. Por lo tanto, es difícil contar a los latinos que no asisten a una iglesia claramente identificada como latina.

Clifton Holland ha realizado el trabajo más extenso al abordar el primer problema. Entrevistó a funcionarios de iglesias en los Estados Unidos, Puerto Rico y Canadá, pidiéndoles que identificaran congregaciones latinas en sus denominaciones o movimientos. Él recopiló la información en una base de datos con nombre, dirección y afiliación denominacional. En 2012 identificó 23.189 congregaciones latinas en los Estados Unidos y Canadá. De acuerdo con la base de datos que él desarrolló, "14,400 iglesias locales están en la lista de habla hispana (62%); 8,676 son de habla inglesa (37%); 67 son bilingües (español e inglés) y 49 son de lengua portuguesa (los últimos dos combinados son como el 1%)".[10]

Otra información importante basada en esta base de datos es donde se concentran las iglesias, tanto por denominación como por región. Según su estudio, las 21 denominaciones más grandes con miembros latinos representan aproximadamente el 55 por ciento de las iglesias y miembros, y las otras 225 denominaciones y movimientos que tienen una presencia latina representan alrededor del 45 por ciento del total.[11] Los estados con más iglesias protestantes latinas son:[12]

California	6,396
Texas	5,655

---

[10] "An On-Line Handbook of Hispanic Protestant Denominations, Institutions and Ministries in the USA," PROLADES, Ágosto 31, 2012, http://www.hispanicchurchesusa.net/index -new-model.html. El número de iglesias bilingües parece extremadamente bajo dado el número de iglesias protestantes latinas que usan algo de inglés en su ministerio.

[11] Clifton L. Holland, "Appendix II: A Statistical Overview of the Hispanic Protestant Church in the USA, 1921–2013," en *The Hispanic Evangelical Church in the United States: History, Ministry, and Challenges*, ed. Samuel Pagan (Sacramento: NHCLC, 2016), 517.

[12] Holland, "Appendix II," 514–15.

Florida	1,635
Nueva York	1,553
Illinois	751
Nuevo México	703
Arizona	663
Nueva Jersey	649

Estos números no necesariamente corresponden a informes denominacionales de iglesias hispanas, porque muchas de estas congregaciones no tienen un ministerio orientado a los latinos como su enfoque principal. Pero nos da la lista más completa de congregaciones que tienen algún nivel de compromiso con la comunidad latina. Mantener una base de datos actualizada sobre iglesias protestantes latinas no será fácil. La mayoría de las nuevas iglesias comienzan en entornos muy informales, y muchas nunca se desarrollan en una iglesia formal. Además, muchas congregaciones independientes son iniciadas y dirigidas por personas sin vínculos formales con la denominación y no se identifican fácilmente a través de canales "normales". Algunas congregaciones y ministerios existen solo por períodos cortos y pueden escapar de la catalogación. Pero donde quiera que hay presencia latina en los Estados Unidos, uno puede encontrar congregaciones protestantes latinas establecidas o emergentes. A medida que la comunidad continúa creciendo y migrando a nuevas áreas, uno puede anticipar un crecimiento continuo en el número de iglesias protestantes latinas.

Fuentes del Crecimiento de las Iglesias Protestantes Latinas

La mayoría de los protestantes latinos siempre han sido evangelistas y orientados a la conversión. Existe un sentido claro entre la mayoría, particularmente el evangélico o pentecostal, de que Dios invita a las personas desde la no fe a la fe y desde la fe nominal a la fe activa. Llevar a las personas a experiencias de conversión personal es claramente el enfoque de todas las iglesias evangélicas y pentecostales. Debido a que la mayoría de los latinos no protestantes son católicos o nominalmente católicos, la mayor parte de este crecimiento podría interpretarse como crecimiento de transferencia de las iglesias católicas. Pero la mayoría de los protestantes lo verían como un crecimiento de conversión. Desde su perspectiva, las personas que eran nominal o culturalmente católicas tuvieron un encuentro personal con Dios, a través de Jesucristo. En los círculos pentecostales, esto generalmente está vinculado a una experiencia de éxtasis espiritual o a algún tipo de experiencia transformadora. Este tipo de crecimiento es similar a lo que se ve en toda América Latina.

Como se ha mencionado en todo momento, la migración constante desde América Latina es una parte importante del crecimiento de la comunidad latina. Este es también el caso de las iglesias protestantes latinas. Esta segunda fuente importante de crecimiento se debe, en parte, al crecimiento del protestantismo, particularmente en los países que están enviando un porcentaje creciente de los nuevos inmigrantes. Cada ola de inmigrantes ha creado nuevas oportunidades de crecimiento en las iglesias latinas. Aunque ha habido una desaceleración en las nuevas migraciones de América Latina, continúa habiendo un flujo constante de migrantes, documentados e indocumentados, de esa región. Dado el flujo migratorio constante, es probable que los nuevos inmigrantes continúen siendo una importante fuente de crecimiento para las iglesias protestantes latinas en el futuro previsible. Y si hubiera una nueva ola migratoria, ese crecimiento podría ver un nuevo pico.

La tercera área de crecimiento para las iglesias protestantes latinas es la biológica. Sin embargo, esta área de crecimiento es la más complicada, por varias razones. Debido a los efectos de la aculturación, algunos protestantes latinos dejan iglesias latinas por congregaciones de habla inglesa, particularmente iglesias con un enfoque multicultural. Pero otro problema que enfrentan las iglesias protestantes latinas es común a otras iglesias protestantes en los Estados Unidos. ¿Hasta qué punto los miembros mantienen a sus propios hijos en sus iglesias o en cualquier iglesia? La mayoría de los que no tienen afiliación religiosa que se han identificado entre los latinos son antiguos católicos. Las iglesias protestantes latinas se enfrentan a la misma situación que sus contrapartes de habla inglesa, ya que están perdiendo un porcentaje de sus hijos.

Varias Formas de Autoidentificación

El protestantismo latino es hijo del protestantismo estadounidense. Fueron misioneros protestantes quienes primero predicaron a los latinos y guiaron a las primeras personas a la conversión. Con los años, los misioneros han jugado un papel importante en el crecimiento del protestantismo latino y latinoamericano. Esos misioneros estadounidenses han formado parte de iglesias y denominaciones que encajan en una de las categorías utilizadas para describir a los protestantes de los EE. UU., históricos, evangélicos o pentecostales, reconociendo la superposición entre evangélicos y pentecostales. Pero esas categorías no encajan exactamente en América Latina. Históricamente, el término evangélico ha descrito a la mayoría de los protestantes y ha sido un término más amplio que "evangelical" en inglés. Además, en muchas partes de América Latina los protestantes se llaman cristianos, en contraste con católicos. Como los términos se usan de maneras ligeramente diferentes en cada idioma, esto ha creado cierta confusión, particularmente con el término evangélico cuando se usa en español. Los protestantes latinos en los Estados Unidos tienden a usar el término de múltiples maneras, algunas veces significando "protestante" y algunas veces significando "evangelical", como se usa en los Estados Unidos. Esto también afecta los datos de la encuesta. No siempre está claro si las respuestas a las preguntas sobre la identidad propia se ven afectadas por si el encuestador usa primero inglés o español. Lo que está claro es que los protestantes latinos son mucho más evangélicos de lo que la población protestante de EE. UU. es *evangelical* [evangélica], y que algunos latinos en denominaciones históricas se identificarían como evangélicos, aunque podrían negar el término "evangelical".

Algunas de las tensiones actuales relacionadas con los números tienen que ver con qué términos se utilizan y cómo se definen. Pero a veces también hay una tendencia hacia el triunfalismo entre algunos protestantes latinos, como se ha visto ocasionalmente en América Latina. Debido al crecimiento significativo del protestantismo en algunos países, a veces hay una sensación de cambio inevitable del catolicismo al protestantismo. Algunos protestantes incluso han hecho predicciones sobre cuán pronto la mayoría de un país determinado se volverá protestante. En los Estados Unidos ha habido una tendencia a describir algunas prácticas católicas como "semi-protestantes" y "casi" contar a católicos carismáticos o nacidos de nuevo como evangélicos.

Las Denominaciones y las Iglesias

Cualquier intento de nombrar y describir las 225 denominaciones y movimientos de iglesias o asociaciones en los Estados Unidos que tienen congregaciones latinas necesariamente cambiaría la naturaleza de este libro de una historia a una compilación.[13] La mayoría de las denominaciones protestantes tienen algún tipo de ministerio enfocado en la comunidad latina y, al menos, un pequeño número de iglesias latinas. Muchas denominaciones que reportan crecimiento reconocen que es casi exclusivamente debido a nuevos miembros latinas. Claramente, los latinos están teniendo un impacto en la mayoría de las iglesias protestantes de los Estados Unidos. Aun cuando la mayoría de las denominaciones están perdiendo miembros, un punto brillante constante es la cantidad de latinas que están brindando una presencia espiritualmente viva en muchas iglesias (incluida la Iglesia Católica Romana).

La base de datos de 2012 citada anteriormente desarrollada por Clifton Holland también informó sobre los veintiún grupos de iglesias más grandes y los clasificó por número de miembros. Estas cifras proporcionan un buen resumen del estado actual del protestantismo latino.

	Miembros	Iglesias
Asambleas de Dios	293,000	1,935
Convención Bautista del Sur	204,000	3,228
Iglesia Adventista del Séptimo Día	167,000	1,077
Iglesias Cristianas Independientes de Cristo	75,000	750
Iglesia Metodista Unida	63,000	823
Iglesia de Dios (Cleveland, TN)	60,000	1,000
Asamblea/Iglesia Apostólica	60,000	909
Iglesia Pentecostal Unida, incluyendo Colombia IPU	50,730	534
Iglesia Episcopal	38,000	400
Iglesia Presbiteriana USA	31,000	262

---

[13] Holland, "Appendix II," 517.

Evangelio Cuadrangular	30,800	250
Iglesias Bautistas Americanas	26,757	254
Iglesia del Nazareno	26,430	439
CLANY	20,615	217
Discípulos de Cristo	19,000	200
Llamada Final	17,857	75
Asambleas de Iglesias Cristianas	17,100	180
Iglesia Luterana - Sínodo Missouri	14,250	150
Iglesia de Dios de la Profecía	13,800	230
CLADIC	13,000	130
Iglesia Evangélica Luterana	10,095	100

La denominación protestante con mayor presencia latina es las **Asambleas de Dios**. Aunque no es una de las denominaciones protestantes más grandes en los Estados Unidos, es la denominación pentecostal más grande y la que tiene el mayor número de latinos. A partir de enero de 2015, las AD reportaron más de 2,700 congregaciones latinas en sus catorce distritos latinos en los Estados Unidos, incluido Puerto Rico.[14] También hay iglesias latinas en distritos "no latinos" y muchos latinos en congregaciones "no latinas". Según algunas estimaciones, puede haber tantos latinos en iglesias interculturales como en congregaciones latinas.

Según los informes denominacionales, las AD tienen más de tres millones de miembros adultos. De estos, más del 25 por ciento son latinas, lo que convierte a las AD en una de las denominaciones con mayor diversidad étnica en los Estados Unidos.[15] Si bien la población "blanca" está disminuyendo, son los latinos y otros grupos étnicos minoritarios los que están en el centro del crecimiento numérico continuo de las AD.[16] Actualmente, algunas de las iglesias AD más grandes en los Estados Unidos son latinas o predominantemente latinas.[17] Debido a que la denominación tiene una fuerte presencia en América Latina, se beneficia continuamente de los flujos migratorios de miembros de las AD del sur y también atrae a personas de otras tradiciones pentecostales. Además, casi desde el inicio de la denominación, las AD han empleado un modelo de liderazgo en el cual los latinos han sido responsables de sus propias iglesias. Esto ha

---

[14] "Hispanic Relations," Office of Hispanic Relations, ag.org, consultado el 22 de Marzo, 2017, http://ag.org/top/office_of_hispanic_relations/index.cfm.

[15] Michael Lipka, "The Most and Least Racially Diverse U.S. Religious Groups," Pew Research Center, Julio 27, 2015, http://www.pewresearch.org/fact-tank/2015/07/27/the-most-and-least-racially-diverse-u-s-religious-groups/.

[16] Darrin J. Rodgers, "Assemblies of God 2014 Statistics Released, Reveals Ethnic Transformation," Flower Pentecostal Heritage Center, Junio 18, 2015, https://ifphc.wordpress.com/2015/06/18/assemblies-of-god-2014-statistics-released-reveals-ethnic-transformation/.

[17] Por ejemplo, New Life Covenant (principalmente inglés) y Templo Calvario (bilingüe). "Megachurches Affiliated with the Assemblies of God," Wikipedia, consultado el 22 de Marzo, 2017, https://en.wikipedia.org/w/index.php?title=Megachurches_affiliated_with_the_Assemblies_of_God&oldid=751244648.

permitido a los latinos plantar nuevas iglesias a medida que las personas se mudan a nuevas áreas. Este modelo proporciona una flexibilidad no común en otras denominaciones. Debido a esto, es probable que siga creciendo y siga siendo la denominación latina más grande en los Estados Unidos. Es probable que las AD también proporcionen modelos de relaciones interculturales debido al tamaño de la presencia latina, no solo en iglesias latinas, sino también en iglesias tradicionalmente no latinas. Debido al tamaño creciente de la membresía latina, al creciente número de latinos que dominan el inglés y su presencia en toda la denominación, las AD tienen que pensar de maneras en que otras denominaciones aún no han tenido que ver con la inclusión de los latinos y cómo toman el liderazgo. Es probable que las AD sean un referente de cómo las denominaciones protestantes con una creciente presencia latina trabajan en una realidad intercultural.

La **Convención Bautista del Sur** (CBS) es la denominación protestante más grande en los Estados Unidos y la segunda en membresía latina. Históricamente, la mayor parte de su crecimiento latina ha sido en Texas. Pero la denominación también tiene una presencia creciente en partes del país donde hay una nueva migración latina. La denominación informa que tiene más de 1,500 iglesias latinas y más de 1,700 "misiones tipo iglesia", éstas últimas son nuevas congregaciones que aún no están establecidas. Estas misiones se ubican principalmente en lugares donde hay una nueva migración latina y una fuerte presencia de CBS, como en los estados del sur. Debido a que las iglesias bautistas del sur tienen un fuerte compromiso evangelístico y debido a que están en muchas partes de los Estados Unidos, es probable que continúen desarrollando "misiones tipo iglesia" en las áreas donde tienen presencia y hay latinos. No obstante, los latinos desempeñan un papel muy diferente en la CBS en comparación con las AD. Debido a que la CBS es mucho más grande que las AD, los latinos constituyen solo el 3 por ciento de la membresía total. Además, la mayoría de las iglesias latinas de la CBS son bastante pequeñas y no tienen una base financiera sólida. Aún está por verse cuán destacado será el papel de los latinos en una denominación en la que su presencia sea relativamente pequeña. Otro problema para muchas iglesias de la CBS es el estado legal de los conversos latinos. Según Richard Land, alrededor del 40 por ciento de los nuevos conversos latinos de la CBS son indocumentados.[18] Esto crea una tensión entre el celo evangelístico de muchos miembros de la CBS y el gran porcentaje de miembros anglos de la CBS que están en contra de la reforma migratoria.

La **Iglesia Adventista del Séptimo Día** (IASD) es una denominación única en muchos aspectos. Históricamente, muchos protestantes la rechazaron debido a sus orígenes y perspectivas teológicas sectarias. Esto ha cambiado ya que la denominación ha buscado identificarse a sí misma como una denominación evangélica. Pero también es única porque es la denominación con mayor diversidad racial en los Estados Unidos.[19]

---

[18] Elizabeth Dias, "The Rise of Evangélicos," *Time*, Abril 4, 2013, http://nation.time.com/2013/04/04/the-rise-of-evangelicos/.

[19] Lipka, "The Most and Least Racially Diverse U.S. Religious Groups."

Aunque es relativamente pequeña, con menos de un millón de miembros estadounidenses, ocupa el tercer lugar en membresía latina; 15 por ciento de sus miembros son latinos. A partir de 2009, la denominación reportó 167,000 miembros latinos adultos en 1,077 iglesias.[20] Esto no incluye a los latinos en iglesias no latinas. El enfoque de la denominación en salud y educación ha sido atractivo para muchos latinos. Los Adventistas del Séptimo Día también son el único grupo de la iglesia que ha realizado un estudio amplio de los miembros latinos. *Avance: A Vision for a New Mañana* [Avance: Una Visión para un Nuevo Mañana] estudió varios aspectos de la creencia y la práctica de los miembros latinos de la IASD.[21] Debido a su naturaleza única, ha servido como modelo para otras denominaciones, aunque ninguno ha hecho el nivel de trabajo de este estudio.

Debido a la naturaleza de las **Iglesias de Cristo**, es difícil obtener mucha información sobre la historia y el crecimiento de sus iglesias latinas. Según un directorio de 2010, tienen 247 congregaciones latinas diseminadas por los Estados Unidos.[22] Las **Iglesias Cristianas/Iglesias de Cristo** independientes reportan 143 congregaciones latinas, con la mayoría concentradas en Texas y California.[23] Este último grupo de iglesias tiene un Colegio Bíblico, en Eagle Pass, Texas, que ha preparado pastores y líderes para varias iglesias y denominaciones en México y los Estados Unidos desde 1945.[24]

La denominación histórica con la mayor presencia latina es la Iglesia Metodista Unida (IMU). Tuvo la membresía latina más grande a lo largo del siglo XIX y en la primera parte del siglo XX, antes de que otras denominaciones comenzaran a crecer mucho más rápido. Debido al tamaño de la denominación, también se parece más a la CBS que a otras grandes denominaciones latinas. Las latinas constituyen menos del 2 por ciento de los miembros de la IMU, a pesar de que son cerca del 18 por ciento de la población de los EE. UU.

Aunque la IMU no ha perdido miembros latinos al mismo ritmo que las denominaciones más grandes están perdiendo miembros, las congregaciones latinas están sufriendo algunos de los mismos problemas que sus homólogos "anglos". Por ejemplo, la Conferencia Districtal Latina más antigua de la IMU, la Conferencia de Río Grande, se fusionó con una contraparte anglo en 2014.[25] Actualmente la denominación reporta sobre 675 iglesias latinas y 150 congregaciones que trabajan bajo una iglesia de cultura

---

[20] Basado en un informe de Sharri Davenport del Departamento de Ministerios Multilingües de la División Norteamericana de los Adventistas del Séptimo Día, enviado por correo electrónico el 3 de febrero de 2011.

[21] Johnny Ramírez-Johnson y Edwin I. Hernández, *Avance: A Vision for a New Mañana* (Loma Linda, CA: Loma Linda University Press, 2003).

[22] "Directorio iglesias de Cristos en Estados Unidos de América," Editorial La Paz, consultado el 22 de Marzo, 2017, http://www.editoriallapaz.org/directorio_EstadosUnidos.htm.

[23] Véase http://www.saeministries.com/index.html.

[24] Véase http://www.colegiobiblico.net/. Este es el único grupo de iglesias para el cual no pude verificar independientemente las cifras reportadas por Clifton Holland.

[25] Heather Hahn, "Five Conferences Merge to Become Two," United Methodist Church, consultado el 22 de Marzo, 2017, http://www.umc.org/news-and-media/five-conferences-merge-to-become-two.

dominante. Estas iglesias y congregaciones reportan un total de 63,000 miembros. La denominación tiene un plan nacional para llegar a los latinos con nuevas iglesias y comunidades de fe. Una de las dificultades que la IMU y otras denominaciones históricas tienen para comenzar nuevas congregaciones latinas es la expectativa que depositan en un nuevo proyecto de plantación de iglesias. Un líder de la IMU estimó que le costaría a la denominación unos $250,000 establecer completamente una iglesia latina.[26] Si este es el caso, será difícil para la denominación comenzar muchas iglesias o para que los latinos asuman la responsabilidad total de sus iglesias.

La segunda denominación pentecostal más grande entre los latinos es la **Iglesia de Dios** (Cleveland, Tennessee). Es similar a las AD y a la IASD en que es una denominación significativamente diversa, con un 28 por ciento de miembros latinas.[27] Al igual que esas dos denominaciones, también tiene una presencia más fuerte en el extranjero que en los Estados Unidos debido a sus extensos esfuerzos misioneros. La Iglesia de Dios reporta más de 1,000 iglesias latinas y alrededor de 60,000 miembros adultos en esas iglesias. La mayoría de las iglesias son parte de una de las ocho regiones enfocadas en los latinos, aunque algunas trabajan bajo una congregación tradicionalmente "anglosajona" o en una región de cultura dominante. La denominación se encuentra en medio de un crecimiento significativo entre los latinos y prevé tener unas 2.000 congregaciones para 2020.[28] Debido a su importante presencia en América Latina, también puede anticipar un beneficio directo de la nueva migración latinoamericana.

Los pentecostales unitarios tienen una presencia significativa entre los protestantes latinos. La **Asamblea Apostólica de la Fe en Cristo Jesús** es la más grande de las denominaciones, y cuenta con 750 iglesias en los Estados Unidos y más de 50,000 miembros adultos. También tiene 600 iglesias en diecinueve países en todo el mundo. Debido a que es la denominación protestante más antigua fundada por latinos y dirigida por latinos, merece un reconocimiento único dentro del protestantismo latino estadounidense. Pero, como se mencionó anteriormente, las tensiones entre los líderes nacidos en los Estados Unidos y los inmigrantes mexicanos crearon una división con su denominación hermana mexicana. Entonces la **Iglesia Apostólica de la Fe en Cristo Jesús** (México) ha comenzado sus propias iglesias en los Estados Unidos. (La Asamblea Apostólica con base en los Estados Unidos también ha comenzado iglesias en México.) Actualmente, la Iglesia Apostólica reporta sobre 9,500 miembros adultos en

---

[26] Emilio Müller, a cargo de los ministerios latinos para la IMU. Declaración hecha durante una presentación en clase en el Seminario Teológico Fuller, 24 de julio de 2009
[27] Lipka, "The Most and Least Racially Diverse U.S. Religious Groups."
[28] Carlos Morán, "Breve Reseña de los Latinos de la Iglesia de Dios en los Estados Unidos" (documento inédito del director nacional de Ministerios Hispanos, Iglesia de Dios, 2011); ver también Juan Francisco Martínez, *Los Protestantes: An Introduction to Latino Protestantism in the United States* (Santa Barbara, CA: ABC-CLIO, 2011), 67.

216 iglesias que están divididas entre seis distritos en los Estados Unidos.[29] Ambas denominaciones también han sufrido divisiones, y hay un número indeterminado de iglesias independientes, o pequeños grupos de iglesias, que también se llaman a sí mismas Iglesias Apostólicas desde dentro de esta misma tradición teológica. Debido a que la denominación Apostólica más grande en América Latina se encuentra en México, los dos principales grupos pentecostales unicitarios tienden a beneficiarse cuando hay un aumento en migración nueva desde México.

La **Iglesia Pentecostal Unida** (IPU) es la denominación pentecostal unicitaria más grande en los Estados Unidos y tiene una creciente presencia latina. Desde que comenzó los ministerios en español en los Estados Unidos en 1978, terminando años del acuerdo tácito de ministerio étnico específico entre las diversas denominaciones pentecostales unicitarias, ha seguido creciendo entre los latinos. La IPU reporta 350 congregaciones de habla hispana, y varias congregaciones se están comenzando en conjunto con las iglesias existentes. La IPU también ha realizado trabajo de misión en América Latina.

Uno de los países donde la IPU tuvo más éxito fue Colombia, donde ha sido una de las denominaciones protestantes más grandes. Debido a algunas tensiones históricas entre las iglesias en Colombia y las de los Estados Unidos, muchos inmigrantes colombianos que vienen a Estados Unidos optaron por comenzar su propia denominación en lugar de unirse a la IPU de los Estados Unidos. La Iglesia Pentecostal Unida Latinoamericana, que comenzaron estos inmigrantes, reporta más de 100 congregaciones en este país.[30] Las divisiones entre pentecostales unicitarios resultaron en el establecimiento de otras denominaciones orientadas a la IPU, similar a la situación entre las iglesias Apostólicas. La Iglesia Pentecostal Unida Hispana, Inc., la más grande de estos grupos, también informa más de 100 congregaciones.[31]

La **Iglesia Episcopal USA** informa que 400 parroquias tienen algún ministerio de habla hispana. Esto no es lo mismo que tener iglesias establecidas, por lo que los números no son comparables a los de otras denominaciones. Además, no es una denominación con mucha diversidad. El noventa por ciento de sus miembros son blancos, y solo el 2 por ciento son latinos.[32] Pero la denominación sí informa trabajo extenso entre personas de habla hispana.

La **Iglesia Presbiteriana (USA)** es la otra denominación histórica que ha tenido una amplia presencia latina desde el siglo XIX. A lo largo de los años, los latinos nunca se convirtieron en una parte central de la circunscripción de la denominación, y actualmente el 4 por ciento de sus miembros son latinos. La IPUSA no ha crecido en número de miembros latinas durante varios años. Actualmente, el trabajo de la

---

[29] "Bienvenidos," wikiHistoria IAFCJ, consultado el 22 de Marzo, 2017, http://wikihistoria.iafcj.org/Bienvenidos.

[30] "Congregaciones," Iglesia Pentecostal Unida Latinoamericana, consultado el 22 de Marzo, 2017, http://ipul.us/directorio/congregaciones-usa.

[31] Vea el sitio web de la denominación en http://www.ipuh.us/.

[32] Lipka, "The Most and Least Racially Diverse U.S. Religious Groups."

denominación entre los latinos está vinculado a Puerto Rico, y algunas de las iglesias latinas más grandes de la denominación están en la isla. En 2015, la denominación reportó 318 congregaciones (13 de habla portuguesa), incluyendo Puerto Rico, con cerca de 40,000 miembros.[33] Debido a las tensiones denominacionales, muchas iglesias han abandonado el IPUSA y se han unido a otras denominaciones reformadas, incluidas algunas congregaciones latinas. Si las tendencias actuales continúan, la denominación probablemente perderá más iglesias y miembros latinos en el futuro previsible.

A partir de 2014, la **Iglesia Internacional del Evangelio Cuadrangular**, otra denominación pentecostal, informó 216 iglesias latinas más 77 en proceso y 37 congregaciones que se reunieron bajo el liderazgo de una iglesia existente.[34] La denominación estableció una oficina de ministerios hispanos en 2008. Aunque es una denominación pentecostal más pequeña, su membresía latina está creciendo. No tiene una presencia tan grande en América Latina como otros grupos pentecostales, pero sus enlaces allí le han proporcionado nuevos miembros y líderes.

La otra denominación histórica con una presencia latina significativa es la **Iglesia Bautista Americana**. Como se indica en el capítulo 3, la denominación reclama el primer converso latino y las primeras iglesias protestantes latinas en los Estados Unidos, establecidas en Nuevo México, en la década de 1850. Pero suspendió este trabajo y no restableció los ministerios latinos hasta el siglo XX. Continuó creciendo en membresía latina durante el siglo XX, y en la década de 1990 el 40 por ciento de sus esfuerzos de plantación de iglesias se realizaron entre los latinos.[35] Es la más diversa de las denominaciones históricas, y el 11 por ciento de sus miembros son latinos.[36] Por causa de su estructura denominacional, las iglesias latinas están ligadas a Puerto Rico. La denominación reporta 377 iglesias latinas con 40,000 miembros adultos de la iglesia. De estas congregaciones, 123 están en Puerto Rico.[37] Los vínculos con la isla brindan a las iglesias latinas acceso al liderazgo y algunos beneficios potenciales a medida que la cantidad de personas que salen de Puerto Rico continúa creciendo.

La **Iglesia del Nazareno** ha experimentado un crecimiento bastante constante en la cantidad de nuevas iglesias latinas y miembros latinos, de modo que el 7 por ciento de sus miembros son latinas.[38] En los primeros años se enfocó en ubicar a las

---

[33] Esta es un microresumen del informe de 2010 que registró 338 iglesias. "Iglesia Presbiteriana (E.U.A.)/Presbyterian Church (USA) Directorio Nacional Ministerios Hispano/Latinos Presbiterianos National Hispanic/Latino Presbyterian Ministries Directory: Iglesias, Misiones, Caucuses, Organizaciones, Liderato, Seminarios y Comités" (Louisville: Oficina de Apoyo Congregacional Hispana/Latina Ministerios Etnico Raciales, and Agencia Presbyteriana de Mision/Presbyterian Mission Agency, 2015), 4, http://www.presbyterianmission.org/wp-con tent/uploads/National-Hispanic-Latino-Presbyterian-Min-Directory.pdf.

[34] Juan Vallejo y Andy Butcher, "Foursquare's Hispanic Movement Gains Altitude," *Features*, November 11, 2014, http://www.foursquare.org/news/article/foursquares_hispanic_movement_gains_altitude.

[35] Martínez, *Los Protestantes*, 77.

[36] Lipka, "The Most and Least Racially Diverse U.S. Religious Groups."

[37] Martínez, *Los Protestantes*, 77.

[38] Lipka, "The Most and Least Racially Diverse U.S. Religious Groups."

congregaciones latinas en los distritos latinos. Pero las olas de inmigrantes de los años ochenta y noventa crearon un nuevo interés en el ministerio latino que creció más allá de los distritos latinos existentes. En 2001, la denominación estableció una oficina para supervisar el ministerio entre los latinos en los Estados Unidos y Canadá. Las iglesias han establecido ministerios y los distritos han plantado congregaciones entre los latinos y han creado una situación en la que solo 80 de las 435 iglesias latinas reportadas están vinculadas a los distritos latinos históricos. Habiendo comenzado con un modelo, ahora descubre que la mayoría de las nuevas iglesias no son parte de ese modelo. Sin embargo, la presencia histórica y simbólica de los distritos latinos hace que sea poco probable que desaparezcan en el futuro cercano. Todavía está por verse cómo esto impactará el crecimiento y la relación entre los líderes latinos en las iglesias que son parte de diferentes estructuras, o cómo la denominación trabajará para desarrollar estructuras que reflejen más fielmente la realidad.

El **Concilio Latinoamericano de la Iglesia de Dios Pentecostal de Nueva York** (CLANY) se ha expandido desde su base en la ciudad de Nueva York a veinticuatro estados y varios países. Informa que tiene 217 iglesias en los Estados Unidos, aunque no informa los números de membresía.[39] Aunque no es una gran denominación pentecostal, es la segunda denominación protestante más grande iniciada por latinos y dirigida por latinos en los Estados Unidos. No está formalmente vinculada a la **Iglesia de Dios Pentecostal, Movimiento Internacional**, con sede en Puerto Rico, pero tiene vínculos históricos y también se nutre de la migración puertorriqueña.

Al igual que su denominación hermana, la Iglesia de Dios, la **Iglesia de Dios de la Profecía** ha tenido una presencia latina durante la mayor parte de su existencia. Aunque es una denominación mucho más pequeña, reporta 230 iglesias latinas. La mayoría de estas congregaciones son pequeñas, con un promedio de 50-60 miembros. Al igual que otras denominaciones de su tamaño, ha desarrollado un programa de instituto bíblico y prepara materiales en español para sus iglesias estadounidenses y latinoamericanas.[40]

Los **Discípulos de Cristo** reportan 200 iglesias en los Estados Unidos organizadas en seis convenciones hispanas y bilingües. Estas iglesias y convenciones forman una National Hispanic and Bilingual Fellowship [Fraternidad Nacional Hispana y Bilingüe].[41] Las iglesias latinas se han beneficiado de los fuertes vínculos con las iglesias de los Discípulos en Puerto Rico. Han atraído miembros y muchos líderes de la isla a lo largo de los años.

He limitado estas breves descripciones a denominaciones o movimientos que reportan al menos 200 iglesias o congregaciones latinas en sus estadísticas. Algunas

---

[39] Martínez, *Los Protestantes*, 79.
[40] Martínez, *Los Protestantes*, 79.
[41] Pablo Jiménez, "Hispanics in the Movement," en T*he Encyclopedia of the StoneCampbell Movement*, ed. Douglas A. Foster et al. (Grand Rapids: Eerdmans, 2004), 396–99.

denominaciones reportarían más de 200 congregaciones si se contaran las congregaciones angloparlantes con algún tipo de ministerio en español. Pero el ranking de las denominaciones seguiría siendo el mismo. También hay algunas denominaciones, como la Iglesia Luterana-Sínodo de Missouri (LCMS), que están creciendo y podrían alcanzar pronto el umbral de "200 iglesias".[42] Holland enumera las denominaciones y movimientos que reportan al menos a 10.000 miembros, aunque podrían tener menos de 200 iglesias. Dados los patrones de crecimiento observados en varias denominaciones y asociaciones, es probable que algunos alcancen uno u otro de esos umbrales en los próximos años.

Muchas denominaciones continúan expandiendo el número de iglesias y miembros latinos, por lo que es probable que otras denominaciones pronto merecerán mención en una de las listas. La mayoría de esas denominaciones son pentecostales o evangélicas. Pero otras denominaciones, principalmente históricas, no solo están perdiendo miembros en general sino que también están perdiendo miembros latinas. Por lo tanto, es posible que algunas de las denominaciones históricas mencionadas en esta encuesta terminen con menos de 200 iglesias latinas o 10,000 miembros en los próximos años.

Lo que esta encuesta deja en claro sobre el protestantismo latino hoy es lo siguiente:

- Las denominaciones con mayor presencia latina son evangélicas o pentecostales; si las tendencias actuales continúan, uno puede anticipar que la mayoría del nuevo crecimiento en el protestantismo latino ocurrirá en este tipo de iglesias.
- La mayor parte del crecimiento evangélico está sucediendo en las iglesias pentecostales.
- Tanto los bautistas del sur como los Adventistas del Séptimo Día han crecido más rápido entre los latinos que en varios países latinoamericanos.
- La mayoría de las iglesias protestantes latinas se concentran en un número relativamente pequeño de denominaciones.
- La mayoría de las denominaciones que tienen al menos 200 iglesias latinas tienen una presencia latina significativa en su membresía general y tienden a ser más diversas culturalmente que las denominaciones estadounidenses en general.
- Aquellas denominaciones en donde los latinos son un porcentaje significativo de la membresía también tienen latinos en posiciones de liderazgo denominacional, aunque no en el mismo porcentaje que la membresía.
- Muchos de los grupos más grandes de iglesias protestantes latinas no son miembros de la Asociación Nacional de Evangélicos ni del Consejo Nacional de Iglesias. Los Bautistas del Sur, los Adventistas del Séptimo Día, las Iglesias de

---

[42] En una conferencia con líderes latinos de LCMS en octubre de 2016, me informaron que ahora tienen 187 congregaciones y que tienen un plan para establecer más iglesias en los próximos años.

Cristo, los Pentecostales Unicitarios, CLANY y la Iglesia de Dios de la Profecía no son miembros de ninguno de los grupos.[43]

Tanto el trabajo realizado por Holland como las encuestas de este capítulo reflejan las iglesias que tienen una clara identidad latina. Los estudios de Pew no intentan diferenciar a los latinos que asisten a una congregación latina claramente identificada de aquellos que no lo hacen. Actualmente no hay una manera clara de contar la cantidad de latinos que asisten a iglesias no identificadas como latinas. Se incluyen en la investigación de Pew, pero no están claramente identificados en la mayoría de los registros denominacionales. ¿Qué porcentaje de protestantes latinos asisten a las congregaciones latinas, y qué porcentaje son parte de las iglesias no latinas? ¿Los latinos tienen preferencia por las iglesias interculturales? ¿Quienes asisten a iglesias no latinas tienen un nivel de identidad latina inferior a los de las iglesias latinas? ¿Cuántos de ellos son personas de ascendencia latina y piensan que una iglesia latina claramente identificada tendría poco o ningún sentido? ¿Adorar en inglés es un signo de asimilación? Debido a la importancia del pentecostalismo en la comunidad latina actual, es útil revisar las variedades de las iglesias pentecostales y carismáticas latinas.[44] Uno puede encontrar tensiones teológicas comunes en el pentecostalismo como la santidad wesleyana, la vida superior reformada y el pensamiento unicitario. Otros tipos de doctrinas carismáticas como la palabra de fe y el evangelio de la prosperidad también se encuentran en la comunidad.

Pero si uno mira los orígenes de los diferentes movimientos representados en la comunidad latina, uno ve cómo el pentecostalismo los está influenciando. El grupo más grande de iglesias pentecostales latinas está vinculado a denominaciones basadas en los Estados Unidos. Incluso la históricamente afroamericana Iglesia de Dios en Cristo (COGIC) tiene algunas congregaciones latinas. La mayoría de las denominaciones pentecostales tienen distritos orientados a los latinos o conferencias de iglesias, aunque también hay una presencia latina significativa en las iglesias no latinas.

Pero es solo en el ámbito pentecostal donde uno encuentra denominaciones latinas, y grupos o movimientos de iglesias iniciados por latinos y dirigidos por ellos. Estos son los equivalentes más cercanos a las denominaciones históricamente negras. Muchos comenzaron debido a las tensiones raciales con el liderazgo blanco en las denominaciones existentes. Los ejemplos más destacados son la Asamblea Apostólica de la Fe en Cristo Jesús, CLADIC, CLANY y la Asamblea de Iglesias Cristianas (AIC). Aunque estos grupos son más pequeños que la mayoría de las denominaciones pentecostales con sede en los Estados Unidos, son una parte importante del pentecostalismo latina.

---

[43] Holland, "Appendix II," 516–17.
[44] Esta sección se basa en el trabajo realizado en Juan Martínez, "Latino Church Next," Center for Religion and Civic Culture, University of Southern California, August 15, 2012, https://crcc.usc.edu/report/the-latino-church-next/; and material published in Martínez, Los Protestantes, 81f

Una variación a la denominación pentecostal latina es Alcance Victoria. No comenzó como una denominación latina, pero se inició entre las latinas, y un gran porcentaje de sus miembros han sido históricamente latinos. Sigue teniendo una gran presencia en la comunidad latina, aunque va más allá de la comunidad y tiene ministerio en varios países del mundo. También hay varias iglesias pentecostales/carismáticas que están vinculadas a movimientos en América Latina. La Iglesia de Dios Pentecostal, Movimiento Internacional (Puerto Rico); Iglesia Pentecostal Unida, Internacional (Colombia); Elim (Guatemala); y Elim (El Salvador) son algunos de los más grandes y más conocidos de este tipo de iglesias. La Iglesia Universal del Reino de Dios, con sede en Brasil, también está haciendo un trabajo misionero entre los hispanohablantes, aunque su alcance en los Estados Unidos va más allá de la comunidad latina. Ninguna de estas asociaciones es muy grande, aunque todas están creciendo. Todavía está por verse qué tan grande es el impacto que podrían tener en el futuro.

Una variación de este tema son los movimientos iniciados por inmigrantes latinoamericanos en los Estados Unidos. Llamada Final e Iglesia Pentecostal Unida, Inc., son movimientos con claras influencias latinoamericanas, pero nacieron en los Estados Unidos. También se han establecido varios movimientos pentecostales más pequeños luego de que surgieran tensiones entre los líderes. Dada la naturaleza de iglesia libre en el pentecostalismo, es probable que este tipo de iglesias y asociaciones continúen creciendo.

Otro grupo de iglesias latinas surgió del movimiento carismático de renovación de los Estados Unidos, como las congregaciones Vineyard y Calvary Chapel. Otras iglesias latinas siguen movimientos como la palabra de fe o el evangelio de la prosperidad. Aunque son pocas las iglesias [latinas] que se identifican claramente con estos movimientos, han tenido una amplia influencia en la comunidad protestante latina a través de publicaciones, conferencias y estilos de adoración.

Además de la iglesia formal y las estructuras denominacionales, también hay muchos vínculos informales entre las iglesias pentecostales y neopentecostales en los Estados Unidos y en América Latina. Pastores y evangelistas bien conocidos del sur enseñan y predican regularmente en los Estados Unidos, y los pastores de EE. UU. también ministran en América Latina. Esto crea una influencia y un movimiento constantes entre las iglesias pentecostales en los dos lugares. Ocasionalmente, una personalidad bien conocida de América Latina establece un ministerio en los Estados Unidos. Una de las mudanzas hacia el norte más influyentes en los últimos años fue cuando Dante Gebel se convirtió en el pastor de la congregación hispanohablante de la Catedral de Cristal antes de que vendieran su edificio. La congregación se ramificó por sí misma y ha crecido rápidamente debido a la popularidad previamente desarrollada del pastor. River Church anticipa que pronto llegará a diez mil miembros.

Desarrollando Estructuras Protestantes Latinas

Durante los últimos años del siglo XX y el comienzo del siglo XXI, los protestantes latinos comenzaron a desarrollar una serie de entidades regionales y nacionales para trabajar juntos y abordar cuestiones de interés común. Cada uno de ellos ha servido como plataforma para que los protestantes latinos y latinas hablen con los líderes protestantes y con una audiencia nacional. También han sido lugares donde los latinos podían desarrollar sus propias voces en los ámbitos social y político.

Probablemente la organización latina protestante más conocida hoy en día sea la **National Hispanic Christian Leadership Conference** (NHCLC) [Conferencia Nacional de Liderazgo Cristiano Hispano]. Se inició a partir del trabajo de AMEN (mencionado en el capítulo anterior) y está dirigido por el reverendo Samuel Rodríguez, un pastor ordenado de las AD. La NHCLC está vinculada a la Asociación Nacional de Evangélicos (NAE) y se describe a sí misma como una asociación evangélica hispana. Según su sitio web, la NHCLC es "la organización cristiana hispana más grande del mundo que sirve como voz representativa para los más de 100 millones de evangélicos hispanos reunidos en más de 40,118 iglesias estadounidenses y más de 450,000 iglesias repartidas por toda la diáspora de habla hispana.... Existimos para unificar, servir y representar a la Comunidad Hispana Evangélica con los elementos divinos (verticales) y humanos (horizontales) del mensaje cristiano, todo mientras avanzamos en la agenda del Cordero".[45] El reverendo Rodríguez es el portavoz más prominente para los protestantes latinos en la actualidad, y es considerado uno de los líderes evangélicos más influyentes en los Estados Unidos hoy en día.

Una segunda organización nacional es la **Coalición Evangélica Nacional Latina** (NaLEC). "Busca responder a una necesidad real de voces evangélicas latinos y latinas comprometidas con el bien común y la justicia en la esfera pública.... [NaLEC busca] ofrecer voces alternativas a las voces partidistas existentes y crear conciencia nacional sobre el creciente número de evangélicos latinos que no están cautivos de la política partidista. Las iniciativas de la NaLEC pueden proporcionar una plataforma para este creciente y, a menudo, inaudito demográfico". El reverendo Gabriel Salguero, también pastor de las AD (aunque también ha servido en la Iglesia del Nazareno), es el fundador y presidente de esta organización que busca "ofrecer una importante voz de liderazgo

---

[45] "Rev. Samuel Rodriguez," NHCLC, consultado el 22 de Marzo, 2017, https://nhclc.org/about-us/rev-samuel-rodriguez; and "Mission/Vision Statement," NHCLC, consultado el 22 de Marzo, 2017, https://nhclc.org/about-us/mission-vision-statement. Es difícil determinar a qué iglesias se refiere esta declaración. Claramente no es exclusivamente iglesias latinas, ya que solo hay unas veinticinco mil iglesias protestantes latinas en los Estados Unidos y, como lo observa Holland, la mayoría de las denominaciones más grandes con una presencia latina no tienen afiliación con la NAE y otros son miembros de NCC. El sitio de NHCLC tiene una página legal donde un abogado certifica el número de iglesias miembros (https://nhclc.org/legal). La declaración no proporciona ninguna información sobre qué iglesias están incluidas en la certificación legal.

para los cerca de 8 millones de evangélicos latinos en nuestro país".[46] La NaLEC también es miembro de NAE, y el Rev. Salguero ha sido miembro de su junta directiva. Salguero también ha servido en el Consejo Asesor de Fe de la Casa Blanca y es considerado uno de los líderes de fe latinos más influyentes en los Estados Unidos.[47]

Esperanza es la más antigua de las tres organizaciones nacionales, pero adquirió prominencia nacional a comienzos del siglo XXI. El reverendo Luis Cortés comenzó Esperanza en 1986 en Filadelfia, junto con otros pastores latinos, para abordar las necesidades de la comunidad latina local. Esperanza se convirtió en el centro de atención nacional en 2001 cuando comenzó a ser anfitriona de la National Hispanic Prayer Breakfast and Conference [Desayuno de Oración Nacional Hispano y Conferencia], a la que a menudo asiste el presidente de los Estados Unidos. Ahora tiene "una red nacional de más de 13,000 organizaciones comunitarias y de fe hispana… [y] es una de las voces principales para los latinos en Estados Unidos". Aborda cuestiones "de desarrollo económico y laboral, vivienda, inmigración y educación".[48]

Mientras tanto, en Latinoamérica

La identidad religiosa también está atravesando un cambio importante en América Latina. Aunque tener un papa latinoamericano ha creado un nuevo interés en el catolicismo en la región, los cambios continúan. Según el estudio Pew de 2014 sobre religión en América Latina,[49] hay a lo menos ochos países donde el porcentaje de protestantes es más alto que entre los latinos estadounidenses (Brasil, Costa Rica, República Dominicana, El Salvador, Guatemala, Honduras, Nicaragua y Puerto Rico). Esta es una clara indicación de que la conversión del catolicismo al protestantismo está vinculada a factores que van mucho más allá de la influencia e importancia del protestantismo en los Estados Unidos y del papel potencial de las personas que se vuelven protestantes como una forma de asimilarse a la cultura dominante.

Varios de los lugares que tienen un mayor porcentaje de protestantes que la población latina de Estados Unidos están enviando migrantes a los Estados Unidos en cantidades significativas. Actualmente, Puerto Rico, El Salvador y Guatemala están exportando la mayoría de los migrantes de América Latina a los Estados Unidos. Debido a que tienen una población protestante en crecimiento, están ayudando a impulsar el crecimiento del protestantismo latino en cifras totales, pero también están afectando el crecimiento del protestantismo como un porcentaje de la comunidad latina.

Este crecimiento está teniendo una influencia directa en el protestantismo latina. Como se mencionó anteriormente, cada vez más iglesias entre las latinas tienen una base

---

[46] "Who We Are: Our Mission," NaLEC, 2016, http://nalec.org/about-us.
[47] Véase *The Huffington Post*, October 2, 2012.
[48] "Rev. Luis Cortés," Esperanza, 2017, http://www.esperanza.us/mission-impact/about -the-agency/luis-cortes-story/.
[49] "Religion in Latin America," Pew Research Center, November 13, 2014, http://www .pewforum.org/2014/11/13/religion-in-latin-america/.

latinoamericana. También hay personas que emigran al norte y al sur trayendo canciones, influencias religiosas y prácticas con ellos. En particular, las iglesias neopentecostales en América Latina están teniendo una influencia directa en los latinos estadounidenses a través de la televisión por satélite, libros, conferencias e intercambios pastorales. Además, un número creciente de iglesias latinas y congregaciones con influencia latina están involucradas en proyectos misioneros en los países de origen de sus miembros.[50] Como resultado, muchos protestantes latinos son influenciados tanto por sus homólogos latinoamericanos como por el protestantismo estadounidense. Debido a la globalización de la comunicación, es probable que este tipo de influencia continúe en el futuro previsible.

De los Márgenes Hacia el Centro

Históricamente, los protestantes latinos han contado su historia desde los márgenes. Los testimonios de los primeros conversos hablaban de los costos sociales de la conversión. Muchos de ellos fueron marginados y algunos sufrieron persecución directa por parte de las comunidades católicas latinas de las que formaban parte. Y convertirse en protestante tampoco proporcionó mucho beneficio social. La mayoría descubrió que la discriminación de los protestantes anglosajones les impedía encontrar un lugar a la mesa con sus correligionarios. La marginalidad de los protestantes latinos se hizo más pronunciada a medida que más de ellos se convirtieron en protestantes en iglesias y denominaciones que se habían desarrollado en los márgenes de la sociedad y no vieron un papel significativo para las iglesias latinas o cualquier otra iglesia en las estructuras sociales.

Muchos, si no la mayoría, de los protestantes latinos históricamente se han visto a sí mismos como al margen en lo político. Aunque podrían votar, en su mayor parte permanecieron fuera de las estructuras políticas del país. Sin embargo, no todos los subgrupos étnicos dentro de la comunidad latina tenían la misma perspectiva. Los ciudadanos puertorriqueños y los refugiados cubanos tendían a una mayor participación, mientras que los protestantes mexico-estadounidenses y centroamericanos tendían a una menor participación. Una razón para esto es que las últimas dos comunidades tienen más probabilidades de tener un gran número de indocumentados en sus iglesias, e incluso pastores y líderes que no están documentados. Esta tendencia se vio reforzada por el hecho de que durante la mayor parte del siglo XX los protestantes en América Latina tenían muy poco espacio social o político. Cuando todo esto estaba vinculado a una teología que se centraba en el cambio personal y cuestionaba el futuro de un mundo

---

[50] Ver mi estudio sobre el tema: Juan Francisco Martínez, "Remittances and Mission: Transnational Latino Pentecostal Ministry in Los Angeles," en S*pirit and Power: The Growth and Global Impact of Pentecostalism*, ed. Donald E. Miller, Kimon H. Sargeant, and Richard Flory (New York: Oxford University Press, 2013), 204–22.

que pasaba, no es sorprendente que los protestantes latinos tendieran a no verse a sí mismos teniendo un rol en el orden social y político.

Esa sensación de marginalidad continuó hasta bien entrado el siglo XX. Todavía en la década de 1980, uno de los himnos favoritos en muchas iglesias protestantes latinas era "Hay una Senda", que hablaba sobre los costos de aislamiento social de ser un creyente (protestante) en Jesucristo. Este himno enmarcó el tema como uno en el cual seguir a Jesucristo siempre tendría un costo que vale la pena pagar. Un creyente puede estar aislado en la sociedad en general, pero valdría la pena debido a los beneficios obtenidos de convertirse en un creyente.

Este sentido fue reforzado por nuevos migrantes de América Latina que no solo tenían un recuerdo pasado de este tipo de aislamiento sino que todavía lo vivían. (Hasta el día de hoy hay lugares en América Latina, principalmente en México, donde los protestantes no son bienvenidos o donde son una minoría muy pequeña de la población y donde continúan experimentando la marginación expresada en el himno).

La identidad protestante latina y latinoamericana, particularmente la de los evangélicos y pentecostales, se forjó en los márgenes. Los pentecostales han crecido entre los pueblos pobres y marginados. Los protestantes latinoamericanos se mantuvieron fuera de las estructuras sociales y políticas por ley o presión social. Pero todo esto solo reforzó el mensaje de creer en un Dios que veía a la gente en los márgenes y les daba esperanza y un lugar en su iglesia. Los testimonios más frecuentemente contados por los conversos son del Dios que trabaja poderosamente en las vidas de aquellos que han sido quebrantados y da esperanza y un futuro en el cual creer. El relato de vidas despedazadas hechas completas por el Evangelio sigue siendo convincente. Encontrar la vida espiritual en un lugar de desesperación y saber que hay un lugar a la mesa, en el banquete de Dios han sido las formas en que hemos contado nuestra propia historia.

En América Latina, el tema ha sido históricamente la participación política y social en una sociedad predominantemente católica donde, en la mayoría de los países, el catolicismo era la religión oficial. Esto significaba que los protestantes solo podían tener un papel limitado; por lo tanto, el relato de la marginalidad era una historia bastante precisa de cómo los protestantes latinoamericanos se relacionaban con la sociedad en general. A medida que han crecido, algunas iglesias aún experimentan una vida corporativa en los márgenes, mientras que algunas de las megaiglesias se encuentran cerca de los centros de poder.

En los Estados Unidos, el problema ha sido más complejo. Los protestantes latinos estaban al margen de la vida en comunidades latinas predominantemente católicas, muy parecidas a la situación en América Latina. Pero también han sido marginados históricamente por la sociedad protestante más grande. Esto ahora está cambiando, a medida que los latinos se convierten en una parte cada vez más importante de muchas iglesias y denominaciones. Sin embargo, todavía no está claro si encontrarán un espacio claro, como latinos, en denominaciones donde la mayoría de los miembros son blancos. Y aunque las organizaciones protestantes latinas han podido hablar sobre algunos asuntos políticos y sociales, no está claro si las organizaciones protestantes de mayoría angloparlante las respaldarán cuando el asunto sea específicamente latino (como la reforma migratoria, educación, salarios justos o vivienda).

Dado que el relato tradicional de ser un protestante latino, particularmente un pentecostal, ha sido una de Dios trabajando entre los marginados, es difícil contar nuestra historia desde una posición más cercana al centro. Muchos líderes protestantes latinos todavía cuentan nuestra historia como si todos estuviéramos todavía al margen, mientras hablaban desde los centros de poder. Parece que hay un deseo de seguir contando la historia protestante latina desde los márgenes, sin embargo, muchos líderes desean estar en el centro, o al menos suponen que los latinos no pueden tener una influencia clara a menos que estén conectados al centro.

Al pontencialmente cambiar la ubicación social de muchos protestantes latinos, los líderes encuentran que deben reconsiderar cómo abordar el poder. ¿Quién tiene un lugar a la mesa en las estructuras de la iglesia? ¿Cómo se puede hablar a los que están en el poder político y social? ¿Cómo lidiarán los líderes protestantes latinos con las oportunidades de acceso?

Encontrando una Voz en las Estructuras Eclesiales

La cuestión de cómo los protestantes latinos encajarían en las iglesias y denominaciones protestantes anglosajonas, y en la sociedad estadounidense, se ha preguntado desde el siglo XIX. Emily Harwood se preguntó acerca de los jóvenes protestantes latinos de habla inglesa en Nuevo México. Los presbiterianos en Texas intentaron integrar el Presbiterio Tex-Mex en los presbiterios anglos y fallaron. En el capítulo sobre protestantes latinos en *The Mexican-American People*, los autores cuestionaron si las iglesias protestantes podrían crear un espacio para las latinas. Los modelos y suposiciones asimilacionistas del pasado claramente fracasaron. ¿Cómo serían los latinos parte de las estructuras sociales de los Estados Unidos?

Uno no puede contar la historia del protestantismo latina sin señalar las tensiones raciales que han surgido en el camino. En muchas denominaciones de los EE. UU., los latinos se han visto marginados y han tenido poco poder para abordar este problema. El problema ha sido más pronunciado en algunas denominaciones pentecostales, porque han tenido un crecimiento más significativo y porque las iglesias no han dependido de la denominación para su sostenimiento financiero. Durante los primeros años hubo varias divisiones denominacionales, como CLADIC, CLANY y AIC, que estaban directamente relacionadas con las tensiones interétnicas entre los líderes. Los líderes mexico-estadounidenses o puertorriqueños formaron sus propias denominaciones porque sentían que el liderazgo blanco no les estaba dando el espacio que se habían ganado (mientras que muchos líderes de la cultura dominante estaban convencidos de que los latinos no estaban listos para el liderazgo). Y los líderes de estas dos comunidades latinas se dividieron entre ellos.

Hasta el día de hoy, son las denominaciones que están creciendo las que tienen más desafíos, pero esas denominaciones también han realizado los mayores cambios en sus esfuerzos por incluir a la minoría étnica más grande de los EE. UU. en su seno. A medida que las latinas se convierten en una parte central del tejido de la sociedad estadounidense, las crecientes denominaciones protestantes también se preguntan qué significa tener una creciente presencia latina en su seno. Por ejemplo, ¿qué significa cuando dos distritos de las AD, el Distrito de Los Ángeles (tradicionalmente blanco) y el Distrito Pacífico Sur (tradicionalmente latino), ambos tienen iglesias latinas y ambos tienen superintendentes latinos? ¿Qué significa cuando varias de las iglesias más grandes dentro del Distrito de Los Ángeles tienen grandes membresías latinas? ¿Qué pasa con el creciente número de iglesias interculturales y predominantemente de lengua inglesa en el Distrito Pacífico Sur? Claramente, las AD enfrentan este problema más directamente porque tienen el mayor número de latinas y constituyen un porcentaje significativo de su membresía. Pero las AD son simplemente un ejemplo de lo que se puede esperar en cualquier otra denominación que tome en serio a la población latina.

Internamente, las iglesias latinas enfrentan constantemente los desafíos de las relaciones entre los inmigrantes y los nacidos en los Estados Unidos. Esta tensión se siente a menudo en la comunidad latina más grande, pero también se manifiesta en las iglesias protestantes. Las tensiones tienen un claro marco cultural, pero a menudo se describen en términos espirituales. Los inmigrantes asumen que los nacidos en los Estados Unidos ya no tienen el mismo fervor espiritual que aquellos en América Latina, y los nacidos en los Estados Unidos cuestionan lo que ellos ven como el legalismo de los inmigrantes.

Debido a que la mayoría de los pastores latinos no se han formado para el ministerio de la misma manera que lo hacen la mayoría de los pastores anglos, a menudo surge la cuestión de la competencia cuando se eligen líderes. Uno de los temas que pocas veces se aborda con claridad es cómo las estructuras eclesiales, para-eclesiales, denominacionales y seminarios reflejan una cierta perspectiva étnica y cultural. Por lo tanto, aquellos formados en esa perspectiva es probable que sean más exitosos en el ministerio en esas estructuras. Debido a que los latinos desarrollaron sus habilidades de liderazgo en entornos culturales muy diferentes, esas habilidades no son inmediatamente transferibles al nuevo entorno. ¿Cómo se eligen los líderes en ese tipo de realidad tan compleja? Hasta el momento, el nombramiento de los latinos para posiciones de liderazgo ha sido una mezcla. Algunos han tenido éxito, pero muchos han fallado por varias razones. De hecho, los líderes latinos protestantes más reconocidos a nivel nacional están a cargo de las organizaciones latinas, no de las estructuras tradicionalmente anglosajonas.

Un ejemplo de las dificultades del liderazgo protestante latino en el mundo protestante general se puede encontrar en las instituciones cristianas de educación superior. Hasta la fecha, ha habido un presidente de seminario latino, dos presidentes latinos de universidades cristianas y un pequeño número de latinos como decanos de seminarios. En la mayoría de los casos, sus tenencias han sido cortas. Aunque cada una de las situaciones ha sido única, al final hay muy pocos ejemplos de líderes protestantes latinos exitosos en instituciones protestantes tradicionalmente de cultura dominante de educación superior.

Encontrando un Lugar en la Mesa Política

Durante la mayor parte del siglo XX, los latinos en general y los protestantes latinos en particular estuvieron al margen de la participación política. Al principio fue porque la comunidad era pequeña. El único lugar donde se escucharon las voces latinas fue en los lugares donde la concentración de su población hacía que fuera imposible ignorarlas.

Tanto en América Latina como en los Estados Unidos, el pequeño tamaño de la comunidad protestante latina le dio poca influencia para ser visto como un importante bloque de votantes. A medida que el tamaño de la comunidad creció en los Estados Unidos en la última parte del siglo XX, se enfrentó a otros desafíos. Por un lado, demasiados latinos no eran ciudadanos y no podían votar. Además, las latinas se concentraron en estados que no son competitivos en las elecciones nacionales, como California y Texas. Esto ha diluido en gran medida el poder del voto de los latinos y ha permitido a los principales partidos políticos dar por hecho, ignorar o marginar el voto de los latinos. Inmediatamente después de las elecciones presidenciales de 2016, hubo dudas sobre el porcentaje de latinos que votaron por Donald Trump, con cifras tan bajas como el 18 por ciento y tan altas como el 28 por ciento.[51] Pero, a excepción de Florida, Trump claramente ganó las elecciones sin contar con el voto latino.

Si bien la reforma migratoria no es el único problema nacional del que se preocupan la mayoría de los latinos, ha sido un tema clave para entender cómo los principales partidos políticos interactúan con los latinos y los protestantes latinos en particular. El proceso durante la primera parte del siglo XXI ha sido un ejemplo de la relación compleja entre los protestantes blancos y latinos y el papel y la influencia de los protestantes latinos dentro de la sociedad más amplia de los Estados Unidos.

Durante los años "embriagadores" de la potencial reforma migratoria, particularmente después de las masivas marchas de 2006, los protestantes latinos estuvieron a la vanguardia de lo que el futuro podría deparar. Las organizaciones nacionales como la NHCLC y Esperanza USA estaban en medio de la cuestión de la inmigración. Cuando varias organizaciones evangélicas se unieron para formar la Mesa de Inmigración Evangélica, las principales organizaciones protestantes latinas formaron parte de ella. Parecía que los evangélicos se unirían alrededor de este tema importante para los latinos.

Sin embargo, a pesar de la creciente influencia de latinos y protestantes latinos, no ha habido un movimiento significativo en el tema de la reforma migratoria. Y aunque la mayoría de las encuestas afirman que la mayoría de los evangélicos blancos están a favor de una reforma migratoria que proporcione una manera de que los indocumentados legalicen su estado, esta nunca ha sido una prioridad suficientemente alta para la mayoría de los evangélicos blancos. Otros temas siempre han tomado protagonismo, y

---

[51] "Lies, Damn Lies, and Exit Polls," Latino Decisions, Noviembre 10, 2016, http://www.latinodecisions.com/blog/2016/11/10/lies-damn-lies-and-exit-polls/.

parece que este tema, muy importante para la mayoría de los protestantes latinos, se convertirá en un punto de división con los evangélicos blancos en vez de un lugar donde los evangélicos de todos los orígenes étnicos, raciales y culturales puedan unirse.

La elección de Donald Trump como presidente ha levantado el fantasma de una reacción antiinmigrante. Su retórica ha atacado y denigrado a los inmigrantes. Prometió rescindir las órdenes ejecutivas de la administración Obama que protegía a los menores indocumentados conocidos como Dreamers [Soñadores]. También ha afirmado que construirá un muro entre los Estados Unidos y México y que México debe pagarlo. Algunos líderes latinos evangélicos lo apoyaron y esperaban tener influencia en sus políticas, particularmente en su posición relacionada con los inmigrantes. Sin embargo, debido a que fue elegido sin el apoyo de los evangélicos latinos, aún está por verse si tendrán algún impacto significativo.

Contando la Historia del Protestantismo Latina

Uno de los cambios importantes que ocurrieron en la última parte del siglo XX y la primera parte del siglo XXI es que los protestantes latinos han encontrado las plataformas para contar su historia. Comenzaron a escribir sobre el ministerio en la comunidad en la década de 1980, pero no fue hasta la década de 1990 cuando comenzaron a estudiarse a sí mismos de forma exhaustiva. Los primeros esfuerzos fueron relatados en el capítulo anterior. Pero a medida que el protestantismo latina madura en el siglo XXI, los miembros de la comunidad cuentan cada vez más la historia del protestantismo latino.

Durante la primera parte del siglo XXI, muchas denominaciones protestantes publicaron historias de sus ministerios latinos. Estos incluyeron un recuento de los principales eventos y las personas relacionadas con el comienzo y el desarrollo de cada denominación. Hubo también una serie de estudios académicos de denominaciones específicas o tradiciones denominacionales, como *Of Borders and Margins: Hispanic Disciples in Texas, 1888–1945* [De Fronteras y Límites: Discípulos Hispanos en Texas, 1888-1945] de Daisy Machado, *Latino Pentecostal Identity: Evangelical Faith, Self, and Society* [Identidad Pentecostal Latina: la Fe Evangélica, el Yo y la Sociedad] de Arlene Sánchez-Walsh, *Hispanic Methodists, Presbyterians, and Baptists in Texas* [Metodistas Hispanos, Presbiterianos y Bautistas en Texas] de Paul Barton, *Avance: A Vision for a New Mañana* [Avance: Una Visión para un Nuevo Mañana] de Johnny Ramírez-Johnson y Edwin Hernández, y *Latino Pentecostals in America: Faith and Politics in Action* [Pentecostales Latinos en América: Fe y Política en Acción] de Gastón Espinosa.[52]

---

[52] Daisy L. Machado, *Of Borders and Margins: Hispanic Disciples in Texas, 1888–1945* (Oxford: Oxford University Press, 2003); Arlene M. Sánchez Walsh, *Latino Pentecostal Identity: Evangelical Faith, Self, and Society* (New York: Columbia University Press, 2003); Paul Barton, *Hispanic Methodists, Presbyterians, and Baptists in Texas* (Austin: University of Texas Press, 2006); Ramírez-Johnson and Hernández, *Avance*; Gastón Espinosa, *Latino Pentecostals in America: Faith and Politics in Action* (Cambridge, MA: Harvard University Press, 2014).

Varios artículos de revistas y diarios y capítulos en libros también tocaron varios aspectos de la historia protestante latina.

Pero una serie de estudios también han tratado de contar una historia más amplia. Los esfuerzos han tomado varias direcciones. Las publicaciones de AHT y APHILA, mencionadas en el último capítulo, fueron algunos de los primeros esfuerzos en los años noventa. En 1999 se publicó una colección llamada *Protestantes/Protestants: Hispanic Christianity within Mainline Traditions* [Protestantes: el Cristianismo Hispano dentro de las Tradiciones Históricas].[53] Unos años después, CEHILA USA publicó otra colección, la anteriormente mencionada *Iglesias peregrinas en busca de identidad*. *Los Protestantes*, mencionado en el capítulo 2, se agregó a esta colección de publicaciones de protestantes latinos que tratan de contar su propia historia. La más reciente es *La Iglesia Evangélica Hispana en los Estados Unidos*, publicada por la NHCLC en 2016. Hjamil Martínez-Vázquez, citado en el capítulo 2, estaba escribiendo a un público más amplio, pero le ha dado a la comunidad protestante latina las herramientas para interpretar su propia historia mientras visualizan el futuro.

Protestantes Latinos Hoy

Al momento de escribir este libro, el **Reverendo Sammy Rodríguez** es probablemente el líder protestante latino más conocido a nivel nacional. Como presidente de la NHCLC, ha desarrollado una plataforma nacional que le ha dado acceso a políticos nacionales y también se ha convertido en portavoz de asuntos relacionados con la comunidad protestante latina. Ha sido nombrado el líder evangélico latino más importante por CNN, Fox, NBC y la revista *Time*. El Reverendo Rodríguez es un pastor ordenado de las AD de ascendencia puertorriqueña. Ha escrito varios libros, entre ellos *Ser Luz: Brillar con la belleza de Dios*, *Truth and Hope in a Darkness World* [Verdad y Esperanza en un Mundo Oscuro] y *La Agenda del Cordero*. Además de sus responsabilidades con la NHCLC, es el pastor del Centro de Adoración New Season en Sacramento, California.

Minerva Carcaño es una de las líderes latinas más conocidas entre las iglesias protestantes más liberales. Fue la primera latina elegida como obispa de la IMU en 2004. Se desempeñó como obispa para la Conferencia Anual de California-Pacífico y actualmente es obispa de la Conferencia Anual de California-Nevada. Carcaño también se desempeña como vocero oficial del Consejo de Obispos de la IMU en temas de inmigración. Ella es una mexicano-estadounidense nacida en el sur de Texas que creció en circunstancias humildes. Ella es metodista de tercera generación conocida por su defensa de los asuntos de inmigrantes, trabajadores y LGBTQ.

Luis Cortés formó Esperanza USA como parte de su ministerio en Filadelfia en 1987. La organización ha trabajado en temas de transformación de la comunidad a nivel local y

---

[53] David Maldonado Jr., ed., *Protestantes/Protestants: Hispanic Christianity within Mainline Traditions* (Nashville: Abingdon, 1999).

nacional. Cortés ganó prominencia nacional cuando organizó el National Presidential Hispanic Prayer Breakfast [Desayuno de Oración Nacional Presidencial Hispano] en 2002. Esta reunión anual reúne pastores y líderes latinos en Washington, DC, para reunirse con líderes del Congreso y aprender cómo abogar por asuntos políticos. Tanto el presidente Bush como el presidente Obama han participado en el desayuno de oración en varias ocasiones. Su iglesia local está ligada a las Iglesias Bautistas Americanas, y él tiene un trasfondo puertorriqueño.

El 4 de abril de 2013, la portada de la revista *Time* fue "The Latino Reformation". Una de las iglesias destacadas en el tema fue New Life Covenant Church en Chicago, pastoreada por **Wilfredo "Choco" de Jesús**. La iglesia es la iglesia de las AD más grande de los Estados Unidos y una de las iglesias protestantes latinas más grandes del país. La iglesia comenzó entre inmigrantes puertorriqueños y ha sido pastoreada por Jesús desde el año 2000. Su iglesia refleja uno de los retos claves que enfrentan las iglesias latinas en el sentido de que la congregación es predominantemente de habla inglesa aunque claramente enfocada en la comunidad latina. La iglesia es una de las que crece más rápido en el área de Chicago y tiene un impacto nacional.

Gabriel Salguero, otro líder de origen puertorriqueño, es un pastor ordenado de las AD que ha trabajado con la Iglesia del Nazareno. En 2015, aceptó el llamado a la Iglesia el Calvario, una gran iglesia de las AD en Orlando, Florida. En 2009 dirigió la Coalición Evangélica Nacional Latina (NaLEC), que había sido una entidad regional, para convertirse en una organización nacional. No es tan grande como la NHCLC, pero tiene una plataforma nacional como una voz alternativa a la NHCLC. Recientemente, Salguero fue reconocido por invitar a su iglesia a apoyar a las víctimas y sus familias en la masacre de Pulse, el bar gay mayoritariamente latino en Orlando, en 2016.[54]

Una de las personas que ha cruzados las fronteras evangélicas, pentecostales e históricas con más éxito ha sido **Alexia Salvatierra**. Ella es una pastora ordenada de la Iglesia Evangélica Luterana en América y ha servido con Clergy and Laity United for Economic Justice (CLUE) [Clero y Laicos Unidos por la Justicia Económica] en California. Pero también ha sido una persona clave que ayuda a los pastores latinos pentecostales a involucrarse en los derechos de los inmigrantes en el sur de California y en otros lugares. Su libro, escrito con Peter Heltzel, *Faith-Rooted Organizing: Mobilizing the Church in Service to the World* [Organización basada en la fe: Movilizando la Iglesia al Servicio del Mundo],[55] ha servido como una herramienta para que muchas iglesias y líderes trabajen por el cambio social desde una perspectiva cristiana. Salvatierra ha ampliado su impacto como profesora adjunta en varios seminarios en los Estados Unidos.

---

[54] Kate Shellnutt, "Grieving Together: How Orlando's Hispanic Evangelicals Are Reaching Out," *Christianity Today*, Junio 15, 2016, http://www.christianitytoday.com/ct/2016/june-web-only/orlando-hispanic-evangelicals-reaching-out-lgbt.html.

[55] Alexia Salvatierra y Peter Heltzel, *Faith-Rooted Organizing: Mobilizing the Church in Service to the World* (Downers Grove: InterVarsity, 2014).

Originario de Argentina, **Dante Gebel** es un conocido predicador, orador motivacional y autor en el mundo de habla hispana. Es conocido por organizar grandes reuniones juveniles ("Súper Clásicos de la Juventud") en varias ciudades de América Latina. Se mudó al sur de California para pastorear la congregación hispanohablante en la Catedral de Cristal. Cuando esa congregación vendió su edificio, Gebel llevó la congregación a organizarse como una iglesia separada. Él es un pastor ordenado con las AD y ha atraído a un gran número de personas. Su congregación, ahora llamada River Church, se reúne en el River Arena en Anaheim, y anticipa tener diez mil miembros en el futuro cercano.

El Rey Jesús es una de las iglesias protestantes latinas más grandes de los Estados Unidos y la más grande de Florida. El **Rev. Guillermo Maldonado**, originario de Honduras, la fundó. La iglesia es una iglesia apostólica y profética construida sobre la idea de que el poder sobrenatural de Dios necesita manifestarse hoy para que la gente pueda ver que Dios está obrando en el mundo. Maldonado tiene un programa de televisión en varias redes de satélite y ha escrito varios libros en español, algunos de los cuales han sido traducidos a varios idiomas. Él y su esposa Ana lideran el ministerio.[56]

A medida que los protestantes latinos comienzan a encontrar su voz, es principalmente una voz profética. En algún lugar entre los puntos extremos de la inmigración y la asimilación estructural están desarrollando varios tipos de espacios para evangelizar, pastorear, servir y trabajar por la justicia. Debido a que la vida entre estos puntos extremos siempre es fluida y representa una gran diversidad, los líderes protestantes latinos se encuentran en diferentes espacios y en diferentes mesas.

---

[56] "Guillermo Maldonado (Pastor)," Wikipedia, consultado el 22 de Marzo, 2017, https://en.wikipedia.org/w/index.php?title=Guillermo_Maldonado_(pastor)&oldid=750041172.

CAPÍTULO 9
Futuros del Protestantismo Latino

Daniel Rodríguez nombra a su libro sobre el ministerio protestante en la comunidad latina *A Future for the Latino Church* [Un futuro para la Iglesia Latina].[1] Claramente, ese libro no trata sobre el futuro del protestantismo latino, ya que en su título reconoce implícitamente varios futuros probables. En muchos sentidos, este libro también señala el futuro y las complejidades de tratar de describir ese futuro. Debido a la diversidad de la comunidad latina y las diversas tendencias del protestantismo, es difícil, si no imposible, describir un futuro amplio.

Si bien es cierto que no hay una sola comunidad latina sino varias comunidades latinas, también es cierto que habrá más de un tipo de futuro para las personas identificadas como latinas en los Estados Unidos. Lo mismo puede decirse sobre el futuro del protestantismo latino. Hay muchas variantes dentro del protestantismo, por lo que no es sorprendente que estas variantes teológicas y denominacionales también reflejen diferentes interpretaciones de lo que el protestantismo latino es ahora y lo que debe ser en el futuro. El pentecostalismo, y todas las iglesias libres en general, a menudo parecen crecer tanto por división y separaciones como por crecimiento evangelístico unificado y planificado. Esta combinación de creciente diversidad dentro de la población latina y las crecientes variaciones del protestantismo apunta hacia un futuro en el que habrá muchos tipos de protestantismo latino. En medio de los rostros cambiantes de la identidad latina, es poco probable que la comunidad latina se "asimile" por completo y desaparezca como una población distinta, aunque muchos latinos se han asimilado estructuralmente y muchos otros lo harán en el futuro. Como se dijo anteriormente, la identidad latina se ha desarrollado en el espacio entre la conquista y las nuevas migraciones en un extremo y la asimilación estructural en el otro. Ese espacio siempre ha sido dinámico y multidireccional. Eso también es parte del genio del protestantismo de iglesias libres, particularmente el pentecostalismo. El futuro del protestantismo latino se desarrollará en estos espacios, pero probablemente estará vinculado a una serie de asuntos importantes.

El Futuro de las Latinas en los Estados Unidos

Dada la historia de los patrones migratorios desde América Latina hacia los Estados Unidos, no debería sorprendernos si los cambios en América Latina crean un nuevo

---

[1] Daniel A. Rodriguez, *A Future for the Latino Church: Models for Multilingual, Multigenerational Hispanic Congregations* (Downers Grove: InterVarsity, 2011).

flujo migratorio hacia el norte. El flujo que ha sido más prominente en las noticias en 2015 y 2016 ha sido el de menores no acompañados que huyen de la violencia en América Central. Aunque la migración desde México ha disminuido últimamente, la migración desde Centroamérica, Cuba y Puerto Rico continúa a un ritmo fuerte.

La migración continua está relacionada con el problema no resuelto de 11 a 12 millones de personas indocumentadas. En la carrera presidencial estadounidense de 2016, Donald Trump usó el tema de los indocumentados como un grito de guerra en contra de algo de lo que consideraba incorrecto con los Estados Unidos. Habló sobre una deportación significativa y sobre la construcción de un muro a lo largo de la frontera entre Estados Unidos y México y de hacer que México pagara por ello.

El debate sobre los indocumentados tiene muchas implicaciones para la comunidad latina. Durante la campaña presidencial, Donald Trump hizo muchos comentarios despectivos sobre los inmigrantes mexicanos. Dado que la mayoría de los inmigrantes indocumentados en los Estados Unidos hoy en día son latinos, particularmente de México, esto ha significado que el debate sobre la inmigración a menudo parece ser sobre cómo las personas ven a los latinos en los Estados Unidos. La retórica anti-latina también parece indicar que "latinos" e "indocumentados" están claramente vinculados en la mente de muchas personas. Esto, a pesar de que dos de los candidatos republicanos primarios eran latinos. (Curiosamente, tanto Ted Cruz como Marco Rubio son cubanoamericanos, un segmento de la comunidad latina que ha votado consistentemente por los republicanos, mientras que la mayoría de los demás latinos tienden a votar por los demócratas).

Dado el clima político actual, no está claro si el problema de los indocumentados se resolverá de manera positiva. La ley de amnistía de 1986 le dio a la comunidad latina sangre nueva y una base política expandida. Una solución al actual debate de inmigración creará nuevas oportunidades para los actualmente indocumentados; la falta de una solución los mantendrá en la sombra. Y si Trump desarrollara la "fuerza de deportación" que ha propuesto para deportar por la fuerza a 2 o 3 millones de indocumentados, las tensiones e impactos sociales probablemente serían profundos.

La mayoría de las personas en los Estados Unidos continúa respaldando una reforma migratoria integral que brinde una solución para quienes ya están aquí. Aquellos que trabajan a favor de una reforma migratoria todavía tienen esperanzas de que algún día la nueva legislación aborde el tema de los indocumentados, de los trabajadores temporales y del flujo futuro. Pero pase lo que pase seguramente impactará la vitalidad de la comunidad y el enfoque ministerial de muchas iglesias protestantes latinas, particularmente aquellas con un número significativo de personas indocumentadas en sus filas.

Debido a que la situación política, social y económica en América Latina tiende a afectar los flujos migratorios, también es crucial entender lo que está sucediendo allí. Si la situación en la mayoría de los principales países emisores de migrantes se estabiliza, es poco probable que haya grandes flujos de nuevos inmigrantes. El estado cambiante de cada uno de los países del continente crea un posible aumento o disminución en la migración.

Por ejemplo, el restablecimiento de las relaciones diplomáticas entre los Estados Unidos y Cuba ha dejado a la gente insegura de cómo se tratará a los indocumentados de esa isla en el futuro. Entre la elección de Donald Trump y la muerte de Fidel Castro, no está claro cuál será la relación entre los dos países. La política actual de otorgar estatus legal inmediato a casi cualquier cubano que llegue a territorio estadounidense podría cambiar en el futuro. Temerosos de ese posible cambio, más cubanos han intentado recientemente abandonar la isla y llegar a territorio estadounidense. Pero, por otro lado, las relaciones diplomáticas podrían facilitar que las personas abandonen la isla legalmente, aunque una nueva congelación en las relaciones podría hacer la vida más difícil para las personas en la isla. Además, si el gobierno actual cayera, probablemente veríamos un aumento significativo en el movimiento de Cuba a los Estados Unidos, al menos hasta que la situación se estabilice.

Otra área donde es probable que una situación política y social inestable genere nuevas migraciones es Centroamérica. Estados Unidos deportó a miembros de pandillas que se encontraban en cárceles estadounidenses, y esos pandilleros están creando una gran inseguridad en los países pequeños de la región. Estos pequeños países también se han convertido en portales para el movimiento de drogas desde Sudamérica hacia los Estados Unidos. La cantidad de dinero ilícito que fluye a través de estos países y el aumento de la violencia relacionada con las pandillas y la mafia del narcotráfico han resultado en el flujo de menores no acompañados que huyen de esa violencia. Dada la situación inestable de muchas personas en la región, es poco probable que los centroamericanos dejen de mirar hacia los Estados Unidos como una válvula de escape. Esta situación afecta a los latinos estadounidenses. La violencia ha afectado a las iglesias en América Central, lo que ha causado nuevas migraciones. En particular, los menores no acompañados terminan en la frontera de los EE. UU. y los nuevos niños entran en la vida de las iglesias latinas en los Estados Unidos.

La política de deportación masiva de la administración Obama repatrió a cientos de miles de mexicanos y de otros latinoamericanos, muchos de los cuales habían vivido la mayor parte de sus vidas en los Estados Unidos y, a menudo, hablaban inglés como idioma principal. Estas personas a menudo tenían redes familiares en los Estados Unidos. Todavía está por verse si esta política de deportación creará un nuevo grupo de personas que tratarán de regresar a los Estados Unidos. Hasta la fecha, la migración total indocumentada desde México ha disminuido, pero la migración legal continúa a través de la reunificación familiar y otros medios legales. Más de 130,000 mexicanos migraron legalmente a los Estados Unidos en 2014, y es probable que esas cifras se mantengan estables, incluso si el número de mexicanos indocumentados no aumenta.[2]

---

[2] Jie Zong y Jeanne Batalova, "Frequently Requested Statistics on Immigrants and Immigration in the United States," Migration Policy Institute, última actualización Mayo 26, 2016,

Al momento de escribir este libro hubo una discusión significativa sobre el futuro de Puerto Rico. El gobierno de la isla estaba en incumplimiento de sus préstamos y su economía estaba sufriendo. Parecía que no había una solución clara al problema, en parte porque no existe una comprensión clara de lo que Puerto Rico es como entidad política y del poder que tiene para resolver sus propios problemas. Las leyes estadounidenses anteriores crearon un modelo de dependencia financiera que ahora no se puede abordar fácilmente. Debido a su status particular, no puede apelar a las leyes federales de bancarrota para protegerse. Por lo tanto, el Congreso tuvo que intervenir. La legislación que se aprobó tomó todo el poder del pueblo puertorriqueño y se lo dio a una junta de supervisión no elegida. Qué soluciones viables pueden proponer dado el estado de la isla aún está por verse.

En 2016, la Corte Suprema también dictaminó, en dos casos diferentes, que Puerto Rico es "extranjero en el sentido doméstico" (para tomar prestada una frase de un fallo anterior de la Corte Suprema sobre Puerto Rico). La ley estadounidense no lo protege en cuanto a temas de bancarrota, por lo que no puede incumplir con su deuda. Pero tampoco tiene la autoridad legal para hacer cumplir sus propias leyes de la misma manera que lo hacen los estados de los EE. UU. Esto significa que la isla es de hecho una colonia, algo que los Estados Unidos han negado durante mucho tiempo. Todavía está por verse si el fallo tendrá un impacto en el estado de la isla hacia el futuro.[3]

Esta situación ha creado una nueva salida de personas de Puerto Rico a la parte continental, particularmente a Florida. Debido a que estas personas no son inmigrantes, pueden participar de inmediato en el proceso político. Todavía está por verse qué impacto tendrán. Su movimiento está creando una serie de cambios importantes en el continente que están más allá del alcance de este libro. Pero, como nota al margen, ahora hay más puertorriqueños viviendo en el continente que en la isla.

El futuro de Puerto Rico afecta el futuro de los latinos en los Estados Unidos, particularmente al protestantismo latina. ¿Cambiará la relación política entre los Estados Unidos y Puerto Rico? ¿Si es así, cómo? Si la economía no mejora, ¿la gente continuará dejando la isla para vivir y trabajar en el continente? ¿Qué sucede cuando los puertorriqueños cambian la dinámica política de un estado como Florida que ya es un estado oscilante (en la votación estadounidense)? Si un número significativo de nuevos puertorriqueños llega a la parte continental, y si un porcentaje significativo son protestantes, ¿cómo cambiará eso la faz de las iglesias protestantes latinas existentes? Dado que los puertorriqueños ya están "sobrerrepresentados" en el liderazgo protestante latino, ¿esa realidad se volverá más pronunciada con la nueva migración?

---

http://www.migrationpolicy.org/article/frequently-requested-statistics-immigrants-and-immigration-united-states.

[3] Noah Feldman, "Supreme Court Affirms That Puerto Rico Is Really a U.S. Colony," *Bloomberg View*, Junio 14, 2016, https://www.bloomberg.com/view/articles/2016-06-14/supreme-court-affirms-that-puerto-rico-is-really-a-u-s-colony.

En relación con el debate sobre la inmigración desde América Latina, está el hecho de que el número de inmigrantes legales asiáticos ya ha superado el número de inmigrantes legales de América Latina. Esto puede no afectar directamente a la comunidad latina, ya que la migración legal desde Latinoamérica continúa siendo significativa. Pero los protestantes latinos probablemente tendrán que pensar en las relaciones interculturales de la iglesia de una nueva manera, una en la que la relación con otras minorías e inmigrantes sea tan importante como la relación con la mayoría anglosajona.

El futuro de las latinas en los Estados Unidos también se verá afectado por el futuro rol del idioma español. La migración constante ha mantenido el español como un idioma vivo en este país durante muchos años. Estados Unidos no es solo un consumidor de español; también produce una gran cantidad de medios en español que se exportan a otros países de habla hispana. El papel del español en los Estados Unidos también está relacionado con el futuro de Puerto Rico. El idioma español tiene un estatus legal en los Estados Unidos, aunque solo en la isla de Puerto Rico. ¿Qué pasaría si Puerto Rico se convirtiera en un estado de la Unión? ¿Los latinos estadounidenses traducirían su apego emocional al español en acciones que respalden la continuidad del lenguaje como medio de comunicación en vivo en los Estados Unidos? ¿Cómo afectaría eso el uso del español en las iglesias protestantes?

Hay muchos escenarios para el futuro de los latinos en los Estados Unidos. Como se indicó anteriormente, la Oficina del Censo de EE. UU. estima que en 2044 más de la mitad de la población de EE. UU. no será blanca. Y para 2050, los latinos representarán alrededor del 28 por ciento de la población de los Estados Unidos.[4] Pero el censo está teniendo problemas para definir quién es latino. ¿Cómo afectará el matrimonio mixto, la nueva migración, las presiones de la adaptación cultural y las identidades transnacionales la forma en que se nos "cuenta" y cómo elegimos identificarnos? Los problemas que tiene la oficina del censo para identificar a los latinos apuntan a otro problema que afectará el futuro. ¿Seguirán siendo "hispano" y "latino" términos útiles para describirnos? Siempre han puesto a gente con orígenes muy diferentes bajo un mismo paraguas. Pero con las diferencias existentes en la comunidad, la adaptación cultural y la asimilación estructural, y la nueva migración y los matrimonios mixtos, ¿los términos aún identificarán claramente a un solo grupo de personas en 2050?

La campaña presidencial de 2016 también ha llevado el tema de la migración y la identidad latina a la vanguardia. ¿En qué medida los protestantes latinos se identificarán con los nuevos inmigrantes, y en qué medida buscarán desarrollar una identidad que no esté tan estrechamente vinculada a América Latina y a los nuevos inmigrantes que continuarán ingresando al país? ¿Ayudarán los protestantes latinos a que Estados Unidos haga las paces con el hecho de que es un país de las Américas y lo ayudará a construir

---

[4] Jens Manuel Krogstad, "With Fewer New Arrivals, Census Lowers Hispanic Population Projections," Pew Research Center, Diciembre 16, 2014, http://www.pewresearch.org/fact-tank/2014/12/16/with-fewer-new-arrivals-census-lowers-hispanic-population-projections-2/.

puentes, o se unirán a las filas de aquellos que buscan construir muros? ¿Cómo se verán los latinos a sí mismos en Estados Unidos?

Parte del problema es que los protestantes latinos, como la mayoría de los católicos latinos practicantes (y los cristianos afroamericanos), tienen una postura política que no encaja fácilmente con las posiciones de los principales partidos políticos de la actualidad. La mayoría de los protestantes latinos se ubican con posiciones más conservadoras en temas como el aborto y el matrimonio entre personas del mismo sexo. Pero se acercan a la otra postura política en temas como inmigración, educación y políticas económicas. Los católicos latinos y la mayoría de los afroamericanos han tendido a votar sobre el segundo conjunto de cuestiones, a pesar de que están muy preocupados por el primero. Los protestantes latinos han luchado más con esta dicotomía. Cuando un candidato, como George W. Bush, fue sólido en el primer conjunto pero también lo fue en inmigración, fue capaz de atraer a la gran mayoría de los votantes protestantes latinos. Pero cuando estos dos conjuntos de problemas se dividen en líneas partidarias, los protestantes latinos tienden a dividir su voto, con una minoría significativa (y a veces una pequeña mayoría) votando por el candidato que mantiene sus puntos de vista sobre el aborto y el matrimonio entre personas del mismo sexo. Todavía está por verse si los protestantes latinos mantendrán esta postura y continuarán potencialmente dividiendo su voto de esta manera.

Los Latinos como Líderes en el Protestantismo Estadounidense

En este momento, a excepción de las denominaciones de origen asiático-americanas, las pocas denominaciones protestantes estadounidenses (y la Iglesia Católica Romana) que están creciendo, lo están haciendo debido a los latinos. No está claro cuánto tiempo eso continuará. Pero esta realidad apunta a una creciente presencia latina en las iglesias protestantes de los Estados Unidos. La pregunta es si los latinos encontrarán un lugar a la mesa de liderazgo, y lo que eso significará para los latinos dentro de esas denominaciones.

Las denominaciones donde los latinos son un porcentaje significativo de la membresía ya están abordando el tema de la participación y el liderazgo de los latinos. El papel de los latinos en las denominaciones protestantes depende del porcentaje de miembros que representan y no solo de su tamaño numérico. Por ejemplo, la participación latina ya es importante en denominaciones como las Asambleas de Dios, la Iglesia de Dios y la Iglesia Adventista del Séptimo Día, donde los latinos son un porcentaje significativo de la membresía general. Y, obviamente, los latinos tienen el control completo de las denominaciones, en su mayoría pentecostales, que ellos mismos han comenzado. Pero sus roles son mucho más limitados en los grupos de iglesias donde, aunque son numerosos, representan un porcentaje mucho menor de la membresía en general, como los bautistas del sur, los metodistas unidos o los presbiterianos. Si esta tendencia continúa, es probable que algunas denominaciones continúen haciendo cambios significativos a medida que se vuelvan más latinas, mientras que otras continuarán "solo" ministrando a los latinos.

Aunque algunos protestantes latinos tienen plataformas nacionales, la mayoría de ellos lideran organizaciones latinas como NHCLC, NaLEC y Esperanza. Hay pocos latinos a la vanguardia de las organizaciones nacionales iniciadas por anglo protestantes. Todavía está por verse si las organizaciones anglo protestantes están listas para tener a los latinos a la cabeza. Hasta que eso suceda, las latinas continuarán estando al margen del protestantismo estadounidense.

Protestantismo Latinoamericano

Debido a los vínculos transnacionales que existen entre los latinos y América Latina, está claro que el protestantismo latinoamericano continuará siendo una influencia clave en el protestantismo latino, particularmente en las congregaciones predominantemente de habla hispana y aquellas con fuertes vínculos con las iglesias latinoamericanas. América Latina continuará sirviendo como un recurso para los protestantes latinos en los Estados Unidos, un lugar desde el cual atraer nuevos miembros, pero también una nueva inspiración y vitalidad espiritual. Debido al flujo continuo de personas tanto al norte como al sur y al desarrollo de pueblos transnacionales, esta influencia probablemente continuará en el futuro previsible.

Actualmente, el protestantismo latinoamericano continúa en modalidad de crecimiento, aunque no a los rápidos ritmos de la última parte del siglo XX. Mientras el protestantismo continúe creciendo, particularmente en lugares que envían un número significativo de migrantes a los Estados Unidos, como Puerto Rico, El Salvador y Guatemala, las fuentes naturales de crecimiento de la inmigración para el protestantismo latino probablemente continúen. A menos que los Estados Unidos detengan toda inmigración legal de América Latina, uno puede anticipar nuevos miembros para iglesias y nuevos potenciales conversos.

Pero con la creciente secularización de los países del norte y el continuo crecimiento dinámico de las iglesias en el sur, es probable que los protestantes latinoamericanos también vean cada vez más a los Estados Unidos como un campo misionero. En un mundo donde la misión cristiana probablemente se moverá en múltiples direcciones y no desde un solo centro, los latinos protestantes, particularmente las que mantienen fuertes vínculos con América Latina, probablemente se vean a sí mismos como la cabeza de playa de los esfuerzos por volver a evangelizar a un Estados Unidos secularizado.

Este sentido de la misión en el mundo probablemente se expandirá a medida que los protestantes latinos se vinculen con las agencias misioneras y los esfuerzos de América Latina para enviar misioneros a otras partes del mundo. Las agencias de misiones de los EE. UU. que puedan aprender de las agencias de América Latina probablemente también reclutarán a esos tipos de latinos bilingües y transnacionales que ya están cumpliendo exitosamente su misión en muchas partes del mundo.

La Formación de Líderes Latinos para las Iglesias

Desde el momento en que los primeros latinos ingresaron al ministerio protestante en el siglo XIX, ha existido una tensión entre lo que las iglesias latinas necesitaban y lo que las estructuras denominacionales protestantes esperaban de ellos.

Esa tensión se vio más claramente en los requisitos de ordenación y en los sistemas establecidos para preparar a los latinos para el ministerio pastoral. Durante el siglo XIX y principios del XX, la denominación que más ejemplificó esta tensión fue la iglesia presbiteriana, particularmente la IPUSA (norteña). Durante los primeros años solo se ordenó a un neomejicano, José Ynés Perea. Había estudiado en los Estados Unidos antes de la toma del control del Sudoeste y pudo cumplir con los requisitos educativos de la denominación para la ordenación. Todos los demás pastores neomejicanos durante los primeros años fueron pastores laicos o licenciados. A pesar de que Perea no fue el más exitoso de los pastores neomejicanos, se le dio un destacado papel de liderazgo porque fue el único que fue ordenado.

El resto de los pastores locales no pudieron cumplir con los requisitos educativos para la ordenación. Los presbiterianos intentaron abordar el problema estableciendo el Colegio del Sudoeste (ver el capítulo 3). Pero esta institución fue efímera, porque no era financieramente viable. Y solo ofrecía una oportunidad para el pequeño número de personas que podían cumplir con los requisitos de ingreso.

El único otro grupo que estableció un seminario que se enfocó en preparar a las latinas para el ministerio fueron los bautistas americanos, quienes establecieron el Seminario Bautista Hispano Americano en Los Ángeles en 1921. A lo largo de sus años de existencia graduó pastores y líderes que sirvieron en los Estados Unidos, Puerto Rico, México y América Central y del Sur. Se cerró en 1964 debido a problemas financieros y la imposibilidad de reclutar estudiantes y colocarlos después de completar sus estudios.[5] No habría otro intento de establecer un seminario orientado exclusivamente a las personas de habla hispana en los Estados Unidos.

A lo largo del siglo XX, las denominaciones que esperaban o requerían educación en el seminario para sus pastores ordenados descubrieron que muy pocos latinos podían cumplir con todas las calificaciones. Y aquellos que estudiaron en seminarios estadounidenses a menudo fueron educados de tal forma que ya no cabían en sus comunidades. Los seminarios los preparaban para servir en entornos ajenos a las realidades vividas de la mayoría de las comunidades latinas o creaban expectativas que esas comunidades no podían cumplir.

Incluso durante el siglo XIX, muchas denominaciones respondieron a esto estableciendo institutos bíblicos o programas para ministros laicos. Este modelo se ajusta muy bien a las denominaciones pentecostales y evangélicas, ya que el objetivo era preparar a las personas para evangelizar y servir a las iglesias, no necesariamente para aprender a

---

[5] Eduardo Font, "Iglesias Bautistas Hispanas del suroeste," en *Hacia una historia de la iglesia evangélica Hispana de California del Sur*, ed. Rodelo Wilson (Montebello, CA: AHET, 1993), 105–6.

"pensar teológicamente". A menudo eran más como escuelas técnicas para el ministerio, proporcionando herramientas básicas para la tarea. En la primera parte del siglo XX las AD crearon los Institutos Bíblicos Latinoamericanos en California y Texas y sus diversas extensiones, los bautistas en Texas formaron el Instituto Bíblico Mexicano, los Adventistas del Séptimo Día desarrollaron varias escuelas, y las iglesias independientes desarrollaron instituciones como Instituto Bíblico Río Grande (Edinburg, Texas), Colegio Bíblico (Eagle Rock, Texas) y el Instituto Evangélico (La Puente, California). Otras denominaciones desarrollaron programas internos de corta duración. Este tipo de instituciones proliferaron en la segunda mitad del siglo XX, cruzando líneas denominacionales y teológicas.

Los institutos bíblicos también han proliferado en la comunidad protestante latina (y latinoamericana) por muchas otras razones. Por un lado, éstas son instituciones de bajo costo que generalmente son administradas por latinas. Estas escuelas tienden a parecerse a las iglesias y líderes que las inician. Aunque esto puede debilitarlos de alguna manera, los vincula a la comunidad local y fomenta el financiamiento local. Debido a que son pequeñas con una huella pequeña, generalmente son flexibles. Los institutos bíblicos se pueden iniciar fácilmente, y los cursos se pueden ofrecer en cualquier lugar donde haya maestros, estudiantes y espacio.

Los institutos bíblicos brindan acceso a la educación teológica que, por lo general, no ha estado disponible en estructuras protestantes formales. Por ejemplo, debido a que estos programas no están acreditados, no se requieren muchos prerrequisitos de admisión para los estudiantes. Casi todos los estudiantes que desean estudiar la Biblia, la teología y el ministerio pueden calificar, en parte porque hay pocos o ningún requisito educativo para ingresar a la mayoría de los programas, al menos para los programas de nivel inicial. El tema del idioma tampoco es un problema, ya que la mayoría de estos programas se pueden enseñar en español o en un formato bilingüe sin crear problemas mayores. La informalidad de los programas también significa que los institutos bíblicos pueden aceptar estudiantes sin preocuparse por la documentación legal.

Debido a esta flexibilidad y debido a los requisitos educativos limitados, si acaso existen, para la ordenación en muchas denominaciones, los institutos bíblicos han sido el lugar principal para la formación de la mayoría de los pastores protestantes latinos (incluido este autor). Los seminarios tradicionales de los Estados Unidos, con sus múltiples prerrequisitos educativos, no son vistos como el camino a seguir por la gran mayoría de aquellos que percibieron el llamado de Dios en sus vidas. En la mayoría de las denominaciones pentecostales y evangélicas, los criterios para identificar a los líderes de las iglesias latinas no incluyen un alto nivel de educación formal; un sentido claro del llamado de Dios al ministerio y un talento demostrado para la tarea son lo importante. Esto encaja muy bien con la mayoría de los protestantes latinos, ya que la mayoría de las iglesias latinas en crecimiento requieren poca educación formal.

A lo largo de los años, los institutos bíblicos han sido los principales medios formales utilizados por los protestantes latinos para preparar a la próxima generación de líderes para el ministerio. (Muchos pastores latinos no tienen preparación formal y han sido formados para el ministerio a través de la tutoría de pastores experimentados y la capacitación en el trabajo.) El modelo de seminario, particularmente como ahora existe en los Estados Unidos, no se ajusta a la realidad de la mayoría pastores latinos. La educación formal acreditada en el seminario ha supuesto que los estudiantes obtengan un título de licenciatura (BA) y luego completen una maestría en divinidad. Debido a las limitaciones históricas educativas y financieras, y las realidades lingüísticas, muy pocos latinos podían ingresar al seminario.

El número de latinos involucrados en la educación formal en el seminario está creciendo a medida que aumenta el número de latinos con títulos BA. Pero incluso hoy, con el crecimiento de la comunidad latina y el protestantismo latino, los latinos constituyen solo el 6 por ciento de la población estudiantil de las escuelas de la Asociación de Escuelas Teológicas (ATS).[6] De los más de 270 seminarios ATS, solo 8 tienen más de ciento de estudiantes latinos, y 3 de esas escuelas se encuentran en Puerto Rico.[7] Entre los latinos, el 64 por ciento asisten a escuelas evangélicas, el 20 por ciento a seminarios históricos y el 16 por ciento a instituciones católicas. No obstante, se estima que la población estudiantil latina en las escuelas ATS continuará creciendo. Pero, dadas las tendencias actuales, es probable que la mayor parte de ese crecimiento ocurra en las escuelas evangélicamente orientadas.[8]

Históricamente, ha habido poca conexión entre los seminarios y los institutos bíblicos. Estas instituciones servían a diferentes grupos y tenían diferentes objetivos. Pero hace años la ATS instituyó la categoría de "estudiantes especiales", que permitía a los seminarios aceptar estudiantes que no tenían títulos de BA. Los seminarios podrían decidir si usar o no esta categoría y en qué circunstancias. Algunos lo usaron para inscribir estudiantes del instituto bíblico, o aquellos que habían estudiado en programas no acreditados; estos seminarios tendieron a aumentar su población estudiantil latina.

Pero muchos estudiantes latinos de seminario no se estaban preparando para el ministerio; ya estaban en el ministerio y buscaban educación continuada. También hubo quienes se dieron cuenta de que un título acreditado facilitaría la interacción con otros pastores y la comunidad local; era una forma de acreditación social. A medida que los latinos se movieron de los márgenes hacia el centro, muchos líderes se dieron cuenta de que un título de seminario les facilitaría encontrar un lugar entre sus compañeros del ministerio educados en el seminario.

Debido a que los institutos bíblicos a menudo tienen estructuras bastante informales, y debido a que generalmente enseñan en español, ha sido muy difícil para ellos considerar

---

[6] "2015–2016 Annual Data Tables," Association of Theological Schools, consultado el 23 de Marzo, 2017, http://www.ats.edu/uploads/resources/institutional-data/annual-data-tables/2015 -2016-annual-data-tables.pdf.

[7] Según los datos obtenidos por el autor directamente de la oficina ATS sobre la inscripción en las escuelas ATS, 2015.

[8] "Racial/Ethnic Students Represent Largest Growth Area for Theological Schools," Association of Theological Schools, consultado el 23 de Marzo, 2017, http://www.ats.edu/uploads/resources/publications-presentations/documents/racial-ethnic-growth.pdf.

la acreditación, incluso como un colegio bíblico. Algunos han pasado por el proceso de acreditación, como el Instituto Bíblico Bautista Mexicano en San Antonio, que ahora es la Universidad Bautista de las Américas, y el Instituto Bíblico Río Grande en Edinburg, Texas. Más recientemente, el Instituto Bíblico Latinoamericano (LABI) en La Puente, California, ha acreditado un título asociado de dos años. Pero varias de estas instituciones han mantenido partes de sus programas fuera del proceso de acreditación, como programas en español o programas de extensión. Son estos últimos programas los que a menudo son los más grandes y están preparando a la mayoría de las personas para el ministerio.

Otros institutos bíblicos han desarrollado acuerdos de articulación con seminarios en sus regiones para que sus graduados puedan inscribirse en ellos. Algunos seminarios también han desarrollado programas para ayudar a los estudiantes del instituto bíblico a abordar las deficiencias académicas para poder ingresar a ellos. Los seminarios que han estado abiertos a este tipo de opciones han visto crecer a su población estudiantil latina.

Otro tipo de esfuerzo ha sido crear un programa de "certificación" para institutos bíblicos que no podrían cumplir con los requisitos de acreditación, pero que podrían demostrar un nivel sólido de educación. Uno de los primeros fue desarrollado por la Asociación Teológica Hispana (ATH) junto con la ATS. Hasta el día de hoy, los institutos bíblicos en el sur de California pueden pasar por un proceso de certificación con la ATH. Aquellos que completen con éxito el proceso están certificados por tener programas sólidos y niveles de educación consistentes. Varios seminarios en el sur de California y en otros lugares aceptan graduados de estos programas certificados en programas de grado de seminario.

Un esfuerzo más reciente, a nivel nacional, se ha desarrollado a través de la Asociación para la Educación Teológica Hispana (AETH), nuevamente en conjunto con la ATS. Los institutos bíblicos que cumplen con los estándares académicos e institucionales están certificados por la AETH como enseñanza a nivel de bachillerato (licenciatura). Los seminarios de la ATS son libres de aceptar estudiantes de estos programas, sabiendo que han cumplido con los criterios aprobados por la ATS, a pesar de que no estudiaron en una institución acreditada. El objetivo es que este proceso de certificación abra la puerta para que más estudiantes latinos estudien en las escuelas de la ATS.[9]

Estos esfuerzos están abriendo nuevas puertas para los latinos, incluso mientras surgen nuevas preguntas. Las escuelas de la ATS están perdiendo a sus estudiantes tradicionales, a medida que las iglesias y denominaciones históricas continúan perdiendo miembros. Si Estados Unidos se convierte en un país de minoría mayoritaria durante la década de 2040, es probable que las iglesias estadounidenses vean ese cambio en la década de 2030, ya que son principalmente blancos los que se están secularizando y dejando iglesias. Pero debido a que las escuelas de la ATS también aceptan estudiantes internacionales, es probable que el cuerpo estudiantil de la ATS se convierta en una

---

[9] "Certification of Bible Institutes," Asociación para la Educación Teológica Hispana, 2015, http://www.aeth.org/en/certification-bible-institutes/.

minoría mayoritaria ya en la década de 2020. ¿Cómo responderán los seminarios a este cambio, particularmente en lo que respecta a los latinos y los latinoamericanos?

Por ejemplo, ¿cuántos seminarios aceptarán estudiantes de escuelas certificadas por AETH (o ATH)? ¿Los seminarios continuarán esperando que los estudiantes obtengan un título de BA como requisito previo para la admisión? ¿Cuántos seminarios ofrecerán programas en español, o al menos usarán el español como idioma de instrucción?

Por supuesto, la acreditación también plantea preguntas para los institutos bíblicos latinos. Si acreditan sus programas, ¿eliminan los tipos de personas que han entrenado en el pasado debido a nuevos requisitos educativos? Dado que es más fácil acreditar programas en inglés, ¿qué ocurre con los hispanohablantes? Y si sus programas acreditados son solo en inglés, ¿pueden competir con otros programas en inglés? ¿Deberían intentarlo? ¿La acreditación cambia el enfoque a un conjunto diferente de estudiantes? ¿Cuál es la contribución particular de una institución que ofrece los mismos programas, en el mismo idioma y en formatos similares a los de otras instituciones? Al acercarse al centro, las instituciones latinas tienen que preguntarse sobre su papel a largo plazo, algo que no tenían que abordar cuando trabajaban en la periferia.

Retos en el Futuro del Protestantismo Latina

El concepto "latino" siempre ha sido fluido. En *Caminando entre el pueblo*, este autor argumenta que las iglesias latinas muy probablemente atraerán personas con una fuerte identidad latina. Así que los problemas de adaptación, aculturación y asimilación estructural impactan a las iglesias protestantes latinas. Pero debido a que muchos latinos mantienen una fuerte identidad latina, parece probable que las iglesias latinas "tradicionales" continúen creciendo aunque más latinos asistan a iglesias "no latinas".

La identidad étnica tal como se define en una pregunta del censo y la identidad étnica como la vida cotidiana no necesariamente se alinean bien, particularmente en los bordes más asimilados de la identidad protestante latina. Hay una parte creciente de la comunidad latina para quienes gran parte de lo que se dice en este libro parecerá extraño, en el mejor de los casos, algo para "esa gente" y no para ellos mismos. Las preguntas sobre el futuro del protestantismo latino probablemente no tengan mucho sentido para aquellos que no han experimentado el protestantismo como un fenómeno "latino", o aquellos que perciben que las iglesias protestantes latinas son parte de su pasado, no su futuro.

Por supuesto, eso se vuelve más complicado porque hay latinos que tienen un fuerte sentido de identidad étnica pero que experimentan la fe protestante fuera de su "latinidad" o prefieren expresar su fe en ambientes intencionalmente multiculturales. Y también hay latinos para quienes estar en una iglesia latina es uno de los últimos claros indicadores de la identidad latina. Será mucho más fácil rastrear el futuro de aquellas partes del protestantismo latino que claramente se autoidentifican como tales. Pero la comunidad es mucho más compleja que eso. Este libro ha podido rastrear la historia de aquellos que se identificaron claramente como protestantes latinos. Otros tendrán que estudiar a los latinos que son protestantes, pero tal vez no vean su fe mediada por los lentes de su identidad étnica.

A medida que los latinos habiten en múltiples realidades, es evidente que el protestantismo latino también necesitará hacer "crecer" líderes que puedan ministrar en ese tipo de ambiente intercultural y multicultural. El protestantismo latino tiene una fuerte vitalidad espiritual, algo que necesita el protestantismo estadounidense. Pero las iglesias protestantes latinas también son espacios que ya son interculturales y, a menudo, transnacionales. Hay muchos líderes emergentes en las iglesias latinas que tienen estos dones y experiencias que serán cruciales para el desarrollo de iglesias interculturales. A medida que los protestantes latinos se vean a sí mismos como agentes de la misión de Dios en los Estados Unidos, podrán enviar a la sociedad en general una nueva generación de jóvenes latinos que traen consigo la vitalidad espiritual del sur vinculada a las habilidades interculturales y transnacionales aprendidas al ser gente policéntrica.

¿De qué manera el protestantismo latino continuará siendo claramente latino y claramente protestante? ¿O es esa la forma incorrecta de enmarcar la pregunta? En su artículo sobre la unificación de la Convención Bautista Hispana de Texas (HBCT) con la Convención Bautista General de Texas (BGCT), el ex presidente de la BGCT Alberto Reyes reconoce que los bautistas en Texas necesitarán tener una estrategia amplia al pensar cómo llegar a los latinos en su estado. Él está describiendo claramente una de las formas en que los protestantes latinos necesitarán pensar acerca de su misión en los próximos años.

> Para satisfacer las necesidades espirituales de nuestras cambiantes comunidades, los bautistas de Texas necesitarán continuar creciendo principalmente en congregaciones de habla hispana, congregaciones bilingües/biculturales, congregaciones encabezadas por hispanos de habla inglesa e iglesias anglohablantes que intencionalmente abran espacio para los hispanos. Las iglesias HBCT atienden las necesidades de aquellos que prefieren adorar y funcionar en un contexto de habla hispana, pero estas iglesias también tienen el potencial de llegar a congregaciones hispanas bilingües y biculturales, así como a congregaciones hispanas de habla inglesa.
>
> Los hispanos a lo largo de la continuidad de la aculturación encontrarán un lugar a la mesa en congregaciones de habla hispana, congregaciones bilingües/biculturales, congregaciones multiculturales y congregaciones predominantemente anglosajonas en Texas.[10]

Los diversos protestantismos que se han desarrollado entre los latinos probablemente continuarán expandiéndose y serán los generadores de nuevas expresiones y desarrollos

---

[10] Alberto Reyes, "Unification to Integration: A Brief History of the Hispanic Baptist Convention of Texas," *Baptist History and Heritage* 40, no. 1 (Winter 2005): 52–53.

en la comunidad protestante latina. El protestantismo latina está prosperando porque las personas nuevas han encontrado una nueva vida en nuevos encuentros de fe y han llevado esas expresiones en nuevas direcciones. Si uno piensa en la naturaleza fluida de la identidad latina, los cambios dinámicos en el protestantismo y las nuevas expresiones protestantes en América Latina, uno probablemente encontrará que sus intersecciones continuarán creando una creciente diversidad dentro del protestantismo latino.

Lo que parece probable de los patrones que se han desarrollado tanto entre los protestantes latinos como en el protestantismo latinoamericano, es que el protestantismo latino continuará siendo más pentecostal, más carismático y teológicamente más conservador que el protestantismo estadounidense en general. Ya hay una presencia latina en todas las formas de protestantismo estadounidense, incluidas las denominaciones históricamente negras y las denominaciones liberales con una abrumadora membresía blanca, pero los patrones actuales parecen indicar que la comunidad continuará sesgando fuertemente hacia las iglesias pentecostales/carismáticas y la mayoría de las otras iglesias protestantes crecientes tenderán a ser pentecostalizadas, al menos en estilo de adoración. Debido al probable crecimiento dinámico continuo de las iglesias en el Sur Global, también se puede anticipar que los protestantes latinos a menudo reflejarán la misma dinámica espiritual.

El paraguas de denominaciones y movimientos llamado protestantismo proporciona mucho espacio para la diversificación continua de protestantismos latinos. Algunas formas se parecerán mucho a sus contrapartes de la cultura dominante. La mayoría de los protestantes latinos se verán como variaciones culturalmente específicas de sus colegas denominacionales de la cultura dominante. Pero también habrá un número creciente de nuevas expresiones que encajarán bajo el paraguas protestante, pero que tendrán expresiones latinas o latinoamericanas muy claras.

El número de iglesias protestantes latinas claramente identificables continúa creciendo, particularmente en las denominaciones pentecostales. Además, los nuevos movimientos entre las latinas probablemente se volverán reconocibles como denominaciones en el futuro, y crecerán y se desarrollarán, particularmente en áreas con una gran concentración de latinos y donde hay nuevos inmigrantes. Estas iglesias claramente identificables probablemente continuarán siendo el núcleo de lo que llamamos protestantismo latino.

La mayoría de las iglesias protestantes latinas ya son más diversas de lo que podría suponer la mayoría que los ven desde fuera. Tienen personas de muchos antecedentes nacionales y, a menudo, también incluyen hispanohablantes no latinos y personas que se ha casado con alguien en la comunidad. También reflejan la diversidad racial y étnica de la realidad latinoamericana. Son interculturales, dentro del marco de la experiencia global latina.

Pero debido a que la mayoría de ellos adoran en español o se identifican como iglesias latinas, no se los percibe como multiculturales o interculturales. Algunas iglesias son más intencionales en no identificarse como iglesias latinas, a pesar de que sus servicios son en español. Más comúnmente las iglesias cambian el nombre de la iglesia al inglés y llevan a cabo servicios tanto en inglés como en español. Otros conservan el nombre español pero se llaman a sí mismos iglesia en inglés. Debido a que la mayoría de estas iglesias se encuentran en comunidades predominantemente latinas o tienen una larga historia entre los latinos, claramente continúan siendo predominantemente iglesias latinas. Pero las líneas continúan difuminándose.

Latinas como Protestantes Estadounidenses

Evidentemente, los protestantes latinos tienen un papel más importante en aquellas denominaciones en las que su número aumenta más y donde son una parte significativa de la membresía total. Pero los latinos también acuden en masa a las iglesias donde se sienten más bienvenidos y donde el mensaje les habla directamente. Existe una clara relación entre el crecimiento en el número de latinos y el papel que desempeñan en las iglesias a las que se unen. Esto confirma los datos de Pew citados anteriormente que dicen que los latinos prefieren ir a iglesias que tienen un clero latino, una presencia latina y servicios en español (independientemente de si asisten o no a esos servicios).

Pero, a pesar de la creciente presencia de protestantes latinos, hasta ahora parece que el papel más significativo que los latinos han desempeñado en la mayoría de las denominaciones protestantes en Estados Unidos es proporcionar crecimiento numérico. Los latinos han estado al margen de la mayoría de las principales discusiones denominacionales, debates y decisiones de los últimos años. Las denominaciones históricas con una larga historia en la comunidad latina hablan sobre la importancia de la diversidad étnica, pero son más blancas que la población estadounidense en general y generalmente no han tenido en cuenta las voces de las minorías étnicas al tomar decisiones importantes.

En las denominaciones donde los latinos tienen una mayor presencia en puestos de liderazgo, aún no está claro qué impacto tendrán. Están ganando una plataforma, pero está por verse cómo se usará la plataforma. Hay un número creciente de líderes latinos y otros líderes pentecostales y evangélicos, que esperan que los latinos sirvan como base para la renovación espiritual entre los protestantes estadounidenses. Quienes oran por este impacto quieren que la vitalidad espiritual de las iglesias del sur tenga un impacto en las iglesias de los Estados Unidos. Esperan que los latinos mantengan esa dinámica espiritual incluso cuando se ven afectados por las influencias seculares de la vida en los Estados Unidos.

Pero aún no está claro que los protestantes blancos estén listos para escuchar y aprender de sus hermanas y hermanos latinos, incluso en aquellas denominaciones en las que los latinos representan un porcentaje significativo de la membresía. Hasta la fecha, la mayoría de las denominaciones protestantes todavía ven a los latinos principalmente como un campo de misión y no como socios potenciales en la misión. ¿Brindarán los latinos su vitalidad a las iglesias del norte, o adoptarán las formas más nominales de sus contrapartes de la cultura dominante?

Los protestantes latinos también tienen otras experiencias para ofrecer a las comunidades protestantes estadounidenses más grandes. Han vivido al margen del poder; han vivido una fe cristiana donde Dios es una parte activa de sus vidas; han vivido en realidades interculturales; han aprendido a ministrar con presupuestos limitados; han construido un sentido de familia en sus congregaciones; y pueden ofrecer a los protestantes de EE. UU. muchas otras cosas necesarias para ser fiel en un mundo poscristiano. ¿Estas contribuciones potenciales serán reconocidas y valoradas? Eso está por verse.

Rostros del Futuro

A medida que los protestantes latinos miran hacia su futuro, deben mirar en múltiples direcciones. Por un lado, la migración ha sido y continuará siendo una de las fuentes de crecimiento para las iglesias protestantes latinas. La eterna "primera generación" seguirá siendo uno de los pilares del protestantismo latino.

A medida que los protestantes latinos continúen expresando su fe y anden en el poder del Espíritu, continuarán invitando a otros a la fe. El protestantismo latino probablemente continuará teniendo un fuerte testimonio de conversión. Las iglesias latinas continuarán teniendo una gran cantidad de personas que darán testimonio de cómo Dios intervino y trajo un cambio transformador en sus vidas quebrantadas y cómo Dios los transformó a ellos y a sus familias y amigos.

Pero las iglesias protestantes latinas también necesitarán mantener a muchos de sus jóvenes y adultos emergentes. Esto plantea preguntas importantes que aún no se han respondido sobre la fe de la juventud latina. El único estudio importante de las tendencias religiosas de los jóvenes latinos se realizó como parte del Estudio Nacional de la Juventud y la Religión 2002-2008. *Pathways of Hope and Faith among Hispanic Teens: Pastoral Reflections and Strategies Inspired by the National Study of Youth and Religion* [Caminos de Esperanza y Fe Entre los Adolescentes Hispanos: Reflexiones Pastorales y Estrategias Inspiradas por el Estudio Nacional de la Juventud y la Religión][11] brindó una forma de utilizar lo que se aprendió para el ministerio entre los jóvenes latinos. El Instituto Fe y Vida,[12] un instituto nacional católico sin fines de lucro, participó en el estudio y ha seguido desarrollando materiales para el ministerio entre los latinos adultos emergentes. Pero existe la necesidad de un nuevo estudio exhaustivo de la fe de este importante segmento de la población de EE. UU.

Los mileniales latinos son una parte crucial de las comunidades latinas y de la población de EE. UU. en general. Constituyen el 21 por ciento de todos los mileniales

---

[11] Ken Johnson-Mondragon, ed., *Pathways of Hope and Faith among Hispanic Teens: Pastoral Reflections and Strategies Inspired by the National Study of Youth and Religion* (Stockton, CA: Instituto Fe y Vida, 2007).

[12] Vea el sitio web de la organización en http://www.feyvida.org.

estadounidenses y el 25 por ciento de la población latina.[13] Comparten muchas similitudes con los mileniales de la cultura dominante, incluido un crecimiento en el número de nones.[14] Pero también son bastante diferentes, particularmente los que son nacidos en el extranjero. En general, tienen una visión mucho más positiva del futuro de los Estados Unidos y de su papel en él. Los mileniales latinos creen en el sueño americano y quieren ser parte de él. Consideran que la educación es más importante que sus contrapartes de la cultura dominante. Pero, en general, también son muy diferentes en su transición a la edad adulta. Debido a las necesidades de la familia y su difícil ubicación social, muchos jóvenes latinos tienen que asumir las responsabilidades de la edad adulta mucho antes que sus contrapartes de la cultura mayoritaria. Además, cuestiones como la inmigración directa o indirectamente afectan a muchos de ellos. Debido a que son parte de una comunidad minoritaria, también están en el proceso de desarrollar identidades policéntricas.

Son estos jóvenes, tanto nacidos en los Estados Unidos como en el extranjero, quienes desempeñarán un papel clave en la iglesia protestante latina del futuro. Entre los nuevos migrantes, los mileniales latinos también jugarán un papel clave en los futuros del protestantismo latino. Sean latinos nacidos en Estados Unidos, latinos estadounidenses o mileniales de ascendencia latina, serán las caras del protestantismo latina. Es probable que sea posible distinguir entre ellos, incluso cuando caminan bajo el mismo paraguas.

Entonces, ¿cómo será la próxima generación de líderes protestantes latinos? Dados los patrones de la comunidad hacia el siglo XXI, es claro que habrá muchos tipos de líderes, representando la diversidad étnica, cultural y teológica que es la comunidad protestante latina. Pero es probable que aquellos con un liderazgo reconocido, con una clara identidad latina, compartan una serie de características.

- Estos líderes poseerán un fuerte sentido del encuentro con Dios. Aquellos que liderarán una comunidad espiritualmente dinámica tendrán un sentido del trabajo de Dios en sus vidas. Los líderes protestantes latinos del futuro serán personas que creen en el futuro de Dios.
- Estos líderes estarán influenciados por el dinamismo espiritual del sur, pero con un claro deseo de aprender del norte. Interactuarán con ambos y trabajarán para incorporar ambas influencias en sus vidas y ministerios.
- Estos líderes tenderán a tener experiencias de vida transnacionales, ya sea porque nacieron en el sur, porque pasaron tiempo allí o porque fueron fuertemente influenciados por personas del sur.

---

[13] Eileen Patten, "The Nation's Latino Population Is Defined by Its Youth," Pew Research Center, Abril 20, 2016, http://www.pewhispanic.org/2016/04/20/the-nations-latino-population-is-defined-by-its-youth/.

[14] Véase "The Shifting Religious Identity of Latinos in the United States," Pew Research Center, Mayo 7, 2014, http://www.pewforum.org/2014/05/07/the-shifting-religious-identity-of -latinos-in-the-united-states/.

- Debido a que tienen una clara sensación de ser parte de una comunidad minorizada, estos líderes habrán desarrollado naturalmente una identidad policéntrica. Ellos, implícitamente, sabrán cómo tratar con personas de diferentes culturas y tenderán a tener buenas habilidades interculturales, aprendidas a través de la experiencia de la vida.
- La mayoría de estos líderes tendrán una fuerte sensación de ser parte de una familia extendida o de una red, pero también estarán fuertemente influenciados por el individualismo estadounidense. El impacto de ambos influirá en cómo se ven a sí mismos y cómo piensan acerca de la vida y el ministerio.
- Estos líderes reconocerán la importancia de la educación, pero también reconocerán las limitaciones de una educación de calidad. Muchos de ellos tendrán títulos universitarios, pero su preparación para el ministerio generalmente habrá comenzado con mentores y capacitación en el trabajo. Un porcentaje significativo se destinará a un instituto bíblico no acreditado, incluso si tienen títulos universitarios y de seminario.

Así que, el protestantismo latina tiene un futuro dinámico. Se verá diferente del pasado, así como cada etapa de la experiencia latina ha cambiado la faz de las iglesias protestantes. Sin embargo, estos líderes emergentes escucharán el llamado de Dios y llevarán la misión en el poder del Espíritu Santo como sus antepasados espirituales. Y así la historia continúa.

Pensamientos Concluyent[es]: una Historia Viv[a]

La historia del protestantismo latino es la historia de cómo nuestr[o ...] nuestro futuro y cómo nuestra experiencia presente reinterpreta nuestras raíces y nuestros recuerdos. En varios momentos en los últimos 160 años o más, los protestantes latinos no han parecido agentes, sino personas que se han convertido en parte de movimientos que existen debido a la acción de otros. Hasta el día de hoy, un gran porcentaje de protestantes latinos son conversos, personas que encontraron una nueva forma de expresar su fe en Jesucristo debido al fervor evangelístico de los demás. Pero también confiesan que este encuentro los ha llamado a la acción. Dios usó este medio para ayudarlos a encontrar esta expresión de fe, y ahora buscan vivirla e invitar a otros a esa expresión y fe vivida.

Esta historia ha sido enmarcada por cuatro temas: historia, migración, fe religiosa e identidad sociocultural, y una quinta, el trabajo del Espíritu Santo, que ha dado forma a quiénes son los protestantes latinos. Viven en la encrucijada de diversas influencias y encuentros que los han convertido en lo que son y continúan moldeando sus identidades dinámicas. Como se ve a lo largo del libro, los encuentros no han sido indoloros, y esta identidad abarca múltiples lados de las complejas experiencias que la han configurado.

Los eventos históricos de conquista, expansión e intervención continúan enmarcando la identidad latina y una identidad específicamente protestante latina. Debido a que la historia de los latinos desmiente el mito nacional de la migración completamente voluntaria y al otro mito de que Estados Unidos es un país que (siempre) acoge a los inmigrantes, esta historia probablemente continuará siendo impugnada. No se ajusta a la narrativa nacional de este país, ni a la narrativa tradicional protestante, hablar de conquista y de evangelización como americanización, por lo que es poco probable que la historia de la conquista se vuelva parte de cómo Estados Unidos se describe a sí mismo, ni la mayoría de los protestantes de EE. UU. reconocerán el papel de la americanización en su trabajo de misión entre las latinas.

Por lo tanto, los latinos seguirán siendo percibidos como invisibles o al menos subrepresentados en la sociedad. Esto es particularmente cierto para aquellos de Puerto Rico, un lugar cuya identidad es vaga y cuya existencia está siendo definida por otros. Esto también contradice el mito nacional, ya que es una prueba de que Estados Unidos es uno de los países que todavía tiene colonias, aunque lo niegue.

¿Cómo viven los latinos en una realidad en la que tienen que reconocer que son la cosecha del imperio y que se han convertido en ciudadanos estadounidenses debido a la intervención de Estados Unidos en las Américas? Sea la expansión imperial española o las intervenciones estadounidenses en América Latina las latinas tienen que reconocer tanto las hijas de los oprimidos como de los opresores. Los latinos han sido oprimidos, pero también se han beneficiado de las varias opresiones. Y así continúan viviendo en esa complejidad. La fe protestante latina también nació en esa experiencia compleja.

La continua falta de claridad sobre Puerto Rico crea un oleoducto continuo para la migración desde la isla hacia el continente. El futuro incierto de Cuba ha mantenido la migración desde esa isla a un alto nivel. La violencia en América Central ha hecho la vida allí intolerable para muchos. La cambiante situación económica en México no está desconectada de la retórica antiinmigrante de las elecciones presidenciales de 2016. Aunque un presidente anterior (Clinton) comenzó a construir una valla entre Estados Unidos y México, y otro presidente anterior (Obama) practicó una política de deportaciones masivas, y el actual presidente (Trump) llama a construir una cerca más completa en toda la frontera Estados Unidos-México y un programa de deportación masivo, los Estados Unidos continúan vinculados a América Latina y la identidad latina está permanentemente vinculada a todas las Américas. Aunque Estados Unidos parece olvidar su "patio trasero", excepto cuando hay una crisis, los países del continente americano (norte y sur) están vinculados a un futuro común. Los flujos migratorios al norte y al sur pueden disminuir a veces, pero es poco probable que cesen.

No se puede contar la historia del protestantismo latina sin recordar esta dolorosa historia. La identidad latina se creó en medio de la expansión europea hacia las Américas y luego de la expansión de los EE. UU. al oeste y al sur. Los primeros latinos se convirtieron en ciudadanos estadounidenses, no a causa de la migración, sino a causa de la conquista y la expansión territorial. Esa realidad se refleja en los nombres de las ciudades y estados en el sudoeste y está integrada en el subconsciente de los Estados Unidos.

Pero los latinos también son migrantes. Las Américas han sido pobladas por ola tras ola de migrantes. Los primeros "latinos" vinieron de España hace siglos, como parte del imperio español en expansión, en lo que ahora es el sudoeste de Estados Unidos, y muchos se casaron con las comunidades nativas que ya vivían allí. La mayoría de los latinos rastrean su linaje hasta algún antepasado que se movió hacia el norte con sueños y aspiraciones, o que quiso huir de la realidad inestable en su país de origen (una situación a menudo creada, directa o indirectamente, por la intervención de los Estados Unidos). Ser latina se ha expandido con cada ola migratoria a lo largo de la historia de los Estados Unidos y continúa expandiéndose con la llegada de aquellos que cruzaron la frontera mientras se lee este libro.

Debido a que muchos latinos son migrantes o descendientes de migrantes, y debido a que la mayoría de los identificados como latinos continúan manteniendo una identidad de cultura minoritaria claramente identificable, los latinos tienen que preguntarse qué significa tener una identidad transnacional y policéntrica. Históricamente, los latinos han sido objetos de estudios que preguntan cómo se "ajustan" o "asimilan" a la cultura mayoritaria. Pero los latinos necesitan continuar preguntando quiénes son en un mundo cambiante.

Al completar esta reflexión sobre los cuatro temas principales –historia, migración, fe religiosa e identidad sociocultural– se pueden nombrar muchas cosas que son particulares sobre la experiencia latina. Pero también se debe reconocer que la experiencia latina se está volviendo más "normativa" entre otras minorías y pueblos migrantes. En todo el mundo, las personas se mueven y encuentran que pueden prosperar mejor si desarrollan identidades transnacionales que reflejan su experiencia de migración, pero también su experiencia vivida en un mundo globalizado. ¿Es la experiencia latina algo que se "asimila" mejor en la cultura mayoritaria en los Estados Unidos, o podría ser un modelo de cómo avanzar en un mundo que cambia rápidamente?

Sin embargo, esta historia es también un testimonio de la fe de las generaciones y de la creencia de que Dios está obrando en el mundo a través del poder del Espíritu Santo. Es una historia de las iglesias del sur en el medio del norte. Debido a que estas iglesias existen en medio de un entorno religioso cambiante en los Estados Unidos, aún está por verse si traerán revitalización religiosa a los Estados Unidos o se secularizarán más, al igual que sus contrapartes de la cultura mayoritaria.

Pero debido a que también están vinculados a América Latina, los protestantes latinos tienen que preguntar sobre la posible influencia a largo plazo de un Papa latinoamericano. ¿Se revitalizará la fe católica en América Latina? ¿Esta potencial revitalización influirá en el crecimiento del protestantismo en la región? ¿Los latinos católicos revitalizados tendrán una influencia en la Iglesia Católica en los Estados Unidos?

Uno no puede contar esta historia sin contar la historia de la fe cambiante de los Estados Unidos y de América Latina. En este punto, los protestantes latinos son un movimiento en crecimiento y están teniendo cierto impacto en las denominaciones evangélicas y pentecostales en los Estados Unidos. ¿Continuarán estas tendencias? ¿Qué impacto tendrán en el cambiante paisaje religioso de los Estados Unidos?

Claramente, los protestantes latinos tienen mucho que aportar al protestantismo en los Estados Unidos. Pero, ¿el protestantismo estadounidense reconocerá el valor de esas contribuciones? ¿Tendrá cabida para los latinos, como latinos, o solo tendrá espacio para aquellos que "dejen su identidad latina a la puerta" o se asimilan a la cultura mayoritaria?

Internamente, las iglesias protestantes latinas tienen que seguir viviendo en la realidad de que un número significativo de protestantes latinos siempre serán inmigrantes y que un porcentaje significativo continuará siendo indocumentado. ¿Cómo se puede continuar viviendo en los márgenes mientras se quiere influir en el centro? ¿Qué significa ser una iglesia que vive en la ilegalidad? ¿Cómo encaja uno en una sociedad más grande cuando un segmento de la comunidad no puede entrar en las estructuras sociales?

Pero como un pueblo minorizado con un porcentaje significativo de inmigrantes, los latinos necesitan convertirse en sujetos de su propia experiencia. Puede significar que encajar en el protestantismo estadounidense incluye convertirse en misioneros a comunidades cristianas nominales y profetas a un protestantismo que a menudo ha servido como capellán de las aventuras imperialistas de Estados Unidos.

Por supuesto, la identidad protestante latina está estrechamente relacionada con la claridad de la identidad latina en los Estados Unidos. Los latinos se encuentran en medio de otras personas, incluso en lugares donde son mayoría, como el sur de California, el norte de Nuevo México y el sur de Texas. ¿La interacción con otros grupos y los matrimonios mixtos significarán el final de una identidad latina claramente identificable? ¿Se convertirán en una minoría étnica más en los Estados Unidos que solo tiene un recuerdo simbólico de su identidad y de su pasado?

Así que este libro termina donde comenzó. Los asuntos que formaron la identidad protestante latina continúan siendo fluidos. Muchas de las preguntas planteadas por esa identidad en el siglo XIX continúan planteándose en el siglo XXI. Los protestantes latinos continúan existiendo y prosperando en la encrucijada de las influencias que los crearon y continúan marcándolos y de las influencias que podrían absorber sus características particulares dentro de algo más grande. El final de una identidad distintiva ha sido profetizado muchas veces a lo largo de la historia del protestantismo latino, y sin embargo, los protestantes latinos continúan existiendo. Las iglesias protestantes latinas hoy se ven muy diferentes de las congregaciones de Ambrosio González, Blas Chávez, Alejo Hernández y mi tatarabuela Rafaela. Sin embargo, el protestantismo latina continúa creciendo.

Por supuesto, nuestros antepasados del siglo XIX no podrían haber predicho los cambios descritos en este libro. Puede que no nos reconocerían de inmediato, pero escucharían las historias de conversión, de fe personal, de lectura de la Biblia, de invitar a otros a la fe y reconocerían que son la "nube de testigos" que se regocijan por lo que nos hemos llegado a ser. Rafaela tomó una decisión que ha tenido repercusiones durante generaciones. Todavía está por verse qué impacto tendrá una nueva generación en esta historia viviente.

Obras Citadas

Nota: el autor ha publicado bajo los nombres de Juan Martínez, Juan Francisco Martínez y Juan Francisco Martínez Guerra.

American Baptist Publication Society. *Baptist Almanac*. Philadelphia: American Baptist Publication Society, 1851.

Atkins-Vasquez, Jane. *Hispanic Presbyterians in Southern California: One Hundred Years of Ministry*. Los Angeles: Synod of Southern California and Hawaii, 1988.

Barber, Ruth Kerns, and Edith J. Agnew. *Sowers Went Forth: The Story of Presbyterian Missions in New Mexico and Southern Colorado*. Albuquerque: Menaul Historical Library of the Southwest, 1981.

Bardacke, Frank. *Trampling Out the Vintage: Cesar Chavez and the Two Souls of the United Farm Workers*. New York: Verso, 2011.

Barton, Paul. *Hispanic Methodists, Presbyterians, and Baptists in Texas*. Austin: University of Texas Press, 2006.

Bastian, Jean-Pierre. *La mutación religiosa de América Latina para una sociología del cambio social en la modernidad periférica*. Mexico City: Fondo de Cultura Económica, 1997.

Betancourt, Esdras. *En el espíritu y poder de Pentecostés: Historia de la Iglesia de Dios Hispana en Estados Unidos*. Cleveland, TN: Vida Publication and Centro Estudios Latinos Publicaciones, 2016.

"Between Two Worlds: How Young Latinos Come of Age in America." Pew Research Center. Diciembre 11, 2009. Actualizado Julio 1, 2013 http://www.pewhispanic.org/2009/12/11/between-two-worlds-how-young-latinos-come-of-age-in-america/.

Brackenridge, R. Douglas, y Francisco O. García-Treto. *Iglesia Presbiteriana: A History of Presbyterians and Mexican Americans in the Southwest*. San Antonio: Trinity University Press, 1974.

Brettell, Caroline B., y James F. Hollifield. *Migration Theory: Talking across Disciplines*. New York: Routledge, 2015.

Buffington, Sean T. "Dominican Americans." Countries and Their Cultures. Consultado Marzo 20, 2017. http://www.everyculture.com/multi/Bu-Dr/Dominican-Americans.html. Cather, Willa. *Death Comes for the Archbishop*. New York: Knopf, 1927.

Changing Faiths: Latinos and the Transformation of American Religion. Washington, DC: Pew Research Center, 2007. http://www.pewforum.org/files/2007/04/hispanics-religion-07-final-mar08.pdf.

"Colombian Diaspora in the United States, The." Migration Policy Institute. Consultado Mayo 2015. http://www.migrationpolicy.org/sites/default/files/publications/RAD-ColombiaII.pdf.

Cordova, Lou. *Directory of Hispanic Protestant Churches in Southern California*. Pasadena, CA: AHET, 1986.

Costas, Orlando E. *Christ outside the Gate: Mission beyond Christendom*. Maryknoll, NY: Orbis, 1982.

_____*Liberating News: A Theology of Contextual Evangelization*. Grand Rapids: Eerdmans, 1989.

Craig, Robert M. *Our Mexicans*. New York: Board of Home Missions of the Presbyterian Church, USA, 1904.

Darley, Alex M. *Passionists of the Southwest: Or the Holy Brotherhood*. Reprint. Glorieta, NM: Rio Grande Press, 1968.

Davis, Kenneth. "Brevia from the Hispanic Shift: Continuity Rather Than Conversion?" In *An Enduring Flame: Studies on Latino Popular Religiosity*, edited by Antonio M.

Stevens Arroyo y Ana Maria Diaz-Stevens, 205–10. *PARAL Studies Series, vol. 1*. New York: Bildner Center for Western Hemisphere Studies, 1995.

De La Torre, Miguel A., y Edwin David Aponte. *Introducing Latino/a Theologies*. Maryknoll, NY: Orbis, 2001.

Dias, Elizabeth. "¡Evangélicos!" *Time*, Abril 15, 2013. "The Rise of Evangélicos." *Time*, Abril 4, 2013. http://nation.time.com/2013/04/04/the-rise-of-evangelicos/.

Díaz, Benjamín. "Compendio de la historia de la Convención Bautista Mexicana de Texas." Manuscripto inédito, n.d.

Driver, Juan. *La fe en la periferia de la historia: Una historia del pueblo cristiano desde la perspectiva de los movimientos de restauración y reforma radical*. Guatemala City: Ediciones Semilla, 1997.

Duany, Jorge. "The Puerto Rican Diaspora to the United States: A Postcolonial Migration?" Trabajo presentado en el taller sobre Inmigración e Identidad Postcolonial Formación en Europa desde 1945: Hacia una perspectiva comparativa, International Institute of Social History, Amsterdam, Noviembre 7–8, 2008. https://centropr.hunter.cuny.edu/sites/default/files/past_events/Jorge_Duany_Puerto_Rican_Diaspora.pdf.

Dussel, Enrique, y Comisión de Estudios de Historia de la Iglesia en Latinoamérica. *Historia general de la iglesia en América latina*. Salamanca, Spain: Sígueme, 1983.

"El español: Una lengua viva: Informe 2016." Instituto Cervantes. 2016. http://cvc.cervantes.es/lengua/espanol_lengua_viva/pdf/espanol_lengua_viva_2016.pdf.

Ennis, Sharon R., Merarys Rios-Vargas, y Nora G. Albert. "The Hispanic Population: 2010." *2010 Census Brief*. United States Census Bureau. Mayo 2011. http://www.census.gov/prod/cen2010/briefs/c2010br-04.pdf.

Espinosa, Gastón. *Latino Pentecostals in America: Faith and Politics in Action*. Cambridge, MA: Harvard University Press, 2014.

Espinosa, Gastón, Virgilio P. Elizondo, y Jesse Miranda. *Hispanic Churches in American Public Life: Summary of Findings*. Notre Dame: Institute for Latino Studies, University of Notre Dame, 2003.

"Fact Sheet: Hispanic Catholics in the U.S." CARA at Georgetown University. Accessed Marzo 29, 2017. http://cara.georgetown.edu/staff/webpages/Hispanic%20Catholic%20Fact%20Sheet.pdf.

Feldman, Noah. "Supreme Court Affirms That Puerto Rico Is Really a U.S. Colony." Bloomberg View, Junio 14, 2016. https://www.bloomberg.com/view/articles/2016-06-14/supreme-court-affirms-that-puerto-rico-is-really-a-u-s-colony.

Fernández-Amesto, Felipe. *Our America: A Hispanic History of the United States*. New York: Norton, 2014.

Francis, E. K. "Padre Martinez: A New Mexican Myth." New Mexico Historical Review 31 (October 1956).

García Verduzco, Pablo. *Bosquejo histórico del Metodismo Mexicano*. Nashville: Cokesbury Press, 1933.

Gibson, Campbell, y Kay Jung. "Historical Census Statistics on Population Totals by Race, 1790 to 1990, and by Hispanic Origin, 1970 to 1990, for Large Cities and Other Urban Places in the United States." United States Census Bureau. Population Division. Working Paper no. 76. February 2005.

https://www.census.gov/population/www/documentation/twps0076/twps0076.pdf

Gonzalez, Juan. *Harvest of Empire: A History of Latinos in America*. New York: Viking Penguin, 2000.

González, Justo L. *Mañana: Christian Theology from a Hispanic Perspective*. Nashville: Abingdon, 1990.

_____*Santa Biblia: The Bible through Hispanic Eyes*. Nashville: Abingdon, 1996.

González, Justo L., ed. *¡Alabadle! Hispanic Christian Worship*. Nashville: Abingdon, 1996.
, ed. *En nuestra propia lengua: Una historia del metodismo unido hispano*. Nashville: Abingdon, 1991.

Gonzalez-Barrera, Ana. "More Mexicans Leaving Than Coming to the U.S." Pew Research Center. November 19, 2015. http://www.pewhispanic .org /2015 /11/19/more-mexicans-leaving-than-coming-to-the-u-s/.

Gonzalez-Barrera, Ana, and Jens Manuel Krogstad. "U.S. Deportations of Immigrants Reach Record High in 2013." Pew Research Center. October 2, 2014. http://www.pewresearch.org/fact-tank/2014/10/02/u-s-deportations-of-immigrants-reach-record-high-in-2013/.

Grebler, Leo, Joan W. Moore, and Ralph C. Guzman. *The Mexican-American People: The Nation's Second Largest Minority*. New York: Free Press, 1970.

Grijalva, Joshua. *A History of Mexican Baptists in Texas, 1881–1981*. Dallas: Baptist General Convention of Texas, 1982.

"Guide to the Home Missions Council of North America Records." Presbyterian Historical Society. Consultado Marzo 29, 2017.

http://www.history.pcusa.org/collections/research-tools/guides-archival-collections/ncc-rg-26.

Gutiérrez, David G., ed. *The Columbia History of Latinos in the United States since 1960*. New York: Columbia University Press, 2004.

Hagan, Jacqueline Maria. *Migration Miracle: Faith, Hope, and Meaning on the Undocumented Journey*. Cambridge, MA: Harvard University Press, 2008.

Hamilton Garmany Horton File. Southwest Texas Conference, United Methodist Church Archives. San Antonio, n.d.

Harwood, Thomas. *History of the New Mexico Spanish and English Missions of the Methodist Episcopal Church from 1850–1910. 2 vols*. Albuquerque: El Abogado Press, 1908.

Hodgson, Roberto. "History of the Hispanic Church of the Nazarene in the United States and Canada." Trabajo presentado en la Conferencia Teológica Iberoamericana, San José, Costa Rica, 18 de octubre de 2004. http://didache.nazarene.org/index.php/regiontheoconf/ibero-amertheo-conf/507-iberoam04-eng-24-usa-canada/file.

Hoffman, Pat. *Ministry of the Dispossessed: Learning from the Farm Worker Movement*. Los Angeles: Wallace Press, 1987.

Holland, Clifton L. "Appendix II: A Statistical Overview of the Hispanic Protestant Church in the USA, 1921–2013." In *The Hispanic Evangelical Church in the United States: History, Ministry, and Challenges*, edit. Samuel Pagan, 495–517. Sacramento: NHCLC, 2016.
_____*The Religious Dimension in Hispanic Los Angeles: A Protestant Case Study*. South Pasadena, CA: William Carey Library, 1974.

_____"Table of 20 Largest Hispanic Denominations in the USA: By Number of Congregations, 1993." *PROLADES*. 1993. http://www.hispanicchurchesusa.net/hsusa2.htm.

Holland, Clifton L., comp. "A Chronology of Significant Protestant Beginnings in Hispanic Ministry in the USA." *PROLADES*. Última consulta Julio 31, 2003. http://www.prolades.com/historical/usa-hisp-chron.pdf.

Holland, Clifton L., ed., comp., producer. "Historical Profiles of Protestant Denominations with Hispanic Ministries in the USA: Listed by Major Traditions and

Denominational Families." *PROLADES*. Última consulta Agosto 15, 2012. http://www.hispanicchurchesusa.net/denominations/hsusa_historical_profiles_15August2012.pdf.

Home Missions Council. *Eighteenth Annual Report of the Home Missions Council and Council of Women for Home Missions*. New York: Home Missions Council, 1925.
    Fifteenth Annual Report of the Home Missions Council and Council of Women for Home Missions. New York: Home Missions Council, 1922.
    Fourteenth Annual Meeting of the Home Missions Council and Council of Women for Home Missions. New York: Home Missions Council, 1921.

Houston 85: The National Convocation on Evangelizing Ethnic America. April 15–18, 1985. Conference documents. Hunt, Larry L. "The Spirit of Hispanic Protestantism in the United States: National Survey Comparisons of Catholics and Non-Catholics." Social Science Quarterly 79, no. 4 (December 1998): 828–45.

"Iglesia Presbiteriana (E.U.A.)/Presbyterian Church (USA) Directorio Nacional Ministerios Hispano/Latinos Presbiterianos National Hispanic/Latino Presbyterian Ministries Directory: Iglesias, Misiones, Caucuses, Organizaciones, Liderato, Seminarios y Comités." Louisville: Oficina de Apoyo Congregacional Hispana/Latina Ministerios Etnico Raciales, and Agencia Presbyteriana de Mision/Presbyterian Mission Agency, 2015. http://www.presbyterianmission.org/wp-content/uploads/National-Hispanic-Latino-Presbyterian-Min-Directory.pdf.

Jiménez, Pablo. "Hispanics in the Movement." En *The Encyclopedia of the Stone-Campbell Movement*, editado por Douglas A. Foster, Paul M. Blowers, Anthony L. Dunnavant, y D. Newell Williams, 396–99. Grand Rapids: Eerdmans, 2004.

Johnson-Mondragon, Ken, ed. *Pathways of Hope and Faith among Hispanic Teens: Pastoral Reflections and Strategies Inspired by the National Study of Youth and Religion*. Stockton, CA: Instituto Fe y Vida, 2007.

Kellogg, Harriet S. *Life of Mrs. Emily J. Harwood*. Albuquerque: El Abogado Press, 1903.

Krogstad, Jens Manuel. "With Fewer New Arrivals, Census Lowers Hispanic Population Projections." Pew Research Center. December 16, 2014. http://www.pewresearch.org/fact-tank/2014/12/16/with-fewer-new-arrivals-census-lowers-hispanic
-population-projections-2/.

Krogstad, Jens Manuel, and Mark Hugo Lopez. "Hispanic Nativity Shift." Pew Research Center. April 29, 2014. http://www.pewhispanic.org/2014/04/29/hispanic

-nativity-shift/.

"Hispanic Population Reaches Record 55 Million, but Growth Has Cooled." Pew Research Center. June 25, 2015. http://www.pewresearch.org/fact-tank/2015/06/25/u-s-hispanic-population-growth-surge-cools/.

Lipka, Michael. "The Most and Least Racially Diverse U.S. Religious Groups." Pew Research Center. July 27, 2015. http://www.pewresearch.org/fact-tank/2015/07/27/the-most-and-least-racially-diverse-u-s-religious-groups/.

Livermore, Abiel Abbot. *The War with Mexico Revisited*. Boston: American Peace Society, 1850.

Lopez, Mark Hugo, and Ana Gonzalez-Barrera. "What Is the Future of Spanish in the United States?" Pew Research Center. September 5, 2013. http://www.pewresearch.org/fact-tank/2013/09/05/what-is-the-future-of-spanish-in-the-united-states/.

Machado, Daisy L. *Of Borders and Margins: Hispanic Disciples in Texas, 1888–1945*. Oxford: Oxford University Press, 2003.

Maldonado, David, Jr., ed. *Protestantes/Protestants: Hispanic Christianity within Mainline Traditions*. Nashville: Abingdon, 1999.

Maldonado, Jorge E., y Juan F. Martinez, eds. *Vivir y servir en el exilio: Lecturas teológicas de la experiencia latina en los Estados Unidos*. Buenos Aires: Kairos Ediciones, 2008.

Martínez, Juan. "Latino Church Next." Center for Religion and Civic Culture. University of Southern California. August 15, 2012. https://crcc.usc.edu/report/the-latino-church-next/.

Martínez, Juan Francisco. *Caminando entre el pueblo: Ministerio latino en los Estados Unidos/Walk with the People: Latino Ministry in the United States*. Nashville: Abingdon, 2008.

_____ *Los Protestantes: An Introduction to Latino Protestantism in the United States*. Santa Barbara, CA: ABC-CLIO, 2011.

_____ "Ministry among United States Hispanics by an Ethno-Religious Minority: A Mennonite Brethren Case Study." ThM thesis, Fuller Theological Seminary, School of World Mission, 1988.

———. "Origins and Development of Protestantism among Latinos in the Southwestern United States, 1836–1900." PhD diss., Fuller Theological Seminary, School of World Mission, 1996.

———. "Remittances and Mission: Transnational Latino Pentecostal Ministry in Los Angeles." En *Spirit and Power: The Growth and Global Impact of Pentecostalism*, edited by Donald E. Miller, Kimon H. Sargeant, y Richard Flory, 204–22. New York: Oxford University Press, 2013.

———. *Sea La Luz: The Making of Mexican Protestantism in the American Southwest*, 1829–1900. Denton: University of North Texas, 2006.

———. "What Happens to Church When We Move Latinamente beyond Inherited Ecclesiologies?" En *Building Bridges, Doing Justice: Constructing a Latino/a Ecumenical Theology*, editado por Orlando O. Espín, 167–82. Maryknoll, NY: Orbis, 2009.

Martínez Guerra, Juan Francisco. "The Bible in Neomejicano Protestant Folklore during the 19th Century." Apuntes 17, no. 1 (1997): 21–26.

Martínez Guerra, Juan F., y Luis Scott, eds. *Iglesias peregrinas en busca de identidad: Cuadros del protestantismo latino en los Estados Unidos*. Buenos Aires: Kairos Ediciones, 2004.

Martínez-Vázquez, Hjamil A. *Made in the Margins: Latina/o Constructions of US Religious History*. Waco: Baylor University Press, 2013.

McLean, Robert N. *The Northern Mexican*. New York: Home Missions Council, 1930.

McNamara, Patrick. "Assumptions, Theories and Methods in the Study of Latino Religion after 25 Years." En *Old Masks, New Faces: Religion and Latino Identities*, editado por Antonio M. Stevens Arroyo y Gilbert Cadena, 23–32. PARAL Studies Series, vol. 2. New York: Bildner Center for Western Hemisphere Studies, 1995.

———. Methodist Episcopal Church, South. Minutes of the Annual Conference, 1851, 1870–1900.

———. "Mexicans." El Pueblo de Los Angeles Historical Monument. City of Los Angeles. 2016. http://elpueblo.lacity.org/historyeducation/ElPuebloHistory/Mexicans/index.html.

Mirande, Alfredo. *Gringo Justice*. Notre Dame: University of Notre Dame Press, 1987.

Montoya, Alex. *Hispanic Ministry in North America.* Grand Rapids: Zondervan, 1987.

Morán, Carlos. "Breve Reseña de los Latinos de la Iglesia de Dios en los Estados Unidos." Documento no publicado del director nacional de Ministerios Hispanos, Iglesia de Dios, 2011.

Murray, Andrew E. *The Skyline Synod: Presbyterianism in Colorado and Utah.* Denver: Golden Bell Press, 1971.

Náñez, Alfredo. *Historia de La Conferencia Río Grande de La Iglesia Metodista Unida.* Dallas: Bridwell Library, 1980.

Navarro-Rivera, Juhem, Barry A. Kosmin, y Ariela Keysar. "U.S. Latino Religious Identification 1990–2008: Growth, Diversity and Transformation." Hartford, CT: Program on Public Values, Trinity College, 2010. http://commons.trincoll.edu/aris/files/2011/08/latinos2008.pdf.

Nwosu, Chiamaka, y Jeanne Batalova. "Immigrants from the Dominican Republic in the United States." Migration Policy Institute. July 18, 2014. http://www.migrationpolicy.org/article/foreign-born-dominican-republic-united-states.

"On-Line Handbook of Hispanic Protestant Denominations, Institutions and Ministries in the USA, An." *PROLADES.* August 31, 2012. http://www.hispanicchurchesusa.net/index-new-model.html.

Ordoqui, Agustina. "América Latina, cada vez menos católica y más protestante." Infobae. November 23, 2014. http://www.infobae.com/2014/11/23/1610174-america-latina-cada-vez-menos-catolica-y-mas-protestante/.

Orozco, E. C. *Republican Protestantism in Aztlán: The Encounter between Mexicanism and Anglo-Saxon Secular Humanism in the United States Southwest.* Glendale, CA: Petereins Press, 1980.

Ortiz, Manuel. *The Hispanic Challenge: Opportunities Confronting the Church.* Downers Grove: InterVarsity, 1993.

Pagán, Samuel, t the National Hispanic Christian Leadership Conference. *The Hispanic Evangelical Church in the United States: History, Ministry, and Challenges.* Elk Grove, CA: NHCLC, 2016.

Parker, Theodore. "The Mexican War." Massachusetts Quarterly Review 1 (December

1847).

Passel, Jeffrey S., D'Vera Cohn, y Mark Hugo Lopez. "Hispanics Account for More Than Half of Nation's Growth in Past Decade." Pew Research Center. March 24, 2011. http://www.pewhispanic.org/2011/03/24/hispanics-account-for-more-than-half-of-nations-growth-in-past-decade/.

Patten, Eileen. "The Nation's Latino Population Is Defined by Its Youth." Pew Research Center. April 20, 2016. http://www.pewhispanic.org/2016/04/20/the-nations-latino-population-is-defined-by-its-youth/.

"Racial/Ethnic Students Represent Largest Growth Area for Theological Schools." Association of Theological Schools. Consultado Marzo 23, 2017. http://www.ats.edu/uploads/resources/publicationspresentations/documents/racial-ethnic-growth.pdf.

Ramírez, Daniel. *Migrating Faith: Pentecostalism in the United States and Mexico in the Twentieth Century*. Chapel Hill: University of North Carolina Press, 2015.

Ramírez-Johnson, Johnny, y Edwin I. Hernández. *Avance: A Vision for a New Mañana*. Loma Linda, CA: Loma Linda University Press, 2003.

Rankin, Melinda. *Twenty Years among the Mexicans: A Narrative of Missionary Labor*. Saint Louis: Christian Publishing Co., 1875.

Read, Hollis. *The Hand of God in History; or, Divine Providence Historically Illustrated in the Extension and Establishment of Christianity*. 2 vols. Hartford: H. E. Robins, 1858.

Recinos, Harold J. *Who Comes in the Name of the Lord? Jesus at the Margins*. Nashville: Abingdon, 1997.

"Religion in Latin America." Pew Research Center. November 13, 2014. http://www.pewforum.org/2014/11/13/religion-in-latin-america/.

Rendón, Gabino. "Mientras miro los años pasar." Manuscrito no publicado, predicado el 20 de agosto de 1961 o el 20 de septiembre de 1961, archivo de Gabino Rendón, Menual Historical Library, Albuquerque.

Rendón, Gabino, *as told to Edith Agnew*. *Hand on My Shoulder*. New York: Board of National Missions PCUSA, 1953.

Reyes, Alberto. "Unification to Integration: A Brief History of the Hispanic Baptist Convention of Texas." Baptist History and Heritage 40, no. 1 (Winter 2005): 44–56.

Reyes, José. *Los Hispanos en los Estados Unidos: Un reto y una oportunidad para la iglesia*. Cleveland, TN: White Wing Publishing House, 1985.

Rivera, Raymond. *Liberty to the Captives: Our Call to Minister in a Captive World*. Grand Rapids: Eerdmans, 2012.

Rodgers, Darrin J. "Assemblies of God 2014 Statistics Released, Reveals Ethnic Transformation." Flower Pentecostal Heritage Center. June 18, 2015. https://ifphc.wordpress.com/2015/06/18/assemblies-of-god-2014-statisticsreleased-reveals-ethnic-transformation/.

Rodriguez, Daniel A. *A Future for the Latino Church: Models for Multilingual, Multigenerational Hispanic Congregations*. Downers Grove: InterVarsity, 2011.

Rodríguez-Díaz, Daniel R., y David Cortés-Fuentes, eds. *Hidden Stories: Unveiling the History of the Latino Church*. Decatur, GA: AETH, 1994.

Rosas, Ana Elizabeth. *Abrazando El Espíritu: Bracero Families Confront the US-Mexico Border*. Oakland: University of California Press, 2014.

Rudolph, Joseph R., Jr. "Border Fence." Immigration to the United States. Consultado Marzo 29, 2017. http://immigrationtounitedstates.org/381-border-fence.html.
Ryan, Camille. "Language Use in the United States: 2011." United States Census Bureau.

_____American Community Survey Reports. August 2013. http://www.census.gov/prod/2013pubs/acs-22.pdf.

Rytina, Nancy. "IRCA Legalization Effects: Lawful Permanent Residence and Naturalization through 2001." Documento presentado en la conferencia sobre los efectos de los programas de legalización de inmigrantes en los Estados Unidos, the Cloister, Mary Woodward Lasker Center, NIH Main Campus, Bethesda, MD, October 25, 2002. https://www.dhs.gov/xlibrary/assets/statistics/publications/irca0114int.pf.

Salvatierra, Alexia, y Peter Heltzel. *Faith-Rooted Organizing: Mobilizing the Church in Service to the World*. Downers Grove: InterVarsity, 2014.

Sánchez Walsh, Arlene M. *Latino Pentecostal Identity: Evangelical Faith, Self, and Society*. New York: Columbia University Press, 2003.

Sandoval, Moisés, ed. *Fronteras: A History of the Latin American Church in the USA Since 1513*. San Antonio: Mexican American Cultural Center, 1983.

Scott, James C., Jr. *Aimee: La gente Hispana estaba en su corazon*. Seattle: Foursquare Media, 2010."Foursquare Hispana—Part 2." Features. Last updated April 30, 2013. http://www.foursquare.org/news/article/foursquare_hispana_part_2.Serrano, Orlando. "Historia de la Iglesia del Nazareno Hispana." Manuscripto inédito, n.d.

_____"Shifting Religious Identity of Latinos in the United States, The." Pew Research Center. May 7, 2014. http://www.pewforum.org/2014/05/07/the-shifting-religious-identity-of-latinos-in-the-united-states/.

_____"Statements and Resolutions." National Farm Worker Ministry. 2017. http://nfwm.org/statements-resolutions/.

Storrs, Richard S. *Discourse in Behalf of the American Home Missionary Society*. New York: American Home Missionary Society, 1855.

Strong, Josiah. *Our Country; Its Possible Future and Its Present Crisis*. New York: Baker and Taylor Co., 1858.

Taylor, Jack. *God's Messengers to Mexico's Masses: A Study of the Religious Significance of the Braceros*. Eugene, OR: Institute of Church Growth, 1962.

Taylor, Paul, Mark Hugo Lopez, Jessica Hamar Martínez, y Gabriel Velasco. "When Labels Don't Fit: Hispanics and Their Views of Identity." Pew Research Center. April 4, 2012. http://www.pewhispanic.org/2012/04/04/when-labels-dont-fit-hispanics-and-their-views-of-identity/.

_____"2015–2016 Annual Data Tables." Association of Theological Schools. Consultado Marzo 23, 2017. http://www.ats.edu/uploads/resources/institutional-data/annual-data-tables/2015-2016-annual-data-tables.pdf.

Vallejo, Juan, y Andy Butcher. "Foursquare's Hispanic Movement Gains Altitude." *Features*. November 11, 2014. http://www.foursquare.org/news/article/foursquares_hispanic_movement_gains_altitude.

Van Biema, David, et al. "The 25 Most Influential Evangelicals in America." *Time*. February 7, 2005.

Van Marter, Jerry L. "Jorge Lara-Braud, Pastor, Theologian, Fighter for the Poor Dies at 77." *Presbyterian Outlook*. July 2, 2008. https://pres-outlook.org/2008/07/jorge-lara-braud-pastor-theologian-fighter-for-the-poor-dies-at-77/.

Vasquez, Manuel. *La historia aun no contada: 100 años de Adventismo Hispano*. Nampa, ID: Pacific Press Publishing Association, 2000.

Villafañe, Eldin. *The Liberating Spirit: Toward an Hispanic American Pentecostal Social Ethic*. Grand Rapids: Eerdmans, 1993.

Wells, Ronald A. "Cesar Chavez's Protestant Allies: The California Migrant Ministry and the Farm Workers." Journal of Presbyterian History (Spring/Summer 2009): 5–16.

Whalen, Carmen Teresa. "Colonialism, Citizenship, and the Making of the Puerto Rican Diaspora: An Introduction." En *Puerto Rican Diaspora: Historical Perspectives*, edited by Carmen Teresa Whalen and Victor Vazquez-Hernandez, 1–42. Philadelphia: Temple University Press, 2005.

Wheatherby, Lela. "A Study of the Early Years of the Presbyterian Work with the Spanish Speaking People of New Mexico and Colorado and Its Development from 1850–1920." Tesis de Maestría, Presbyterian College of Christian Education, 1942.

Whitam, Frederick L. "New York's Spanish Protestants." Christian Century 79, no. 6 (February 7, 1962): 162–64.

Wilson, Rodelo, ed. *Hacia una historia de la iglesia evangélica Hispana de California del Sur*. Montebello, CA: AHET, 1993.

Zong, Jie, y Jeanne Batalova. "Asian Immigrants in the United States." Migration Policy Institute. January 6, 2016. http://www.migrationpolicy.org/article/asian-immigrants-united-states."Frequently Requested Statistics on Immigrants and Immigration in the United States." Migration Policy Institute. Last updated May 26, 2016. http://www.migrationpolicy.org/article/frequently-requested-statistics-immigrants-and-immigration-united-states.

Made in United States
Cleveland, OH
05 January 2025